Ulrich Horstmann

Zurück zur Sozialen Marktwirtschaft!

MIT EXKLUSIVEN BEITRÄGEN VON
STEPHAN WERHAHN UND **GOTTFRIED HELLER**

ULRICH HORSTMANN

Zurück zur Sozialen Marktwirtschaft!

WARUM SICH **LUDWIG ERHARD** IM GRABE UMDREHEN WÜRDE

FBV

Bibliografische Information der Deutschen Nationalbibliothek
Die Deutsche Nationalbibliothek verzeichnet diese Publikation in der Deutschen Nationalbibliografie; detaillierte bibliografische Daten sind im Internet über **http://d-nb.de** abrufbar.

Für Fragen und Anregungen:
horstmann@finanzbuchverlag.de

1. Auflage 2014

ein Imprint der Münchner Verlagsgruppe GmbH
Nymphenburger Straße 86
D-80636 München
Tel.: 089 651285-0
Fax: 089 652096

Redaktion: Matthias Michel
Korrektorat: Leonie Zimmermann
Umschlaggestaltung: Melanie Melzer
Satz: Daniel Förster, Belgern
Druck: GGP Media GmbH, Pößneck
Printed in Germany

ISBN Print 978-3-89879-779-5
ISBN E-Book (PDF) 978-3-86248-385-3
ISBN E-Book (EPUB, Mobi) 978-3-86248-396-9

Weitere Informationen zum Verlag finden Sie unter
www.finanzbuchverlag.de
Beachten Sie auch unsere weiteren Verlage unter
www.muenchner-verlagsgruppe.de

Inhalt

Vorwort: Mehr aktives Bürgerengagement!

Was macht ihr mit meinem Geld?

Was machen wir mit unserem Geld?

Diese Fragen implizieren, dass es die anderen sind, die missbräuchlich handeln: Die neuen »Masters of the Universe«, die Goldman Sachses, Googles, Apples, Facebooks und BlackRocks dieser Welt, sind kaum zu fassende, multinationale Gebilde, die sich jedweder Reglementierung entziehen, kaum Steuern zahlen und als »Dank« – vermutlich – auch noch mit den Geheimdiensten dieser Welt zusammenarbeiten und sensible Informationen verschachern.

Insbesondere die Banken und Finanzinstitutionen treiben mit Eigenhandel, Kundengeldern und undurchsichtigen spekulativen Produkten ihr Unwesen, indem sie mit möglichst wenig haftendem Eigenkapital ein riesengroßes Rad drehen, Gewinne z. T. in unanständiger Größenordnung einstreichen und drohende Verluste verbrieft weiterreichen oder vergemeinschaften, weil sie scheinbar »too big to fail« sind.

Die Politiker – insbesondere die Bürgervertreter in den Parlamenten – sind kaum mehr als Randfiguren in einem Spiel, das sie längst nicht mehr verstehen oder in dem eigenständige Meinungen unterdrückt werden. Mit der beständigen Euro-Rettungspolitik vollauf beschäftigt, vergessen sie europäisches Recht (»No Bail-out«), erfreuen sich daran, dass der neue europäische Finanzmonarch Mario Draghi alle Risiken übernimmt (»whatever it takes«), und lassen dem ewigen Kasinokapitalismus immer noch zu viel freien Lauf, obwohl inzwischen unbestritten ist, dass die Teilnehmer nicht nur mit gezinkten Karten spielen, sondern selbst der Croupier manipuliert.

Dies hat alles nichts mehr mit Marktwirtschaft zu tun, vielmehr wird die politische und gesellschaftliche Verantwortung kollektiv bewusst ausgeblendet. Wer Gewinne macht, gibt als Almosen oder zur moralischen Beruhigung etwas davon ab in Form von Steuern oder gut, d.h. medienwirksam vermarkteten Spenden.

Ludwig Erhards Credo »Wohlstand für alle« ist fast 60 Jahre nach Veröffentlichung seines gleichnamigen Buches kaum mehr als purer Hohn. Die Soziale Marktwirtschaft ist gänzlich aus dem Fokus der Politik verschwunden. Stattdessen agieren geballte Kartelle, die in der Lage sind, selbst Regierungen zu erpressen oder gegeneinander auszuspielen.

Ulrich Horstmann deckt in diesem Buch schonungslos die modernen Machtzirkel auf, nennt die Profiteure beim Namen und zeigt, was der Einzelne dennoch tun kann, um sich zu wehren.

Zuallererst bedarf es dazu einer geänderten Haltung: Die Bürger müssen wieder lernen, selbstständig ihr Schicksal in die Hand zu nehmen, und dann die Verhältnisse von Grund auf neu ordnen.

Das beginnt mit der Europäischen Union: Zum einen muss das Recht wieder gelten (»pacta sunt servanda«), somit u.a. Art. 125 AEU-Vertrag, nach dem jeder Staat – besser jede Gebietskörperschaft – zunächst für ihr eigenes Handeln selbst haftet. Und zum anderen muss der Brüsseler Wasserkopf eines stark regulierenden Superstaats abgelöst werden durch eine subsidiäre Struktur der Kommunen, Regionen, Völker und der Europäischen Union, in der die unterste Ebene generell den Regelungsvorbehalt hat. Dies müssen eine europäische und mehrere nationalstaatliche sowie regionale Verfassungen definieren und durch Gerichte absichern.

Weiterhin darf keine Industrie – auch nicht die Finanzindustrie – so mächtig sein, dass sie zu groß ist, um im Zweifelsfall in eine geordnete Abwicklung zu gehen. Die Handelnden müssen dafür persönlich haften, denn nur wer haftet, handelt verantwortungsvoll. Dasselbe gilt für alle staatlichen Gebietskörperschaften.

Schließlich darf jede Gebietskörperschaft nur so weit regulieren, wie es nötig ist, um die teilnehmenden Akteure zu einem fairen Wettbewerbsverhalten zu zwingen. Unabhängigkeit und Transparenz der Schiedsrichter ist gefragt. Schwarze Schafe müssen die rote Karte bekommen, es darf sich nicht lohnen, unmoralische oder ungesetzliche Vorteile zu haben. Die öffentlichen Stellen und Regierungen sind Kartellwächter und Richter, nicht Akteure. Es herrscht ein »level playing field«, d. h., alle Akteure haben Chancengleichheit. Das Lenken des ganzen Spielfeldes in eine bestimmte Richtung ist nur zulässig, wenn die Mehrheit der Bürger dieses Gebietes dies durch Abstimmungen und Wahlen akzeptiert. Wahlen müssen demokratisch, frei und transparent sein.

Die gesellschaftliche Verantwortung nimmt jeder zunächst für sich selber wahr. Darüber hinaus besteht Solidarität und Unterstützung für jedermann, der sich nicht selber helfen kann oder unverschuldet in Not geraten ist. Sicherungs- und Hilfsstrukturen beginnen ebenfalls ganz unten, in den Familien, der Nachbarschaft, den kleinen Lebenskreisen, den Stadtteilen und Kommunen: »Sharing is caring«.

Dies alles erfordert aktives Bürgerengagement, eine eigenständige Familie und Kommune, Mut, Ausdauer und viel Überzeugungsarbeit. Eine freie öffentliche Meinungsbildung muss Manipulations- und Kartellversuche aufdecken und anprangern können. Niemand darf andere Menschen beherrschen, ohne von diesen Menschen dazu auf freiwilliger Basis legitimiert worden zu sein.

Ulrich Horstmann gibt ein mutiges Beispiel dafür, wie man Aufklärungsarbeit leistet und zu einem aktiven Bürgerengagement aufruft. »Wachen Sie endlich auf und gestalten Sie Politik wieder mit!« Diese Zivilcourage kann man als eine echte bürgerschaftliche und am Gemeinwohl orientierte Haltung nur mit großer Hochachtung und Dankbarkeit begleiten und uns allen wünschen, dass wir diesem guten Beispiel nachfolgen mögen.

Stephan Werhahn

Unternehmer und Politiker, Mitglied des Bundesvorstandes der Mittelstands- und Wirtschaftsvereinigung der CDU und zahlreicher familienunternehmerischer Verbände

Einleitung

Deutschland hätte eine »große Schweiz« in Europa bleiben können. Ein Land, das mit Freihandel und dem Konzept der Sozialen Marktwirtschaft Ludwig Erhards verbunden wird. Mit der D-Mark verfügte Deutschland über eine feste Währung, auf die seine Bürger – wie die Nachbarn noch heute auf ihren Schweizer Franken – hätten weiter stolz sein können. Stattdessen ließen sich die Politiker auf ein fragwürdiges Spiel ein. Angeblich musste Europa zu einer neuen Großmacht als Gegenwicht zur USA und China weiterentwickelt werden. Über eine gemeinsame Währung sollte dieser neue Superstaat erzwungen werden. Dieser verhängnisvolle, vermeintlich traumhafte Weg könnte aber auch zur Preisgabe von Freiheit, Demokratie und Rechtssicherheit führen. Die schließlich scheinbar alternativlose »Euro«-Rettung diente dann der Sicherung von Pfründen und der Verschleierung von Verantwortung, nicht den Bürgern. Ohne Not wurde eine Wette auf den Fortbestand der Währungsunion eingegangen. Mit der Bankenunion werden die Risiken noch gesteigert. Die Sicherheit bei dem Wettspiel bildet das Vermögen der inländischen Bürger. Wenn es schiefgeht, droht der Staatsbankrott. Die Entwicklung der letzten Jahre zeigt: Auch dieses Experiment wird scheitern.

Deutschland und seine Bürger werden damit in eine tiefe Krise geraten. Das erwirtschaftete Vermögen landet kaum mehr bei ihnen. Wenige profitieren, Sie nicht! Es geht um Ihr Geld, doch statt »Wohlstand für alle« zu schaffen, wird Ihr Wohlstand in der derzeitigen Pfründen-Wirtschaft verspielt. Die optimistische Verheißung des ersten Bundesministers für Wirtschaft Ludwig Erhard ist so nicht mehr glaubwürdig. Sein derzeitiger Amtsnachfolger Sigmar Gabriel unterscheidet sich erheblich in Stil und Politikinhalten, hier könnte der Gegensatz kaum größer sein. Staatlicher Dirigismus und Lenkungswirtschaft waren aus Erhards Sicht unsozial. Doch das süße Gift der linken Illusion, weiter umverteilen zu können, findet bei den Bürgern weiter Anklang – wenig verwunderlich angesichts der politischen Dauerberieselung und der weitgehenden Unkenntnis von Erhards sozialen Konzepten. Die neue wirtschaftliche Ordnung oder besser Unordnung bedient hingegen vorrangig Klientelinteressen und verteilt erwirtschaftetes Vermögen unfair. Eine Spielart der Umverteilung stellt etwa die höhere Besteuerung von Arbeit gegenüber Kapital dar. Eine Umverteilung »von unten nach oben« erfolgt aber auch, wenn ein Subventionsempfänger Kenner deutscher Steuerschlupflöcher ist oder hier gut beraten wird. International hat dies zugunsten multinationaler Großunternehmen sogar eine neue »Steuervermeidungsindustrie« aufblühen lassen. Besonders gut beratene findige Konzerne zahlen so fast gar keine Steuern mehr.

Die Uneinigkeit der EU-Politiker nutzen global agierende Industrie-, Handels- und Internetkonzerne, ebenso wie die Finanzindustrie, die mit Schattenbanken und Hedgefonds in den EU-Steueroasen gut vertreten ist. Beliebte Konzernsitze sind die Niedrigsteuerländer Luxemburg, Niederlande, Irland und Zypern. Gleichzeitig nahm Zypern Rettungsgelder in Anspruch. Inländische Steuerzahler und Sparer sind als Helfer mit dabei. Ohne dass sich irgendjemand bei Ihnen bedankt, wird Ihnen Ihr Geld durch solche Rettungsbeschlüsse genommen.

Die Findigkeit und das Geschick bei der Steuer- und Subventionsgestaltung ist dabei nur ein Umverteilungsaspekt, wenn auch kein unwichtiger. Der Staat braucht und nimmt indes immer mehr Steuern ein, laufend werden neue Rekordeinnahmen gemeldet. Die Steuern zahlen aber nur die, die dem direkten Zugriff des deutschen Steuerrechts nicht entkommen können! Gut verdienende Global Player bedienen vorrangig ihre Investoren und Spitzenmanager, während die Steuerlast zugunsten von Niedrigsteuerstaaten verschoben wird. Und während in erster Linie die global agierenden Konzerne, wenn nicht schon steuerlich begünstigt, zudem oftmals durch Subventionen entlastet werden, sind Arbeiter und kleine wie mittlere Angestellte sowie rein inländisch ansässige, zumeist mittelständische Unternehmen und Handwerker mit weniger steuerlichen Gestaltungsmöglichkeiten und politischer Einflussnahme auch unter diesem Aspekt die Verlierer.

Neue Armut, war da nicht was? Das Schlagwort »Neue Armut« – von linken SPD-Politikern in den 1980er-Jahren aufgebracht und jetzt wieder in allen Medien präsentes Thema – passt besser denn je, um den Stand der Dinge zu beschreiben. Denn die Gefahr einer neuen Armut, insbesondere der Altersarmut in immer breiteren Bevölkerungsschichten, ist offensichtlich – und das nicht nur durch die kalte Steuerprogression. Das legt nahe, dass die Politik der letzten Jahrzehnte sozialpolitisch versagt hat. Trotz zuletzt erfolgreich durchgesetzter »Agenda 2010« werden breite Bevölkerungsschichten vom wirtschaftlichen Erfolg weitestgehend ausgeschlossen, denn es fehlt an Nachhaltigkeit aufgrund eines befristeten Arbeitsverhältnisses oder der so gelobten Zeitarbeit. Und die einmal gut lebende Mittelschicht, die das (vielleicht) noch verbleibende »Erwirtschaftete« anlegen will, wird aufgrund schlechter Informationen zu Verlierern, da sie auf unpassenden Anlagen festsitzt. Für das Alter wird so nicht ausreichend vorgesorgt. Im Gegenteil werden die Kunden mit unpassenden und provisionsträchtigen Produkten abgezockt – nicht immer, aber anscheinend immer öfter. Eine gute Regulierung sieht anders aus. Die Zukunft wird so verspielt. Statt Zuversicht zeichnet sich Hoffnungslosigkeit ab, insbesondere für Jugendliche mit geringer oder gar ohne ausreichende Qualifikation. So werden Berufseinsteiger oftmals nur noch befristet oder als Teilzeitbeschäftigte eingestellt, als billige und leicht loszuwerdende Arbeitskräfte. Das Heer der neuen Selbstständigen wird immer größer. Ihre Visitenkarten sind beeindruckend, aber Aufträge fehlen. Alternativ hangeln sie sich über Zeitarbeitsfirmen durch, hoffen auf Festanstellungen oder gehen wenig lukrative Werkverträge ein, um sich finanziell über Wasser zu halten. Eine »Generation Praktikum« wird in Kauf genommen, während gleichzeitig in Sonntagsreden das Leitbild »Familie« hochgehalten wird. Prekäre Arbeitsverhältnisse erschweren jedoch Familiengründungen. Zukunftsvertrauen wird so nicht geschaffen. Junge Paare zweifeln daran, dass sie gemeinsam ihre Zukunft erfolgreich gestalten können.

Mit den immer niedrigeren Zinsen können Sparer kein Vermögen mehr aufbauen. Preise werden verzerrt, die Eigenkapitalfinanzierung wird angesichts kostengünstiger Verschuldung unattraktiv. Die herrschende finanzielle Repression führt zu einer Umverteilung von Sparern zu Schuldnern. Finanzielle Solidität wird nicht mehr belohnt.

In einer von kommerzieller Gier geprägten Finanzwelt denkt jeder an sich und seinen persönlichen Vorteil. Das organisatorische Webmuster sieht so aus, dass hier der Ehrliche der Dumme ist. Er verdient nichts oder zu wenig und wird auch noch schlecht beraten. Die Herrschaft des Kapitals über die Politik, aber auch über das Recht und die Demokratie hat das Anlagegeschäft für die breite Masse in eine tiefe Krise geraten lassen. Statt einer unabhängigen und kritischen Beurteilung der wirtschaftlichen Verhältnisse eines Landes, einer Branche oder eines Unternehmens steht die »Vertriebsunterstützung« im Vordergrund. Da die Analyse hierzulande weitgehend inhaltlich und sprachlich den angelsächsischen Vorbildern in der globalisierten Finanzwelt folgt, dominiert nach dem Branchenjargon der »Sales-Support«. Allenfalls intern, hinter verschlossenen Türen, werden offen die Schwächen von Finanzanlagen, die sich häufig als Mogelpackungen entpuppen, oder eines Kreditengagements kommuniziert. Letztlich erhalten die Analysten eine »Lizenz zum Beschönigen der Realität«.

Keiner wird sie dafür belangen. Der lange, juristisch wasserdicht ausformulierte, Haftungen ausschließende Zusatztext zu den Studien (Disclaimer) schafft sogar »diskret« neue Freiräume für unanständiges Handeln. So können die Verfasser und Geldinstitute zwar juristisch nicht mehr belangt werden, die Interessenkonflikte und die Gefahr inhaltlichen Unfugs bestehen jedoch weiter.

Viele persönliche Erfahrungen flossen in dieses Buch mit ein, ohne dass eine persönliche Kritik an bestimmten handelnden Personen intendiert ist. Es wird dagegen systematisch gezeigt, dass durch vermachtetes Kapital die Soziale Marktwirtschaft und damit die Schutzwirkung für diejenigen, die auf fairen Wettbewerb und Sozialbindung des Eigentums vertrauen, verlorenging. Die neuen »Masters of the Universe« agieren global, während zerstrittene Regierungen in der EU sich im »Klein-Klein« verheddern. Vor diesem Hintergrund werden die Bürger geschröpft von vermeintlich überforderten Politikern und der eingebundenen Finanzindustrie.

Dass daraus dieses Buch wurde, verdanke ich, wie schon bei früheren Büchern, wieder vielen Menschen. Mein Sohn Heiner, derzeit 14 Jahre ist, half mir, einen griffigen und verständlichen Buchtitel zu formulieren. Nicht nur ihm möchte ich für wertvolle Anregungen danken, auch meinen früheren Kollegen Ralph Lutz, Philipp Wiedemann und Alexander Rummler, sie alle verfügen über umfangreiche Kenntnisse in Finanzfragen.

Viele Antworten konnten dank der im besonderen Maße erfolgten fachlichen Unterstützung meines Kollegen Rainer Gross gefunden werden. Auch Albrecht Gohlke, ein Freund des alten Preußens und der Sozialen Marktwirtschaft, war mir erneut ein wesentlicher Ratgeber und Diskussionspartner, nicht zuletzt aufgrund seiner profunden langjährigen Anlageexpertise als Fondsmanager. Mein Vetter Jürgen Weritz gab mir ebenfalls wertvolle Anregungen durch seine breiten finanzhistorischen Kenntnisse. Dr. Wolfgang P. Warth lieferte weitergehende Hinweise durch seine vielfältigen kritischen Diskussionsbeiträge zur Analyse der immer noch aktuellen Finanzkrise.

Mit wertvollen Hinweisen konnte mir Herr Rechtsanwalt und Fachanwalt für Bank- und Kapitalmarktrecht Dr. Justus Froehlich LL.M. (Georgetown) zur Seite stehen. Insbesondere seine Kenntnisse zu den Hintergründen und den wahren Verursachern der Finanzkrise im internationalen Bankgeschäft haben mich hier begleitet.

Besonders danken möchte ich Dr. Luise Gräfin Schlippenbach für wertvolle Ratschläge und Hinweise. Als eine der ersten Mitarbeiterinnen Ludwig Erhards war sie Zeitzeugin und ich möchte an dieser Stelle auf ihr äußerst lesenswertes Buch *Im Wandel stets dabei* hinweisen.

Trotz der Vielfalt an Informationen und der ständig »bewegenden Materie« den Überblick zu behalten und im Zuge der sich anschließenden Bewertungen ein Manuskript zu erstellen, erwies sich erneut als schwierig. Danken möchte ich meinem früheren Kollegen Dr. Thomas Rehermann, der in den USA lebt. Er warnte vor der Finanzkrise weit früher als andere. Auch mein Bruder, Dr. Michael Horstmann, obwohl beruflich in einem ganz anderen Bereich tätig, erwies sich immer wieder als kreativer »Ratgeber gegen den Strom«, aber auch als kritischer Kommentator des Marktgeschehens. Er erinnerte mich an das Wahlkampfplakat von 1965, auf dem neben Adenauers Porträt der Satz zu lesen ist: »Ludwig Erhard setzt mein Werk fort.« Ein kreativer Ratgeber war auch mein langjähriger Freund Dr. Knut Meyer. Er wies mich auf weiterführende Literatur hin und war immer wieder ein inspirierender Diskussionspartner. Marcel Anscombe gab im Rahmen von gemeinsamen Diskussionen wertvolle Kommentare und Hinweise.

Dem Verlag schulde ich Dank für das Vertrauen, erneut ein Buch von mir zu publizieren, und die begleitende kreative Unterstützung, zuletzt insbesondere im Rahmen anregender Diskussionen mit Georg Hodolitsch.

Im August 2014
Ulrich Horstmann

Prolog: Finanzplatz Frankfurt 2020 – Requiem auf einen Bankenstandort

In den Fluren der führenden deutschen Bankenstadt gehen nach und nach die Lichter aus. Der ehemals gute Ruf der Bankmanager, obwohl schon in der Zwischenzeit immer weiter gesunken, hat einen neuen Tiefpunkt erreicht. Kaum zu glauben, dass sie vor Jahrzehnten noch respekteinflößend als Bankiers bezeichnet wurden. Nach der langjährigen Aufarbeitung manipulierter Zinssätze (Libor und Euribor) und Preise wurden erneut Kartellabsprachen zwischen den Banken aufgedeckt. Das war dann zu viel, wenngleich lange auch in der mit der Finanzkrise durch die Bankenzusammenbrüche und staatlichen Rettungsmaßnahmen umstrittenen Branche der schöne Spruch galt: *»Ist der Ruf erst ruiniert, lebt es sich völlig ungeniert.«*

Wer noch »drin« war, d.h. seiner immer noch gut bezahlten Beschäftigung nachgehen durfte, machte wie gewohnt weiter und ließ keine Skrupel erkennen. Die »Hütchenspiele« gingen weiter, im Zweifel wurden die Geschäfte eben von unregulierten Instituten im Ausland geführt. Professionell tätige Wertpapierberater – weitgehend Fehlanzeige. Lediglich eine Handvoll an Tradingexperten macht noch weiter. Sie setzen Impulse für Handelsaktivitäten und sind nach wie vor am hektischen Marktgeschehen nennenswert beteiligt. Weitere unterstützen noch den Vertrieb. Gefragt sind auch die Entwickler von komplexen Produkten, die kaum jemand versteht, aber die Erträge der Banken steigern. Das Kleingedruckte mit den Risikohinweisen wird von den Kunden zwar unterschrieben, aber meist nicht verstanden. Zu groß ist weiterhin die Scham, bei zu vielen vermeintlich dummen Fragen an den Verkäufer als inkompetent stigmatisiert zu werden. Schließlich sind schon viele Vertriebler nicht mehr dabei und auf den noch verbliebenen Kollegen lastet ein immenser Verkaufsdruck.

Desillusionierte arbeitslose Ex-Banker verbreiten eine schlechte Stimmung. Die früheren Diener des Kapitals, die ständig für ihre Kunden verfügbar waren und durch die Welt jetteten, fühlen sich als neue Ausgegrenzte. Sie werden nicht mehr gebraucht, nachdem sie überaktiv irgendwelche kruden Storys erfanden und schlechte Finanzprodukte verkauften. Seelisch entleert, versuchen sie ganz neue Dinge anzufangen, haben dafür aber nicht mehr die Kraft oder erweisen sich als schlicht ungeeignet.[1] Teilweise sind sie sogar von Hartz IV abhängig, da sie ihren lieb gewonnenen Lebensstil so lange weiterführten, bis nichts mehr da war. Nach den Entlassungswellen bleiben bis 2020 vermutlich nur noch weniger als 500 meist junge Angestellte übrig, die üblicherweise über Zeitarbeitsverträge zu unkritischen Vasallen der Finanzinstitute wurden. Gemessen an den rund 1200 Analysten, die derzeit als DVFA-Mitglieder registriert sind, sind dies weniger als die Hälfte und bald wieder so viel wie in den 1980er-Jahren, als 300 bis 400 Wertpapierexperten beschäftigt waren.

Der Boom zeigte sich zwischenzeitlich in den 1990er-Jahren mit einer Verdreifachung der Stellen – Spiegelbild einer Börseneuphorie, die nicht nur nicht nachhaltig war, sondern – wie sich spätestens bei ihrem Abklingen zeigte – die Aktienkultur hierzulande beschädigte. Die unkritische Übernahme angelsächsischer Finanzmarktpraktiken mit der kurzfristig kommerziellen Ausrichtung an dem Wohlergehen der Sales-Abteilung gab der unabhängigen Wertpapieranalyse den letzten Tritt. Die latent wabernde Angst um die eigene Stelle (»Seid ihr noch alle da?«) erleichterte die Umerziehung des noch verbliebenen Personals zu unkritischen und angepassten Mitarbeitern, die kurzfristigen Renditezielen ihrer Arbeitgeber dienen.

Doch das half auch nicht mehr. Große, als systemrelevant erklärte Banken mussten die öffentliche Hand nochmals um direkte Finanzhilfen und Bürgschaften bitten. Die Finanzinfrastruktur und ihre Sicherung wurden als hoheitliche Aufgabe anerkannt. Zur Sicherung der inländischen Wirtschaft und ihrer Exportdynamik ist ihre Rolle verändert. Eine kritische marktnahe Prüfung der Kreditvergabe ist nicht mehr gewünscht. Aus zockenden »Kasino«-Banken, die sogar Geschäfte in ihrem Sinne manipulierten, wurden »Transmissionsriemen« der EZB, die billiges Zentralbankgeld nach dem Gießkannenprinzip an die Wirtschaft weiterleiten.

Willkommen im neuen Europa der falschen Versprechungen, verzerrten Preise und eines dank ständiger Fehllenkungen nicht mehr funktionierenden Finanzsektors. Unregulierte Schattenbanken sind mächtiger denn je, und zwar weltweit. Das Kasino bleibt geöffnet, während das solide Bankgeschäft auf der Strecke blieb.

Das ist weit weg von den Vorstellungen Ludwig Erhards zur Rolle der Politik und einer Sozialen Marktwirtschaft für die Gesellschaft. Umso mehr lohnt es sich, sich wieder mit ihm zu befassen, wenn es darum geht, die richtigen Reformen einzuleiten.

1. Vermachtete Wirtschaft

Prognosen erzählen mehr über den, der sie aufstellt, als über die Zukunft.

Warren Buffett, US-Großinvestor[2]

1.1 Vorbemerkungen

Finanzanalysten sind für den Kapitalismus noch gefährlicher als Kommunisten, weil sie nur in Quartalszahlen denken.

Peter Brabeck-Letmathe, Aufsichtsratsvorsitzender der Nestlé AG[3]

Die Welt ist in Unordnung geraten. Statt der Sozialen Marktwirtschaft leben wir in dem rauen Klima eines Finanzmarktkapitalismus, den die meisten Bürger vermutlich so nie haben wollten. Aber wer klärt hier auf? Die schnelllebige Medienwelt ist an einfachen Storys interessiert, die hohe Auflagen garantieren. Eine tiefer gehende Analyse unserer politischen und wirtschaftlichen Situation fehlt oftmals, ist aber lohnenswert – vielleicht gerade deshalb.

Wir stehen in einem Wettbewerb der Systeme, was nicht losgelöst von den führenden Treibern in der Wirtschaft zu beurteilen ist. Werfen wir einen Blick auf die Vereinigten Staaten, nach wie vor auch wirtschaftlich die globale Führungsmacht. Es fällt nicht schwer, gerade bei Betrachtung der Nachrichten der jüngeren Zeit, ein wirtschaftspolitisches Bild der USA zu entwerfen, das den hierzulange gewachsenen Vorstellungen einer Sozialen Marktwirtschaft klar widerspricht.

So hat sich in den USA ein immer größerer militärisch-finanzieller Komplex herausgebildet. Mit einem Riesenvorsprung gegenüber allen anderen Staaten verfügt das Land über ein Waffenarsenal, das weltweit die »Pax Americana« sichert. In der Regel genügt bereits die bloße Androhung eines Eingreifens: Medienwirksam wird das Bild von einem oder mehreren Flugzeugträgern präsentiert – und ein potenzieller Konflikt ist rasch entschärft. Selbstverständlich geht es nicht allein um die Sicherung der Werte »Freiheit« oder »Demokratie«. Wenn überhaupt. Die USA und ihre engsten Verbündeten verfolgen – ebenso wie auf der Gegenseite beispielsweise China – strategische Interessen, insbesondere die Sicherung der eigenen Rohstoffversorgung. Gleichzeitig verkörpern die Vereinigten Staaten das am höchsten entwickelte Finanzsystem, das hier aufgrund des Eignerverbunds aus Investmentbanken und Ratingagenturen als »vermachtet« bezeichnet wird. Es bildet einen Closed US-Shop. Darauf werde ich später noch eingehen. Dieser Verbund zwischen Industrie und Militär einerseits und der Finanzierung andererseits schafft eine enorme Schlagkraft nach außen. Es ist jedoch eine militärische (und damit politische) Macht auf Pump. Kein Land ist so hoch verschuldet wie die USA. Die monströsen Schulden sind Ausdruck eines (auch ökologisch betrachtet) *»American Way of Life«*, in dem über die eigenen Verhältnisse gelebt wird. Es wird zu viel konsumiert, vor allem aber wurde eine Militärmaschinerie geschaffen, die längst ihre Finanzierungsgrenzen überschritten hat. Mit dem US-Dollar als global führende Währung, die für wesentliche Güter wie Rohstoffe als Abrechnungseinheit gilt, wird die politische Macht abgerundet, die in der Lage ist, andere Staaten zu erpressen oder, im übertragenen Sinn, tributpflichtig zu machen. Der Wert der Freiheit, des Wettbewerbs (durch die mangelnde Verhinderung von Kartellen, wenn nicht gar die Förderung von Monopolmacht) und die Finanzstabilität kommen so zu kurz: Die amerikanische Notenbank Fed, die überspitzt als ein Joint Venture der Investmentbanken angesehen werden kann, steht u. a. durch die Eignerschaft von Finanzinstituten unter dem Druck finanzieller Interessen vermachteten Kapitals, was sich in ihrer Dauerniedrigzinspolitik zeigt.

Weiterhin stützt sich die amerikanische Dominanz auf die US-Geheimdienste, die nach den Anschlägen vom 11. September 2001 massiv ausgebaut wurden, sowie die Energiemacht und die Vorrangstellung auf dem Gebiet der Massenmedien. Von den ausgedehnten Spionageaktivitäten, insbesondere der NSA, die auch das Feld das Wirtschaftsspionage umfassen und bei der hochtechnologische Sicherheits- und Überwachungssysteme zum Einsatz kommen, sind auch die eigenen Verbündeten nicht ausgenommen, wie die jüngsten Abhörskandale deutlich zeigten.

Die US-amerikanische Energiemacht wird durch das immer öfter eingesetzte Fracking verstärkt; diese Methode der Gasgewinnung sichert die Autarkie bei vergleichsweise niedrigen Kosten. Ebenfalls von nicht zu unterschätzender Bedeutung ist die amerikanische Medienmacht. Internet, Fernsehen und Kino sind US-dominiert. In ähnlicher Weise ist das weltweite Wissen vor allem US-bestimmt, nicht zuletzt durch die Durchsetzung von Englisch als global wichtigste Sprache, die auch im Wissenschaftsbereich entscheidend ist. Wer nicht auf Englisch publiziert, gehört nicht dazu. In anderen Sprachen veröffentlichte Publikationen fristen in der Regel ein Nischendasein. Die großzügige Hochschulfinanzierung durch Finanzinstitute und Industrie in den USA sorgt dazu für eine Steuerung des Wissens und Denkens (»Mindsetting«). Wer zahlt, gibt den Ton an. So werden US-Kartell- oder Monopolinteressen gestützt. Auch wenn das reichlich plakativ klingt: Die etwas holzschnittartigen Zuordnungen helfen, Unterschiede – hier zur Sozialen Marktwirtschaft (die später noch thematisiert wird) – besser herauszuarbeiten und zumindest die jüngsten Entwicklungen seit dem Ausbruch der Finanzkrise im Jahr 2007 besser zu verstehen.

Wie gesagt, die Welt ist in Unordnung geraten. Dies betrifft insbesondere die Finanzwelt, deren Instabilität nach wie vor besorgniserregend ist. Mit zu wenig Eigenkapital wird ein Kasinokapitalismus zulasten der Gesellschaft forciert. Nach Ausweis der Meldungen über Zins-, Devisen- und Edelmetallpreismanipulation wurde anscheinend sogar mit gezinkten Karten gespielt. Die Interessen der gut verankerten und vernetzten Anleger und Finanzinstitutionen lassen sich bestens durchsetzen. Die der Bürger und insbesondere der Arbeitnehmer dagegen nicht. Durch die hohe Einkommensbesteuerung im Vergleich zum flüchtigen und viel niedriger besteuerten Kapital werden die Bürger notgedrungen zu Dauersubventionierern.

Falls die Regulierungen einzelner Staaten zu scharf werden, siedeln sich Hedgefonds dort an, wo sie ohne die aus ihrer Sicht störenden Restriktionen bzw. unbehelligt ihren Geschäften nachgehen können. Der Geist des fehlgelenkten Kasinokapitalismus ist aus der Flasche und es ist nicht erkennbar, wie der internationale »Laxheitswettbewerb« gestoppt werden kann. Zu viel billiges Geld wurde durch die Notenbanken in die Finanzmärkte gepumpt. Geschwindigkeit ist jetzt Trumpf. Entscheidend ist die schnelle Rendite, die über laufend verbesserte Rechnerleistungen im Bruchteil von Sekunden erzielt wird. Die Automatisierung im Finanzbereich ist der Industrie weit vorausgeeilt.

Doch wie kommt man aus dem Teufelskreis hinaus? Die Gier und die erzielten hohen Kapitalrenditen im Finanzsektor stehen im Kontrast zu den Ertragspotenzialen in der Realwirtschaft, d. h. im Nicht-Finanzsektor. Es ist wie gesagt vor allem zu viel Geld im Umlauf, die entwickelten Staaten haben zu viele Schulden aufgetürmt. Wie löst sich der finanzielle Druck in den nächsten Jahren? Kommt es zu einer finanziellen Repression, d. h. einer langsamen Enteignung der Sparer, zu einer Deflation (wie bereits seit vielen Jahren in Japan) oder zu sanierenden Währungsreformen? Im Prinzip ist alles möglich. Fragen über Fragen.

Welchen Beitrag für sinnvolle Antworten und passende Anlagen kann eine unabhängige Finanzanalyse liefern, die eben nicht Teil des umverteilenden Finanzsystems ist? Oder sind Analysten mangels Reformen dazu verdammt, Handlanger dieses ausbeuterischen Systems zu bleiben, in dem die untere Mittelschicht, die auf ihre Arbeitseinkommen angewiesen ist, nach unten abrutscht, weil der ehrliche Sparer der Dumme ist? Denn dieses nicht geschützte Sparerkapital wird im Notfall enteignet zugunsten des systematisch gestützten Kapitals, den Staatsanleihen und den sie ankaufenden Finanzinstituten, die im Gegenzug Freiräume erhalten zum Zocken mit wenig Eigenkapital – und sich, wenn's schiefläuft, einfach von den Steuerzahlern retten lassen.[4]

Fazit

Es bleibt vor diesem Hintergrund die Kernfrage, welche Lehren aus der Finanzkrise gezogen wurden. Die bisherigen Regulierungen führten eher zu einer Verrechtlichung, statt den Anlegern bessere Investments zu ermöglichen. Die Finanzbranche schützt sich weiter selbst vor den berechtigten Ansprüchen der Kunden.

1.2 Erste Anfänge

Sie (gemeint ist das Frankfurter Handelsblatt, Anm. des Autors) *wird die deutschen Actiengesellschaften besonders ins Auge fassen, den Fortgang ihrer Unternehmungen kritisch beleuchten und so weit als möglich die inneren und äußeren Ursachen würdigen, welche auf deren Werth Einfluß haben.*

Zielsetzung des Frankfurter Handelsblatts[5]

Mit der Industrialisierung, der Ausweitung des internationalen Handels und der damit einhergehenden Börsenexpansion entstanden weltumspannende Konzerne. Ungezügelt durch eine Ordnungspolitik, die die Macht einschränkte, wurden die neuen Großunternehmen zunehmend als Teil einer vermachteten Marktwirtschaft kritisiert:[6] »*Die sogenannte Freie Wirtschaft war eine vermachtete Wirtschaft. Die Freiheit war in ihr auch dazu gebraucht, Kartelle, Konzerne, Trust und Pools zu bilden, die ihre Märkte beherrschten. So im Kohlenbergbau, in der eisenschaffenden Industrie, in der Benzinversorgung, in der Zement- und Aluminiumindustrie, in der Margarineindustrie, in vielen anderen Industrien, im Bankwesen, auf den Kautschuk, Zucker- und Kaffemärkten. Die Bildung zahlreicher Monopole und Oligopole war die Folge der Freien Wirtschaft.*« Parallel zur Industrie entwickelten sich die Banken dynamisch und wurden selbst Schrittmacher einer bis dahin unbekannten Expansion, die mit einem deutlichen Bevölkerungswachstum, technischen und medizinischen Fortschritten und dem Umbau von Agrargesellschaften zu Industriegesellschaften einherging. Neue weltumspannende Großbanken verdrängten lokal orientierte Privatbanken. Damit ist die Entwicklung bis zum Ersten Weltkrieg grob beschrieben, in den Zwischenkriegsjahren waren Zollschranken Ausdruck eines Protektionismus, der gleichzeitig auf schlagfähige nationale Großkonzerne setzte.

Nach dem Zweiten Weltkrieg setzte eine neue Phase ein. Mit einem westlichen Block unter US-amerikanischer Führung und einem östlichen Block unter sowjetischer Führung entstanden zwei grundverschiedene politische und wirtschaftliche Systeme. Während die totalitären Regime Osteuropas einhergingen mit einer Kommandowirtschaft, wurden nach dem Vorbild der USA in Westeuropa demokratische und marktwirtschaftliche Ordnungen weitgehend verwirklicht. In Deutschland wurde die Soziale Marktwirtschaft etabliert und das Aktiensparen unter Ludwig Erhard kultiviert. Die Börse führte hierzulande lange ein Schattendasein, nicht zuletzt aus ideologischen Gründen. Erst spät setzte daher die Professionalisierung ein, Jahrzehnte später als in den USA. So expandierte die Analysetätigkeit erst mit der Ausweitung der Aktienumsätze in den 1960er-Jahren und dem steigenden Bedarf an von unabhängigen Experten erstellten Studien. Die stürmische Aufwärtsentwicklung des neuen Berufsstandes lässt sich u. a. anhand der Mitgliederzahl seit Gründung der Deutschen Vereinigung für Finanzanalyse und Anlageberatung im Jahr 1960 nachverfolgen.[7] Bis Anfang der 1970er-Jahre kletterte sie auf 200, in der zweiten Hälfte der 1980er verdoppelte sie sich bereits auf 400. In den 1990er-Jahren ging der Aufwärtstrend dynamisch mit dem internationalen Boom der Finanzmärkte weiter. Um die Jahrtausendwende wies die Vereinigung über 1200 Mitglieder auf. Danach war zwar infolge des Zusammenbruchs des Neuen Marktes im Jahr 2001 ein Rückgang zu verzeichnen, doch seit der zweiten Hälfte des vorigen Jahrzehnts zogen die Mitgliederzahlen wieder an.

Fazit

Die Industrialisierung und Börsenexpansion schufen neue Berufsfelder. So gewann die professionelle Beobachtung der Märkte über die Printmedien hinaus an Bedeutung und führte mit der Ausweitung der Finanzmärkte zu einer stetig steigenden Zahl von Wertpapierspezialisten.

1.3 Industrielle Macht: Etablierte Strukturen

Also nicht weil die Kartelle und Konzerne die vornationalsozialistische Marktwirtschaft verfälscht, in Unordnung gebracht und diskreditiert haben, nicht weil diese Entwicklung zur Wirtschaftskrise der Jahre 1929–1933 entscheidend beigetragen, die Krise verschärft und ihre Überwindung erschwert haben, sollen sie nunmehr verboten, aufgelöst und entschachtelt werden, sondern deshalb, weil sie sich als geeignete und gefährliche Schrittmacher für die Überführung eines freien in ein autoritäres Wirtschaftssystem erwiesen haben.

Franz Böhm[8]: Entmachtung durch Wettbewerb

Der gerade zitierte Franz Böhm zählt neben Hans Großmann-Doerth und Walter Eucken zu den Mitbegründern der Freiburger Schule und des Ordoliberalismus. Dazu weiter unten mehr. Dass industrielle Kartelle für eine Marktwirtschaft schädlich sind, wurde vielfach kritisiert. Böhm ging sogar so weit, in ihnen *»Schrittmacher für die Überführung eines freien in ein autoritäres Wirtschaftssystem«* zu sehen. Unabhängig von dieser Gefahr, bei der Böhm und Gleichgesinnte wohl an die wirtschaftlichen Interessen der Kohle-, Stahl- und Rüstungsindustrie dachten (die zur Schaffung der Montanunion beitrugen), ging es ganz grundsätzlich um das Ausmaß von wirtschaftlicher Freiheit. Zur Sicherheit einer funktionierenden Marktwirtschaft musste die Freiheit der Koalitionsbildung zulasten starker Wirtschaftseinheiten eingeschränkt werden. Dadurch erhielten Markteinsteiger oder kleinere Anbieter mehr Freiheit für wirtschaftliche Aktivitäten. Für das Gelingen der Sozialen Marktwirtschaft erschien dies grundlegend und gipfelte in der Formel »Freiheit durch Wettbewerb«. Für Walter Eucken etwa waren folgende staatspolitische Grundsätze für die Wirtschaftspolitik grundlegend:[9]

> *»Erster Grundsatz: Die Politik des Staates sollte darauf gerichtet sein, wirtschaftliche Machtgruppen aufzulösen oder ihre Funktionen zu begrenzen. Viele neuere wirtschaftspolitische Bestrebungen beachten diese Erfahrung nicht, was, wie wir sagen, zur Gleichgewichtslosigkeit, zu Störungen in der Lenkung des volkswirtschaftlichen Prozesses, darüber hinaus aber auch zur Schwächung des Staates führt. Sobald solche Machtgebilde staatliche Privilegien erhalten, macht sich ein circulus vitiosus geltend. Ähnlich wie in der Zeit des mittelalterlichen Lehnswesens werden die verliehenen Hoheitsrechte und Privilegien dazu benutzt, erneut weitere Rechte und Privilegien zu erkämpfen.«*

Als aktuelle Beispiele sind hier mit dem Staat verzahnte Monopolbetriebe zu nennen. Diese »government related companies« sind in vielfältiger Form anzutreffen. Auch die USA sind eher kein Musterland nach den Vorstellungen einer Sozialen Marktwirtschaft, sondern weisen häufig vermachtete Großkonzerne auf, die wie General Electric und Boeing zwar börsennotiert sind und international expandieren, aber durch Regierungsaufträge gestützt werden. Klassische Staatsbetriebe in Deutschland sind die Deutsche Bahn (Netzmonopol) sowie die Deutsche Telekom und die Deutsche Post, die aus der Deutschen Bundespost herausgelöst wurden. Bei solchen Infrastruktur-Gesellschaften ist umstritten, inwieweit hier Wettbewerb möglich und sinnvoll ist. Auf jeden Fall hat hier die staatstragende Rolle mit einem veränderten

Umfeld abgenommen. So gibt es heute eher Alternativen zur Bahn und zur traditionellen Post durch elektronische Datenübermittlung und zahlreiche Privatunternehmen. Bei einer Gesellschaft wie Airbus sind Staaten Eigner, aber auch Käufer der Rüstungsprodukte. Das Gleiche gilt auch für das amerikanische Unternehmen Boeing; hier ist der Anteil staatlicher Nachfrage und das Einkaufsbudget im Rüstungsbereich sogar noch ungleich größer. In der Energiewirtschaft ist die Verdrahtung mit dem Staat ebenfalls sehr eng. Derzeit versucht hier der »Genosse der Bosse«, Sigmar Gabriel, mit anhaltenden interventionistischen Eingriffen zugunsten der Industrie den angestrebten Umbau bei der Energieversorgung sicherzustellen. Die Lasten für den Ausbau der regenerativen Energien (Solar- und Windkraftenergie) haben die einfachen Bürger zu tragen. Die SPD verliert die Bodenhaftung und das Gefühl, was sie ihren Wählern zumuten kann. Das ist keine Ordnungs-, sondern interventionistische Prozesspolitik. Dabei ist noch nicht einmal klar, ob das Experiment Energiewende hinsichtlich einer stabilen Versorgung zu noch bezahlbaren Preisen gelingt. Mit den ausufernden Rettungsprogrammen sind Banken auch Profiteure einer zunehmend interventionistischen Politik.

Der zweite Grundsatz Euckens lautet:[10]

> *»Die wirtschaftspolitische Tätigkeit des Staates sollte auf die Gestaltung der Ordnungsformen der Wirtschaft gerichtet sein, nicht auf die Lenkung des Wirtschaftsprozesses«. Weiter führt er aus:*[11]
> *»Die beiden Grundsätze der Staatspolitik, die darauf zielen, den Staat als ordnende Potenz wirksam werden zu lassen, harmonisieren aber auch vollständig mit den Prinzipien, die für den Aufbau einer zureichenden Wirtschaftsordnung gelten. ...*
> *Die Auflösung oder Schwächung von Machtgruppen, ohne welche der Staat nicht aktionsfähig werden kann, ermöglicht es zugleich, dem Wirtschaftsprozess eine zureichende Lenkung durch Konkurrenzpreise zu geben.«*

Staatliche Hilfen, wie sie beispielsweise zugunsten der Agrarwirtschaft (mit entsprechenden Negativfolgen für Wettbewerber außerhalb der EU, z. B. in Afrika, wo sich durch die Perspektivlosigkeit der Auswanderungsdruck auch in die EU erhöht), der Stahlindustrie und des Ruhrbergbaus erfolgen, sind nicht marktwirtschaftskonform. Sie wirken strukturkonservierend und verzerren den Wettbewerb. Ein übles Beispiel für Staatsinterventionismus bot das Bauunternehmen Philipp Holzmann 2002, dessen Krise bis zum Eintritt der im Grunde vorhersehbaren Insolvenz nur verlängert wurde. Der Autobauer Opel hatte Glück und profitierte 2009 von der Abwrackprämie. Den Steuerzahler für den Erhalt etablierter Strukturen und die Sicherung von Pfründen einzuspannen ist skandalös, vor allem hinsichtlich des Umfangs. Die Bankenrettungsmaßnahmen haben hier inzwischen jeden Rahmen gesprengt, der noch mit einer Sozialen Marktwirtschaft konform wäre. Eine Marktwirtschaft muss auch das Scheitern zulassen, nicht zuletzt auch, um anderen die Chance zu ermöglichen, im Zuge eines fairen Wettbewerbs Marktanteile zu gewinnen.

Fazit

Industrielle Vermachtung steht zwar derzeit nicht so sehr im Fokus, liefert aber die Blaupause für die weit gefährlichere Vermachtung bei den neuen Dienstleistern und den international vernetzten und somit nicht mehr regulierbaren Finanzinstituten. Diese brauchen nur auf die Schattenbanken zu verweisen, um Regulierungen immer wieder zu entschärfen.

1.4 Die unauffällige Macht neuer Dienstleister oder: Die Karten werden neu gemischt

Wissen ist Macht, und Wissen über einen Menschen bedeutet Macht über diesen Menschen. Aus dem Vorliegen von Informationen folgen Messbarkeit, Vergleichbarkeit, Regulierbarkeit und Erpressbarkeit. Wer gezwungen ist, die mit jeder Lebensregung erzeugten Daten permanent preiszugeben, kann nicht mehr allein entscheiden, was er isst, liest oder kauft, wie schnell er fährt, wie viel er arbeitet und wohin er reist. Seine Welt verengt sich auf ein Spektrum aus vorsortierten Möglichkeiten. Er erhält Angebote, die vermeintlich zu ihm passen; Informationen, die vermeintlich seinen Interessen entsprechen; Handlungsoptionen, die von mächtigen Akteuren als besonders effizient, besonders sicher oder besonders profitabel eingestuft wurden.

Juli Zeh[12]

Die wahren neuen »Masters of the Universe« sind neben den großen Kapitalanlegern wie BlackRock und anderen (dazu später) die computer- und internetnahen Dienstleister wie Microsoft, Apple, Google, eBay, Amazon, Facebook und Co. Nachrichten, die bisher als weitgehend frei verfügbar galten und über Radio, Fernsehen oder Printmedien kostengünstig und kompetent vermittelt wurden, werden jetzt kommerziell optimal verwertet. Dank ihrer exzellenten Marktpositionierungen sind sie für Zukäufe für Firmen, die z. B. in technologieverwandten Feldern tätig sind (Industrie 4.0), finanziell bestens gerüstet. Ihre globale Macht ist beeindruckend. So schuf Google einen neuen Milliardenmarkt mit Werbeeinahmen sowie der Nutzung der Kundendaten und ist jetzt de facto ein *»globaler Netzmonopolist«*.[13] Microsoft ist nach wie vor klarer Software-Marktführer. Der kleinere innovative Konkurrent Apple hat mit der Musik- und Medienplattform iTunes, den iPods, iPhones und dem iPad sowie der Kommerzialisierung der Apps ein lukratives Entertainmentgeschäftsmodell in einem geschlossenen System geschaffen. eBay ist das weltweit größte Internetauktionshaus; Facebook lebt von der Mitteilungsfreude seiner User. Lange wurden die neuen »digitalen Supermächte« unterschätzt.[14]

Recherchieren mit Google, Einkaufen mit Amazon von zu Hause aus und ohne Anstehen an der Kasse, Chatten und das breite Nutzen der sogenannten Social Media – eine tolle Sache. Das Leben schien immer bequemer zu werden. Die neuen Anbieter bieten ja auch echte Vorteile. Hinsichtlich der persönlichen Disposition etwa – ob beim Shopping und der Erledigung der Bankgeschäfte oder bei der Pflege des (virtuellen) Freundeskreises – ist man zeitlich völlig unabhängig von Öffnungs- oder Tageszeiten. Neue Kontakte und Märkte wurden durch die Plattformen geschaffen, die schnelle Kommunikation mit immer mehr Menschen wurde möglich.

Die Nachteile und Gefahren wurden ausgeblendet. Einerseits gewöhnte man sich an die neuen Dienstleistungen; dies war auch von den Anbietern so gewünscht. In einem öffentlichen Verkehrsmittel sieht man statt Zeitungs- oder Bücherlesern wie in früheren Jahren eifrige Nutzer von Smartphones. Während gelegentlich Kommunikation zwischen den Fahrgästen stattfand, ist zunehmend das leistungsfähige Handy die wesentliche Verbindung zur Außenwelt. Auch ohne hier grundsätzliche Zivilisationskritik üben zu wollen, ist eines klar: Die Nutzung ist völlig selbstverständlich geworden, auch bei älteren Leuten, die lange eher als technisch rückständig galten. Mittlerweile sind alle gesellschaftlichen Gruppen in ihrer frei verfügbaren Zeit »online«. Smartphones sind längst keine Mobiltelefone mehr, sondern leistungsfähige Minicomputer, die schnelle und stabile Internetverbindungen aufbauen, was immer mehr kommerzielle Anwendungsmöglichkeiten begünstigt. Vor diesem Hintergrund weisen die zu entwickelnden Länder die größten Wachstumspotenziale auf. Auch hier wird die Kundschaft begeistert die neuen technischen Vorteile nutzen und nicht merken, dass sie sich kommerziell abhängig macht durch die Gewöhnungseffekte. Einen einmal errungenen hohen Standard möchte niemand aufgeben und ist dann auch bereit, dafür zu zahlen.

Andererseits fand man nichts dabei, persönliche Daten auch über das Netz auszutauschen. Die Spionage-Affäre nach den Enthüllungen von Edward Snowden führte sogar zu dem Verdacht, dass die Anbieter ihre Daten an die NSA weiterverkaufen. Sie selbst kritisierten dagegen öffentlich den Datenklau der NSA. Verunsichernd wirkten u. a. Berichte, dass Microsoft mit dem FBI und der NSA kooperiert.[15]

Ihre sensiblen Daten (inkl. Bewegungsbilder, denn nahezu alles ist anhand der Handyortung und der vielfältigen Kameras erfassbar) sind weniger geschützt als gedacht. Die technischen Möglichkeiten sind weit größer, als sich George Orwell in seinem 1949 erschienenen Roman *1984* vorgestellt hat, aber die Bürger heute sind nicht rebellisch und müssen nicht verfolgt werden. Dass eine kommerzielle Weiterverwertung stattfindet, haben viele User wohl mehr oder minder billigend in Kauf genommen, aber ein gläserner Bürger vor den Geheimdiensten ... das ist dann doch zu viel.

Die neuen »digitalen Supermächte« sind schwer zu fassende, multinationale Gebilde, die sich durch ihre Internationalität einer Reglementierung weitgehend entziehen können, kaum Steuern zahlen und laut Medienberichten als »Dank« auch noch mit den Geheimdiensten dieser Welt zusammenarbeiten.

Aufrufe zur Verteidigung der Demokratie im digitalen Zeitalter hatten bisher keine durchschlagende Wirkung. Aus Ignoranz oder Naivität? So können Autonomie und Freiheit der Bürger verloren gehen. Besonders beeindruckte mich ein Beitrag von Antje Ravic Strubel in der *FAZ*:[16] *»Das kapitalistische System, das so gern mit der Freiheit des Individuums in Verbindung gebracht wird, zeigt sich heute perfider als der Kommunismus in seinen Methoden, diese Freiheit* *zu beschneiden. ... heute sind alle Hinterhöfe ausgeleuchtet. ... Und doch erhebt sich schon wieder der Chor der Mitläufer, die sich interessanterweise mit demselben Argument unterwerfen, das die Stasi-Offiziere benutzten, um das Volk gefügig zu machen: ›Wer nichts zu verbergen hat, braucht nichts zu befürchten.‹ Ich aber fürchte mich. Denn diesmal sind die Mittel von todsicherer Effizienz.«* Auch Günter Grass warnte:[17] »Wer 500 Freunde hat, hat keine, und ich wundere mich, dass nach diesen neuesten Erkenntnissen nicht Millionen Menschen sich von Facebook und all dem Scheißdreck distanzieren und sagen, nein, damit will ich nichts zu tun haben.«

Das Blatt wendet sich zulasten der Freiheit und einer zunehmenden Kommerzialisierung und Überwachung der großen Datensammler. »Big Data« ist längst Realität und macht Firmen wie Google, die auch ein eigenes selbst fahrendes Auto entwickeln, zu Supermächten, auch im Zuge der Revolutionierung der Industrie, die unter dem Label »Industrie 4.0« derzeit diskutiert wird. An den digitalen Giganten kommt kein Industrieunternehmen mehr vorbei, die Vernetzung umfasst alle Lebensbereiche, künftig auch die eigenen Haushalte, wenn wir es zulassen. Die neuen Dienstleister spielen auch bei Industrie 4.0 inzwischen eine herausragende Rolle.

Fazit

Profitmaximierung, kommerzielles Datensammeln sind die Kennzeichen dieser neuen weltumspannend tätigen Dienstleister. Sie liefern die Daten zu günstigen Konditionen und andere kassieren ab. Kein gutes Geschäft für Sie. Gegebenenfalls ist die zusätzliche Überwachung gut für Ihre Sicherheit, aber das bleibt intransparent. So werden die von Ihnen stammenden Informationen nicht nur kommerziell, sondern – ungeachtet rechtlicher Schutzregeln – verstärkt von staatlichen Überwachungsdiensten genutzt. Die Terrorabwehr ist zwar ein nachvollziehbarer Zweck, er heiligt aber nicht alle Mittel. Die Sammelwut scheint nach den Snowden-Enthüllungen keine Grenzen mehr zu kennen.

1.5 Finanzmacht: Wem gehören die wichtigsten Investmentbanken?

Wer den Nutzen hat, muss auch den Schaden tragen.

Walter Eucken[18]

Ludwig Erhard kam das Verdienst zu, sein Projekt der Sozialen Marktwirtschaft gegen die alliierten Siegermächte, gegen die noch von Kartellen geprägte Wirtschaft und gegen die Parteien durchgesetzt zu haben. Die wählenden Bürger hatte er auf seiner Seite, doch im politischen Establishment war Erhard vielfach unbeliebt, da er hinsichtlich der Sozialen Marktwirtschaft nicht zu faulen Kompromissen bereit war.

> *»Wenn meine Kartellauffassung als eine feindselige Haltung gegenüber dem Unternehmer hingestellt wird, so muss ich an der Ernsthaftigkeit und Aufrichtigkeit einer solchen Auslegung zweifeln. Es kann in Deutschland schlechthin keinen glühenderen Verfechter der freien Unternehmungswirtschaft geben, als ich das für mich in Anspruch nehme. Ich bin dieser Einstellung in den nunmehr acht Jahren, in denen ich die Verantwortung für die Wirtschaftspolitik in der Bundesrepublik trage, gegenüber allen Verdächtigungen, Anfeindungen und Schmähungen treu geblieben und habe die Ordnung einer freien Unternehmungswirtschaft kraftvoll verteidigt. Die Geschichte wird es erweisen, dass ich im Kampf um dieses Kartellgesetz die Stellung und Funktion des freien Unternehmers besser verteidigt habe als jene unbelehrbaren Kreise, die im Kartell das Heil des Unternehmers erblicken.«*[19]

Knapp sechzig Jahre nach Erhards Buch *Wohlstand für alle* ist die Soziale Marktwirtschaft in diesem Land akut gefährdet. Seit Jahren erodieren ihre wesentlichen Grundpfeiler. Vermögen wird immer mehr auf wenige konzentriert. Diese Umverteilung ist leistungsfeindlich und unfair. Im Zuge der Finanzkrise ging die traditionell gute Beziehung zwischen Mittelständlern und ihrer Hausbank oft weitgehend verloren. Jetzt möchten Banken mit sehr günstigen Kreditangeboten zu Kampfkonditionen wieder stärker mit den sogenannten »Hidden Champions« im Mittelstand ins Geschäft kommen. Deren Bonität ist aber inzwischen nicht selten besser als das der früheren Hausbank, sodass sie sich die Margen für den Kredit ersparen können. Sie haben Alternativen. Internationale Private Equity Funds haben deutsche Familienunternehmen entdeckt.[20] Mittelstandsunternehmen öffnen sich für Crowd Funding, Internetbörsen und andere innovative Finanzierungsmöglichkeiten. Unternehmensanleihen mit besten Ratings und hohen Zinsen locken viele Anleger in Zeiten der dauerhaften Niedrigzinspolitik.

Bei den großen inländischen Versicherungsunternehmen, die stark in riskante Staatsanleihen (aus regulatorischen Gründen durch die mangelnde Notwendigkeit einer Eigenkapitalhinterlegung in ihrer Bilanz) investieren, ist die Aktienanlagequote häufig verschwindend gering. So verkümmert die inländische Wagniskapitalfinanzierung. Innovative Mittelständler verlieren ihre natürlichen Partner – und finden neue, vermeintlich bessere in den USA, die ein viel größeres Rad drehen.

Während große Finanzinvestoren wie BlackRock auf Aktien setzen, kaufen inländische Privatkunden Anleihen, Lebensversicherungen oder sogar riskante strukturierte Anlageprodukte oder Zertifikate. Schön dumm, wie Max Otte ausführt.[21] Ein solches unaufgeklärtes bzw. dummes Verhalten stärkt die Vermachtungstendenzen des Kapitals. Professionelle Großanleger investieren selbst richtig, beraten aber aus Provisionsgründen in der Regel falsch. Der kleine Anleger wird sukzessive ärmer. Bei zunehmender Inflation und niedrigen Renditen sind solche kleinen Privatinvestoren Opfer der finanziellen Repression, wenn sie inflationssichere Sachwerte meiden. Sie als Anleger sollten das wissen und entsprechend handeln.

Große Investmentbanken gelten – wie auch die Ratingagenturen – spätestens seit dem Ausbruch der Finanzkrise als Bestandteil eines kasinoähnlichen Systems. Ein solches »Finanzkartell«, bestehend aus gewinnmaximierenden privatwirtschaftlichen und meist börsennotierten Institutionen (und gestützt durch persönliche Netzwerke wie bei den bereits beschriebenen Industriekartellen), richtete bereits große Schäden an. Versehen mit dem Gütesiegel der Ratingagenturen, waren bei einem niedrigen Eigenkapitaleinsatz – verbunden mit der administrierten Niedrigzinspolitik – enorme Gewinne möglich, wenn man bereit war, entsprechend hohe Risiken einzugehen. Und dazu zeigten sich die Bankmanager oft bereit, waren doch die Kapitalkosten durch die Geldflutung der Notenbanken und nicht zuletzt dank der guten Bonitätsnoten allzu einladend niedrig. Das machte Appetit auf Vabanquespiele, bei denen durchaus die Existenz der ganzen Bank aufs Spiel gesetzt wurde – der Barings-Derivatehändler Nick Leeson lässt grüßen. Der amerikanische Wirtschaftswissenschaftler Hyman P. Minsky bezeichnete solche Akteure als Geldmanager und das dazugehörige ausbeuterische System als Geldmanagerkapitalismus, das so lange fortgesetzt wird, bis die Zinsen nicht mehr gezahlt werden können (danach fängt alles wieder, zunächst mit einer soliden Finanzierung, von vorne an).

Im Zweifel konnten die neuen Spieler, die man ließ, nur Gewinne einfahren, mögliche Verluste wurden sozialisiert. Das ist alles bekannt, weniger dagegen die Interessen der Eigner der Investmentbanken, die ihren Gewinn maximieren wollen. Das ist völlig in Ordnung, wenn die bestehende Finanzregulierung mit der Verzahnung von Investmentbanken, Ratingagenturen und großen Wirtschaftsprüfern nicht zu Klumpenrisiken führen würde, die die Staaten und die für sie zwangsweise bürgenden Gesellschaften teuer zu stehen kommen (die »Bürger« bürgen für die Schulden spekulierender Banken zur Erhaltung des repressiven Systems – wenn keine Reformen eintreten). Diese Form der kollektiven Privatisierung von Gewinnen ist verwerflich. Die Vorstellung, dass nicht nur die geprellten Wirtschaftsteilnehmer, sondern ganze Gesellschaften und ihre Steuerzahler dafür aufkommen müssen, ist erschreckend, aber keine Fiktion. Die vermachtete Struktur fördert Unmoral und führt zu Ungerechtigkeit.

Der Schaden für Dritte ist bereits eingetreten, wie die vielfältigen Rettungsprogramme zeigten. Natürlich hätte man neben Lehman Brothers auch noch weitere Banken scheitern lassen können. Schließlich sieht die Marktwirtschaft auch den Austritt von Banken aus dem Markt vor. An der Notwendigkeit, die Regulierungen anzupassen, führt so oder so kein Weg vorbei. Hier ist noch nicht viel passiert, die Hauptreformarbeit steht noch aus. Märkte müssen nicht gezähmt, dafür vermachtete Strukturen beseitigt werden. Die hohe Reputation der führenden Investmentbanken ist Teil einer geschickten Inszenierung und Ausdruck von Marktmacht. Kompetenz wird oft nur vorgetäuscht. Im Analysebereich wird der Eindruck erweckt, die Einschätzungen seien richtig und akkurat erstellt; zumindest sollen das die Marktteilnehmer glauben und ihren Entscheidungen zugrunde legen. Investmentbanken und Ratingagenturen verdienen prächtig dabei. Natürlich auch ihre Eigner, die ein wesentlicher Treiber ihrer lukrativen Spielmacherfunktion sind. Führende S&P-Eigner einschließlich des Beziehungsgeflechts über die Muttergesellschaft, die US-Verlagsgruppe McGraw-Hill, sind die Capital Group, BlackRock, Vanguard, State Street, T. Rowe Price und die Bank of New York.

Zusammen mit der zweitwichtigsten Ratingagentur Moody's ergibt sich eine erstaunliche Machtkonzentration von Finanzinvestoren.[22] Sowohl die Ratingagenturen als auch die führenden US-Investmentbanken sind vor diesem Hintergrund nicht unabhängig, sondern Bestandteil des weitgehend deckungsgleichen Netzwerks von großen, international tätigen US-Finanzanlegern, zum Teil Hedgefonds (z. B. BlackRock). Durch die Überlappung gleicher Finanzinvestoren bei S&P und Moody's ergibt sich eine Verfestigung des wettbewerbsfeindlichen Rating-Duopols und eine Verzahnung mit den US-Investmentbanken nicht nur als Kunden, sondern auch durch die ähnliche Aktionärsstruktur.

Die Finanzunternehmen stehen traditionell in engem Kontakt zur US-Regierung. Diese ließ – wie in Großbritannien – die Finanzindustrie immer mächtiger werden zulasten der Realwirtschaft (wie sich im Zuge der Deindustrialisierung in diesen Staaten zeigte). Die Eigentümer der Agenturen sind Aktionäre anderer Miteigentümer. Diese Agentureigner sind wiederum an den führenden US-Investmentbanken sowie an im S&P 500 gelisteten Unternehmen beteiligt. Die Ratingagenturen bewerten nicht nur Kredite und Finanzprodukte, sondern sie verkaufen denselben Finanzunternehmen auch verschiedenste Beratungsdienste.[23] Die führenden US-Investmentbanken erscheinen als »Closed Shop«, wie die folgende Übersicht zeigt:

Name der Gesellschaft	**Tätigkeitsgebiet (Sitz der Gesellschaft)**	*Bank of America* **(Kapitalanteile in %)**	*Citigroup* **(Kapitalanteile in %)**	*Goldman Sachs* **(Kapitalanteile in %)**	*J.P. Morgan* **(Kapitalanteile in %)**	*Morgan Stanley* **(Kapitalanteile in %)**	*Wells Fargo* **(Kapitalanteile in %)**
Capital Group	Investmentgesellschaft (USA)	0,5	1,6	5,4	3,2	0,8	3,4
Vanguard	Vermögensverwalter (USA)	4,8	4,7	4,5	5,0	3,3	4,8
State Street	Finanzdienstleister (USA)	4,3	4,3	5,2	4,5	7,1	4,0
BlackRock	Vermögensverwalter/Hedgefonds (USA)	5,2	6,3	5,2	6,3	4,2	5,4
Summe		14,8	16,9	20,3	19,0	15,4	17,6

Gemeinsame Eigner der US-Investmentbanken (Quelle: Bloomberg, Stand 25.05.2014)

Selbst mit wenigen Prozentpunkten ist ein Anleger bei den Investmentbanken (und Ratingagenturen) angesichts des sonstigen durchgängigen Freefloat der Investoren mit Anteilen von unter einem Prozent wichtig und geschäftlich auch durch die Branchennähe verbunden. Im Falle des Großanlegers Berkshire Hathaway, der bei Goldman Sachs (rd. 3 %) eingestiegen ist und bereits bei Wells Fargo fast 9 % sowie bei der Agentur Moody's fast 12 % hält, werden auch größere Quoten erreicht. Und Warren Buffett ist als erfolgreicher Value-Anleger bekannt dafür, kein allzu passiver Investor zu sein.

Die Kapitalanteile von Capital Group, Vanguard, State Street und BlackRock liegen bei den sechs größten US-Investmentbanken zuletzt zwischen 15 % und 20 %. Die entsprechenden Werte für S&P (über die Muttergesellschaft McGraw-Hill) und Moody's liegen bei 23 % und 26 % (Stand 26.05.2014, Quelle: Bloomberg). Die Machtsicherung erfolgt nicht nur durch die enge Kapitalverflechtung, sondern auch durch interne Absicherungsmaßnahmen der großen Banken untereinander. De facto funktionieren sie wie eine Mega-Investmentgroßbank durch die ähnliche Eignerstruktur und geschäftliche Verzahnungen, Einlagen und Ausleihungen untereinander, Kreditausfallsversicherungen etc.

Der Frust darüber, dass eine kleine Gruppe von Investoren über solch eine umfassende Finanzmacht verfügt, hat die Protestbewegung »Occupy Wall Street« hervorgebracht. Diese wendet sich gegen die Großanleger, häufig Banken oder eng mit Banken verbunden, die eine überproportional große Macht über die Weltwirtschaft haben. Ob es sich um Hedgefonds oder solide Pensionskassen handelt, ist bei den folgenden Gesellschaften nicht immer sofort erkennbar. Einer breiteren deutschen Öffentlichkeit wurden sie durch den Heuschreckenvergleich des damaligen SPD-Vorsitzenden Franz Müntefering bekannt: die »Masters of Capital«, die die Wall Street bewegen und die größten Anteile an den führenden US-Investmentbanken und – last but not least – an den beiden weltgrößten Ratingagenturen halten:

Capital Group

The Capital Group Companies, Inc. mit Sitz in Los Angeles, USA, beteiligt sich als Investmentgesellschaft im Kundenauftrag an Großunternehmen. Zu den Tochterfirmen gehören Capital International, Capital Guardian, Capital

Research and Management, Capital Bank and Trust und American Funds. Mit einem Anlagevolumen von über einer Billion US-Dollar gehört die Capital Group, die rund 8000 Angestellte in 20 Büros weltweit beschäftigt, zu den einflussreichsten Unternehmen der Weltwirtschaft.

Vanguard

Die 1975 gegründete Vermögensverwaltungsgesellschaft Vanguard Group, Inc. mit Sitz in Malvern, Pennsylvania, USA, betreut institutionelle Anleger, Privatanleger und Finanzintermediäre. Sie verwaltet weltweit ein Kundenvermögen von über 2,5 Billionen US-Dollar für ca. 7300 institutionelle Kunden (Stand 30.09.2013).

State Street

Der im Aktienindex S&P 500 gelistete Finanzdienstleister und als Depotbank tätige State Street Corporation (Boston, USA) wurde bereits im Jahr 1792 gegründet. Mit der Eröffnung der Münchener Niederlassung 1970 leitete das Unternehmen eine Serie von Standorteröffnungen ein und ist heute in 27 Ländern mit eigenen Niederlassungen vertreten. Das verwaltete Vermögen liegt geschätzt bei 2,2 Billionen US-Dollar.

BlackRock

Der weltgrößte Vermögensverwalter BlackRock betreut Assets in Höhe von 4,1 Billionen US-Dollar (2012). Hauptanteilseigner sind PNC Financial Services mit 21,0 % und Barclays mit 19,7 %. Die Gesellschaft mit Hauptsitz in New York ist an der dortigen Börse NYSE gelistet. Die Frage, ob Finanzgiganten wie BlackRock zu mächtig geworden sind, wird zunehmend in den Medien diskutiert.[24] BlackRock entstand 1988 als Financial-Management-Gruppe innerhalb der Blackstone Group. 1992 trennten sich die Gründer Larry Fink, Ralph Schlosstein und Keith Anderson von Blackstone und begründeten unter dem Namen BlackRock ein Vermögensverwaltungsunternehmen, das sie 1999 an die Börse brachten. 2005 wurde das Research von State Street Research übernommen, 2006 das Fondsgeschäft von Merrill Lynch Investment Managers (MLIF) erworben. Seitdem gehört BlackRock zu den weltweit größten Vermögensverwaltern. Auch danach verzichtete BlackRock nicht auf weitere große Unternehmenskäufe. So erwarb man 2007 das Dachfondsgeschäft der Quellos Capital Management. 2009 kaufte BlackRock von Barclays die Vermögensverwaltung Barclays Global Investors (BGI) einschließlich des Angebots von ETF (iShares) für 13,5 Milliarden US-Dollar. Ohnehin ist es ein weites Feld, in dem sich BlackRock bewegt. Auf seiner Internetseite weist das Unternehmen darauf hin, dass die griechische Nationalbank 2011 BlackRock Solutions zur Analyse und Beratung über das griechische Bankensystem engagierte. Im institutionellen Geschäft steht die Gesellschaft für eine führende Rolle in aktiv und passiv (über iShares) gemanagten Fonds. Durch das Softwareprogramm »Aladdin« reicht der Einfluss vermutlich noch weit darüber hinaus: Mit dem technischen Management der Fonds ist »Aladdin« »eine Art SAP für Investoren und die Grundlage des gesamten BlackRock-Geschäfts«.[25] Finanzgeschäfte im Volumen von rd. 14 Billionen US-Dollar (inkl. des BlackRock-Geschäfts) werden über »Aladdin«, die Wunderlampe, abgewickelt. Ein so großes Marktgewicht könnte ein Klumpenrisiko für die Finanzmärkte bedeuten. Wenn eine marktrelevante Gruppe von Marktteilnehmern ihre Anlagen nach dem gleichen System steuert, könnte dies zur Instabilität beitragen. BlackRock ist neben der umfassenden Softwaresteuerung auch hinsichtlich der weltweiten Beteiligungen ein »Master of the Universe«, wie die folgende Übersicht zeigt:

Gesellschaft	Börsenwert des Anteils (in Mrd. Euro)	Beteiligung (in %)	Rang unter den wichtigsten Aktionären
Apple	19,0	5,1	1
Exxon Mobil	16,5	5,4	1
Google	15,1	5,8	2
Berkshire Hathaway	14,3	6,8	2
Microsoft	12,8	5,5	1
BHP Billiton	12,6	10,1	1
Petrochina	11,9	6,8	2
General Electric	11,0	5,5	1
Johnson & Johnson	10,8	5,6	2
Chevron	10,8	6,2	1

J.P. Morgan Chase	9,9	6,4	1
Wells Fargo	9,1	5,4	2
Procter & Gamble	9,0	5,4	1
HSBC	8,7	5,9	2
Royal Dutch Shell	7,9	4,9	1
AT & T	7,3	5,5	1
Coca-Cola	6,4	5,0	2
Nestlé	6,4	3,7	1
Novartis	6,4	4,1	3
GlaxoSmithKline	5,2	5,6	1
BAT Group	5,1	7,0	1
Walmart	4,9	2,6	3
Intel	4,8	5,4	1
Astra Zeneca	4,2	8,0	1
3M	3,9	6,2	2

Internationale Beteiligungen von BlackRock (ohne Deutschland) (Quelle: HB vom 11.12.2013, S. 7, Bloomberg, HRI)

Während BlackRock nennenswerte Anteile etwa auch an den großen inländischen Werten hält, die im DAX vertreten sind, sind dort große deutsche Banken oder Versicherer kaum investiert. Mit den engen Verflechtungen, die Preisabsprachen leicht zulassen – dies signalisieren die Skandale z. B. um die Festlegung des Referenzzinssatzes Libor –, ist vermutlich ein nachhaltig wirksames Kartell entstanden. Während die Banken in der Europäischen Union kaum mehr lokale Eigner aufweisen, zeigen die US-Investmentbanken ein heimisches Bollwerk von Großanlegern mit Sitz in den USA, die aber auch international als große Anleger auftreten.

Name der Gesellschaft	Verwaltetes Vermögen (in Bio. USD)	Haupteigner
Capital Group	1,1	Fondsbesitzer
Vanguard	2,5	Fondsbesitzer
State Street	2,2	T. Rowe Price 8,0 % Massachusetts Fin. Services Co. 6,1 % State Street 5,0 %, BlackRock 4,9 % Vanguard 4,7 %
BlackRock	4,1	PNC Financial Services 20,9 % Norges Bank Investment Management 7,1 % Wellington Management Company 6,1 % FMR 5,0 % Vanguard 3,6 % BlackRock 3,5 % State Street 3,2 % Capital Group 2,6
Summe	**9,9**	

»Closed US-Finance Shop« und die Haupteigner der »Masters of the Universe« (Diverse Quellen, u. a. de.finance.yahoo.com, Bloomberg, Haupteigner am 25.05.2014)

Das wirkt sich dann aus wie eine Megabank und ein Geldanleger, da dieses enge Anleger-Oligopol klugerweise kooperiert, als sich gegenseitig einer ruinösen Konkurrenz auszusetzen. Es handelt sich hier daher um ein vermachtetes Finanz- und Banksystem, das sich selbst zur Sicherung seiner Pfründen – im wechselseitigen Einvernehmen – schützt. Das Kartellrecht müsste bei einer solchen Investmentbankenstruktur, die einer uneinnehmbaren Festung gleichkommt, greifen. Bei Industrieunternehmen ist die Ächtung von vermachteten Strukturen weit stärker fortgeschritten und politisch auch leichter durchsetzbar. Versuche, industrielle Macht zu zementieren, hat es auch hierzulande immer gegeben und die Kritik an der US-Finanzwelt trifft im Nachhinein auch das Beteiligungsgeflecht rund um die Allianz/Münchner Rück und die Deutsche Bank. Inzwischen ist die Deutschland AG aber Vergangenheit, sie wurde von der rot-grünen Regierung unter Gerhard Schröder beerdigt. So wurden in Schröders Amtszeit steuerfreie Veräußerungsgewinne für Großkonzerne ermöglicht. Die Konzerne trennten sich von wechselseitigen Beteiligungen und Tochtergesellschaften. Statt der Schlüsselinvestoren aus der inländischen Finanzbranche nahm der Anteil internationaler Investoren zu, die inzwischen bei den großen Konzernen meist eine Mehrheit bilden. Von deutschen Konzernen sollte man hier nicht mehr sprechen, da auch der Sitz der Gesellschaft leicht zu verlagern ist. Die inländische Vorzeigegesellschaft SAP etwa wurde zunehmend zu einer US-amerikanischen Company. Über die Eignerstruktur hinaus betrifft dies auch die geschäftliche Ausrichtung und das Management. Die Sitzverlagerung (in die USA) wäre dann nur noch ein logischer Schritt. Die inländischen Banken sind als Kapitalanleger weitgehend draußen. Sie verloren damit einen Sicherheitspuffer, denn im Fall eigener finanzieller Schwierigkeiten konnten sie sich vorher von ihrem Industriebesitz trennen.

Vor diesem Hintergrund sind die inländische Bankenmacht und die Finanzplätze in Deutschland und manch anderen europäischen Ländern im Vergleich zu den großen US-Finanzstandorten gering bzw. fast provinziell geworden. Das gilt sogar für die Weltstadt Paris trotz großer Heimatbanken. Während die USA und Großbritannien vom Funktionieren ihrer Finanzindustrie abhängig sind, ist das industrieller geprägte Inland hier besser positioniert, allerdings mit dem Preis einer teilweise vermachteten Industrie als Gegenstück zur angelsächsischen Finanzdominanz.

Die Besonderheit bei der vermachteten Finanzindustrie liegt in der gegenseitigen Erpressbarkeit von Staaten und Banken, sie sind, wenn man so will, »symbiotisch« verbunden. Ein Beispiel dafür ist die Sicherung des Absatzes von Staatsanleihen durch die Festlegung, dass sie regulatorisch als sicher gelten und damit bilanziell kein Eigenkapital für diese Assets zu hinterlegen ist.

Der Wettbewerb ist durch den Closed Shop verzerrt, ein Eintritt Dritter kaum möglich. Greift man noch etwas weiter und berücksichtigt auch bestimmte Wirtschaftsprüfungsfirmen, ergibt sich folgende Grobstruktur vermachteter Finanzwirtschaft:

Eintrittsbarrieren: WP-Analyse, Ratingagenturen und Wirtschaftsprüfer	Größe/Eignerstruktur	Regulierungsschutz/ Bezahlsystem	Kundenbindung/ Gewöhnung/ Zusatzgeschäfte
Wertpapieranalyse in Finanzinstitutionen	US-Investmentbankendominanz	Formalisierung und Verrechtlichung begünstigt Großorganisationen	Enge, langjährig bestehende Kundenkontakte
Ratingagenturen (S&P, Moody's, Fitch)	Enges Oligopol mit US-Dominanz	Ratingerfordernis/Emittenten/Auftraggeber zahlen	Insider-Kenntnisse durch langjährige Beauftragung
Wirtschaftsprüfer (PWC, KPMG, Ernst & Young, Deloitte)		Enges Oligopol vier großer Anbieter Abschlussprüfungserfordernis	Enge, langjährig bestehende Kundenkontakte

Closed Shop der Finanzwirtschaft

Der Trend zum sogenannten »One Stop Shopping« und die Globalisierung haben die Marktstellung der großen Anbieter weiter gefestigt. Mit der Ausweitung der Beratungstätigkeit durch die geschäftsnahen professionellen Anbieter werden unabhängige Unternehmensberater herausgedrängt. Die interessengeleitete Beratung durch die Ratingagenturen oder Wirtschaftsprüfer sind beidseitig lukrativer und funktionieren nach dem Motto »Do ut des« (ich gebe, damit du gibst).

Die Regulierungen, so scheint es, sind von geschäftlich interessierter Seite so gestaltet worden, dass die Manipulierungsspielräume (Preisgestaltung durch Größenvorteile, Beratungsmandate mit Hilfestellung zur Gestaltung der Ratings und Steuervermeidung) besonders groß sind.

Die enge Verzahnung der Finanzwirtschaft hinsichtlich der Eignerstruktur zeigt sich auch bei der von Warren Buffett gesteuerten Gesellschaft Berkshire Hathaway. Während die A-Aktien von Buffett mit 39 % dominiert werden, sind die wesentlichen Eigner der B-Aktien (die A- und B-Aktien haben eine gleich hohe Marktkapitalisierung, Stand der Anteile 30.09.2013) die Gates Foundation (7,1 %), BlackRock (6,82 %), Vanguard Group (6,56 %) und State Street (6,56 %). Mit Ausnahme der Gates Foundation sind diese Finanzanleger auch bei den Ratingagenturen S&P und Moody's sowie den großen US-Investmentbanken mit an Bord.

Diese Kollusion hat mehr als ein »Geschmäckle«. Sie ist Ausdruck einer zielgerichtet erbauten Festung im internationalen Finanzsystem, die die Deutungshoheit über alle finanzrelevanten Fragen in den USA und damit auch weltweit sichert. Für den Investor ist dies naheliegend, im Zusammenspiel mit dem regulierenden Staat handelt es sich um eine Fehlsteuerung. Ähnlich wie der militärisch-industrielle Komplex eines Landes werden hier Wettbewerbsvorteile zulasten anderer Marktteilnehmer gesichert. Eine derartige Kartellmacht ist dringend revisionsbedürftig, wenn es nach den Grundsätzen einer Sozialen Marktwirtschaft im Sinne Ludwig Erhards ginge. Die enge Verzahnung der großen Investmentbanken ist problematisch, wie das Beispiel Lehman Brothers zeigte. Eine einzelne Bank muss auch austreten können: »Too big too fail« ist das falsche Konzept – und schon gar nicht alternativlos.

Banken müssen auch scheitern können, ohne dass dadurch gleich eine Gesellschaft ruiniert wird. Die hier skizzierte Kollusion zeigt eine Art Versicherung gegen das Scheitern durch die gut organisierte »Financial Community«. Zur Risikoreduktion für die Realwirtschaft muss genau diese Kollusion abgebaut werden. Dann wäre wieder eine Soziale Marktwirtschaft ohne vermachtete Strukturen (die für ihre Funktionsfähigkeit die beiden Diktatoren »Kartellschutz« und »unabhängige Notenbank« benötigt) realisierbar. Staatlicher Monopolkapitalismus ist – im Bürgerinteresse – kein anzustrebendes Gesellschafts- und Wirtschaftsmodell, auch wenn die USA, Russland und vor allem China hier immer wieder Annäherungsformen zeigen. Die »staatlich gesteuerten Business-Class-Wirtschaften« (China und Russland)[26] sind genauso wie die völlige Finanzmarktfokussierung ohne Ordnungspolitik nicht mit einer Sozialen Marktwirtschaft vereinbar.

Fazit

Durch die zu einem großen Teil deckungsgleichen Eigner der führenden US-Investmentbanken und der beiden größten Ratingagenturen besteht ein fragwürdiges Verbundsystem. Sprach man früher zutreffend von der Deutschland AG (die es so nicht mehr gibt), könnte man die Wall-Street-affinen Haupteigentümer als Closed Shop ansehen, in dem gebündelt Gewinninteressen wahrgenommen und verteidigt werden.

1.6 Exkurs: Wodurch kam es zur Machtkonzentration auf nur noch wenige Investmentbanken?

Kapitalismus hat nichts mit der freien Wettbewerbsauswahl von Menschen zu tun, die über eine mehr oder weniger vergleichbare Kauf- und Verkaufskraft verfügen, sondern mit der Konzentration von Kapital und Wirtschaftsmacht in wenigen Händen, die diese Macht dazu nutzen, jeden zu zerschmettern, der sich ihnen in den Weg stellt.

David Korten[27]

Den Gegenpol der wirtschaftlichen Freiheit stellt die Ausprägung wirtschaftlicher Macht dar. Es ist daher gesetzlich sicherzustellen, dass die Vorzüge der Wettbewerbswirtschaft nicht durch historisch erwiesene Nachteile einer bedenklichen Machtkonzentration aufgewogen werden.

Ludwig Erhard[28]

Die bis heute bestehende große Bedeutung der Investmentbanken ist historisch eine Folge des sogenannten Trennbankensystems nach der Einführung des Glass-Steagall Act im Jahr 1933. Als Reaktion auf die verheerenden Folgen der Wirtschaftskrise wurde eine strikte Trennung von Geschäftsbanken und Investmentbanken vorgeschrieben. Auch nach der Aufhebung des Glass-Steagall Act zur Jahrtausendwende blieben die Investmentbanken einer nach wie vor strikten Regulierung unterworfen. Die Internationalität und das hohe Ansehen der Investmentbanken als große Vermögensverwalter und ihr Know-how bei internationalen M&A-Transaktionen führten zu einer Übernahmewelle von Investmentbanken durch Universalbanken. Auch erhofften sich die übernehmenden Großbanken eine Verbreiterung der Produktpalette für ihre Kunden und mancher europäische Manager vielleicht auch eine Gehaltsanpassung an das deutlich höhere US-Niveau.

In Deutschland, ebenso wie etwa in der Schweiz, hatten Bankiers zwar einen guten Ruf, aber keine hohen Gehälter zu verteidigen. Fast spießig und langweilig wirkten diese integren Personen, manchmal sogar mit dem Titel »Bankbeamter« versehen. Mit der Finanzmarktliberalisierung an den großen Finanzplätzen wurden neue Begehrlichkeiten geweckt, auch bei den Managern. Sie prüften angesichts des finanziell soliden Polsters Fremdakquisitionen in Übersee, büffelten Englisch und waren zunehmend bereit für kulturelle Veränderungen.

Nur sehr große Universalbanken konnten solche Übernahmen stemmen, denn die Investmentbanken selbst hatten Größenvorteile zu verteidigen. In den 1980er-Jahren kaufte Credit Suisse First Boston, die Deutsche Bank Morgan Grenfell und in den 1990er-Jahren Bankers Trust New York Corp., die Dresdner Bank Kleinwort Benson und zur Jahrtausendwende Wasserstein Perella, die UBS S. G. Warburg und Paine Webber, die Citigroup Smith Barney und Salomon Brothers.

Die Europäer zahlten viel Geld für die US-Banken mit wohlklingenden Namen in der Branche. Allerdings mussten sie dann oft feststellen, dass das wesentliche Asset, das Know-how der Mitarbeiter, flüchtig war (sie verließen die Bank, wenn die Konditionen aus ihrer Sicht nicht mehr stimmten). Die Sunk Costs waren so hoch, das für die übernehmenden Banken die solide Weiterentwicklung des Privatkundengeschäfts, das im Börsenboom der 1990er-Jahre vor dem New Economy Crash und Jahre vor der Finanzkrise als »unsexy« galt, wohl besser gewesen wäre.

Im Zuge der Finanzkrise ab 2007 beschleunigte sich das Elefantenrennen. Statt aus dem Markt auszuscheiden, galt der Grundsatz »Too big to fail« – und die Riesen wurden noch größer. So verleibte sich die Bank of America Merrill Lynch ein, Bear Stearns wurde an J.P. Morgan Chase veräußert. Lehman Brothers allerdings meldete Insolvenz an. Die Investmentbankaktivitäten wurden seit der Finanzkrise durch den Niedrigzins politisch wieder befördert, es wird auch wieder gut verdient. Der Finanzkapitalismus wurde damit nicht gestoppt, eher im Gegenteil. (Der Ökonom Hyman P. Minsky verstand unter Finanzkapitalismus, »financial capitalism«, Spekulationsgeschäfte und umfangreiche Börsentransaktionen. Sie können statt der auf der Produktion bzw. realen Wertschöpfung gründenden Renditesuche in den Vordergrund treten, bis ein Crash zu neuer Vernunft zwingt.) Innerhalb der Finanzinstitutionen zählen auch Analysten zur Horde der Problemverstärker im Geldmanagerkapitalismus.[29] Doch sie können meist nicht anders: Wenn sie nicht mitschwimmen, werden sie gegebenenfalls »gefeuert«.

Trotz all der gerade geäußerten Bedenken: Private-Equity-Gesellschaften legen ein noch viel fragwürdigeres Geschäftsgebaren an den Tag als die oben genannten großen Investoren, wobei zu dem engen Kreis der größten institutionellen Spekulanten neben den bereits genannten auch Fidelity und Morgan Stanley gehören. Als Beispiele für rücksichtslos profitmaximierende »Heuschrecken« gelten u. a. Terra Firma Capital Partners, die bei »Tank und Rast« engagiert sind, oder Lone Star. Lone-Star-Gesellschaften kauften von inländischen Finanzinstituten milliardenschwere Problemkredite oft weit unter der ursprünglichen Kreditsumme. Danach wurde alles darangesetzt, den Kredit möglichst in vollem Umfang einzutreiben, zur Not auch über Zwangsmaßnahmen beim Schuldner. Infrastrukturnahe Investitionen wie Autobahnraststätten (Tank und Rast), Kabelnetze (Kabel Deutschland), aber auch Sozialwohnungen (GSW u. a.), die oft mit Steuergeldern erstellt werden, stehen in der Gefahr, in den Fokus von Private-Equity-Firmen zu geraten. Private-Equity Gesellschaften sind maximal wertsteigernd tätig und pressen die Kunden oder Mieter maximal aus. Das ist ordnungspolitisch fatal und Ausdruck zu großer Kapitalmacht. Ein Kasinokapitalismus, dessen Akteure Preismanipulation zur Gewinnmaximierung nutzen, führt zur Umverteilung in die falsche Richtung und ist mit den Grundsätzen einer Sozialen Marktwirtschaft unvereinbar.

Aber zurück zu den Investmentbanken. Dass die großen US-Investmentbanken alles tun, um ihr lukratives Geschäftsmodell zu sichern, und ihre vermeintlich hohe Reputation, geschäftliche Erfahrung bei großen Deals und Treffsicherheit bzgl. Prognosen ins Spiel bringen, verwundert nicht. Die Realität sieht anders aus, in Zeiten so extrem niedriger Zinsen ist das Dealmaking dank niedrigerer Refinanzierungskosten relativ leicht. Die Investmentbanken haben sich mit den für sie günstigen Regulierungen, die auch das Ergebnis ihrer Lobbyaktivitäten sind, komfortable Möglichkeiten für hohe Gewinne bei überschaubarem Risiko geschaffen. Dieses Geschäftsmodell zulasten Dritter (der Sparer bzw. der Steuerzahler) ist zwar Gegenstand vielfältiger Kritik, im Zuge der Durchsetzung ihrer Interessen (zur Not droht man mit der Abwanderung zu unregulierten Finanzplätzen) gegenüber Politik und Öffentlichkeit besteht der fragwürdige Schutz vor Wettbewerb weiterhin.

Die wesentlichen Eintrittsbarrieren für Dritte und damit auch für kleinere Ratingagenturen, die international keine Marktmacht besitzen, bildet die folgende Übersicht ab:

		Bank of America, Citigroup, Goldman Sachs, J.P. Morgan, Morgan Stanley, Wells Fargo	Weitere kleinere Banken, die als nicht »too big to fail« gelten
Brand Value (Ist der Kunde bereit, aufgrund des Namens der Gesellschaft für deren Dienstleistungen mehr zu zahlen?)		Vorhanden: Es handelt sich um Namen, die in der vordersten Reihe stehen.	Schwach ausgeprägt: Ist allenfalls in lokalen Märkten der Fall.
Economic Value	Größenvorteile	Vorhanden: Bei den Investmentbankaktivitäten sind bei größeren Einheiten Synergieeffekte möglich. Vorteile bieten sich durch Bildung geschäftsabsichernder Netzwerke, Kundendiversifizierung, einen großen Datenpool und eine breite Expertise.	Nicht vorhanden (allenfalls z. B. in lokalen Nischenmärkten).
	Weltweiter Marktanteil	Hoch. (Dies verbessert die Fähigkeit, ggü. den zahlenden Kunden, hohe Preise durchzusetzen.) Besseres Netzwerk in Politik und Wirtschaft.	Vernachlässigbar. (I.d.R. besteht keine Möglichkeit, höhere Preise durchzusetzen.)
	Kundenbindung	Hoch. (Das Zusammenspiel mit den zahlenden Großkunden ist gefestigt.)	Schwächer ausgeprägt
	Regierungsschutz/ Netzwerkbildung	Sehr hoch durch staatlichen Regulierungsschutz im Verbund mit den Ratingagenturen und Kollusion durch gleiche Eigentümer (US-Investment Community als Closed Shop).	Weniger hoch
	Eignerstruktur	Finanzinvestoren/Hedgefonds: Sie haben ein Interesse an Kurzfriststorys und hohen Umsätzen, die ihre hohen Gewinne sichern. Enge Verzahnung mit den Ratingagenturen (gleiche Eigner).	Finanzanleger u. a.: Eine weltweite Verzahnung der Eigner ist nicht oder weniger ausgeprägt vorhanden.

Wesentliche Eintrittsbarrieren der Investmentbanken

Wie die Übersicht zeigt, sind die Eintrittsbarrieren so hoch, dass die großen US-Investmentbanken tatsächlich gute Investments für ihre Eigner darstellen. Dies gilt aber nur so lange, wie das Machtkartell aufrechterhalten werden kann. Bei einem echten Wettbewerb zwischen den Banken würden die Erträge sinken, das Drohpotenzial gegenüber der eigenen Regierung und der US-Notenbank (die im Gegensatz zur Deutschen Bundesbank nicht unwesentlich von US-Geschäftsbanken gesteuert wird) wäre weit geringer. Neben einer unabhängigen Notenbank bedarf es als zweiten Wächter der Funktionsfähigkeit der Sozialen Marktwirtschaft einer Kartellbehörde, und zwar einer, die nicht zahnlos ist. Diese könnte das Machtkartell wirksam zerschlagen und echten Bankenwettbewerb wieder reinstallieren, um Schaden von der Gesellschaft abzuwenden. Ansonsten wird die geschützte Machtposition der Finanzinstitute weiter zulasten der Sparer und der Steuerzahler eingesetzt, die im Falle des Scheiterns der riskanten Geschäfte solche verdeckten Megabanken (erneut) stützen müssten.

Fazit

Die Eintrittsbarrieren der US-Investmentbanken sind überzeugend groß für Dritte. Dieser Closed Shop ist ein Abwehrkartell zur Sicherung hoher Profite, die sich zulasten der Volkswirtschaft auswirken. Mithilfe der Ratingagenturen können sie sich günstig refinanzieren und weiter einen »Staat im Staate« mit hohem Erpressungspotenzial bilden. Solange die Machtkonzentration besteht, wird die Gesellschaft gezwungen sein, den überteuerten und für Dritte schädliche Geschäfte durchführenden Bankenapparat querzusubventionieren.

2. Wohlstandsgefahren durch Über- und fehlsteuernde Regulierungen

2.1 Armutsfallen durch gewinnmaximierende Banken und den regulierenden Staat: Die Teilnehmer auf dem Spielfeld

Wohlstand für alle und Wohlstand durch Wettbewerb gehören untrennbar zusammen; das erste Postulat kennzeichnet das Ziel, das zweite den Weg, der zu diesem Ziel führt.

Ludwig Erhard[30]

Die Finanzinstitutionen und die Marktbeobachter, die sie beschäftigen, haben durchaus gemeinsame Ziele. So ist die Inszenierung des eigenen Wissens bzw. von Kompetenz für die Arbeitgeber von Vorteil, da sie mit der veröffentlichten Meinung gleichzeitig eine Werbebotschaft nach außen senden: »*Wir haben die besten Marktbeobachter, die im Kundeninteresse bestmögliche Stellungnahmen zu Wertpapieren abgeben.*«

Auch die Marktbeobachter profitieren von ihrem herausgehobenen Status, der sie bei Spitzeninstituten des Investmentbankings vielleicht sogar als Guru erscheinen lässt. Sie werden zunehmend bekannter, vielleicht sogar berühmt und können ihre Gehälter dadurch steigern.

Investmentbanken sind natürlich an wachsenden Umsätzen interessiert. Schönmalerisch werden die Perspektiven oft allzu günstig dargestellt und nicht ausreichend auf die Risiken hingewiesen. »*Nicht umsonst werden die ›Sa-*

les-Trader‹ und die ›Sell-Side-Analysts‹ auch ironisch als ›Drückerkolonnen‹ der Investmentbanken bezeichnet. Es ist in erster Linie ihr Job, für Umsätze zu sorgen.«[31]

Große Finanzinstitutionen profitierten als private Gesellschaften von der Liberalisierung der Kapitalmärkte, mit der der Fokus auf kurzfristige Gewinnmaximierung verschoben wurde. Die Anforderungen an ihre Eigenkapitalausstattung wurde gesenkt, wodurch die Banken Spielräume für ertragreiche Finanzgeschäfte gewannen; im Gegenzug banden sie sich verstärkt an die Ratings der großen Agenturen. Diese konnten dann wie Hohepriester agieren. Ihre Einschätzung hatte (und hat) Gewicht. Gleichzeitig wurden sie gut von ihren Auftraggebern entlohnt. Vor einem solchen Referenzrahmen wurde die Reputation nur vorgetäuscht. Trotz der mehr oder minder bestellten Gutachten tat man so, als handele es sich um eine unabhängige Aussage. Auch in den Investmentbanken sind die Researcher Teil einer kundenwirksamen Inszenierung.

Mit Bezug auf die Forschungen des amerikanischen Soziologen Erving Goffman (*Wir alle spielen Theater*, 1959) könnte man davon sprechen, dass auf einer »Vorderbühne« mit der Inszenierung überlegenen Wissens für die Kapitalanleger und die Öffentlichkeit höchste Reputation vorgetäuscht und damit wiederum gesichert wird, während auf der »Hinterbühne« das tatsächliche, weitaus profanere Geschehen stattfindet: Gewinnmaximierung, Beratungs- und Türöffnerdienstleistungen (z. B. für M&As), aber auch geschäftspolitische Rücksichtnahmen usw. Es soll der Eindruck entstehen, dass die Analysen der Top-Wertpapierresearcher akkurat erstellt und qualitativ hochwertig sind. Es wird angestrebt, mit zuverlässig wirkenden und im Nachhinein auch zutreffenden Prognosen (darauf wird dann gern aus Werbegründen hingewiesen, auch wenn das wohl üblicherweise wegen des zu positiven Bias nicht zutrifft) das Renommee des Hauses zu steigern. So können neue Kunden für das Investmentbanking oder Privatkundengeschäft gewonnen und gebunden werden. Im Folgeeffekt eines vertieften Kundenkontaktes werden typischerweise dann weitere Dienstleistungen angeboten. Wertpapierresearcher verfügen über gute Kontakte zu Vorständen durch die Fragerunden im Zuge der quartalsweisen Ergebnispräsentationen von börsennotierten Gesellschaften. Das verschafft ihnen ein hohes akquisitorisches Potenzial in alle Richtungen. Beliebt ist z. B. die Organisation von Roadshows mit Kunden. Dazu sind sowohl die Investmentkunden als auch die Firmen gerne bereit – es schafft eine Auszeit vom Schreibtisch und ist gut für das eigene »Networking«.

Es ist durchaus im Sinne ihrer Arbeitgeber, wenn die Researcher neue Netzwerke für ihre »Brötchengeber« aufbauen. Durch die internen Regelungen zur Unabhängigkeit ihrer Tätigkeit, die auch nach außen kommuniziert werden (»Chinese Walls«), sind sie formal geschützt, können gleichzeitig extern sehr frei agieren. Ihr herausgehobener Statuts und ihr Freiheitsgrad machen sie subtil zu einem Werber für die eigene Adresse. Die Hinterbühne ist den Vorständen, die ihre Ergebnisse den Researchern meist aus Finanzhäusern präsentieren, bekannt (und bei Beschwerden bzgl. zu kritischer Analysen gegenüber der Bank des Wertpapierresearchers wird sie gelegentlich auch betreten). Dies wird auch vielfach von der eigenen Bank – im vorauseilenden Gehorsam – so erwartet und artet zu einem immer wiederkehrenden Ritual aus, den Unternehmensvorständen zwar unbequeme Fragen zu stellen, die aber nicht wirklich »wehtun« oder gar zu einer Bloßstellung oder Rufschädigung führen.

So fungiert der Analyst als Türöffner für Geschäfte, auch für solche, die noch nicht direkt sichtbar sind. Und damit sind wir schon auf der Hinterbühne. Dort werden Gewinnmaximierungstrategien mit Rücksichtnahmen gegenüber den Anteilseignern und wichtigen Kunden verfolgt. Dies bleibt vor der Öffentlichkeit gänzlich verborgen oder kann allenfalls nur erahnt werden. Ähnliches gilt bei den Ratingagenturen (siehe mein Buch *Die geheime Macht der Ratingagenturen*, S. 75f.). Vorne wird Seriosität vorgegaukelt, hinten wird möglichst unbeobachtet »abgezockt«. Dieses ritualisierte System macht die Finanzanalysten aber auch zu Promotoren, dass die Finanzmarktgeschäfte mit möglichst hohen Umsätzen weiterlaufen, im Sinne ihrer Banken – die zuletzt nicht selten vom Staat gestützt werden mussten.

Die Researcher sind im eigenen wirtschaftlichen Interesse – »wes Brot ich ess, des Lied ich sing« – auch Lobbyisten der Investmentbanken, für die sie arbeiten, und damit (gewollt oder ungewollt) Verfechter einer immer stärker finanzialisierten Wirtschaftswelt. Davon profitieren sie, die Finanzmärkte müssen weiterlaufen.

Der Turbokapitalismus, um ein Schlagwort aufzugreifen, scheint eng mit der Ausbreitung des Geldmanagerkapitalismus verbunden zu sein. Was Profit bringt, wird gemacht, ohne Skrupel. Die Moral, früher als Voraussetzung guter Geschäfte beachtet, bleibt außen vor. Auch der rheinische Kapitalismus fußte auf Werten und die katholische Soziallehre etwa stellte für Unternehmer ein verbindendes ethisches Prinzip des Wirtschaftens dar. Doch der Turbokapitalismus ohne soziale Bindungen setzte sich durch. Angelsächsische Kapitalismusvorstellungen galten als moderner und erfolgsträchtiger. Befördert wurde diese Entwicklung von dem Zusammenbruch des Ostblocks und der kapitalistischen Öffnung Chinas ohne tief greifende demokratiekonforme Reformen. Statt Meinungsfreiheit und -vielfalt erscheint auch hier inzwischen die fragwürdige Führungskultur gelenkter Gesellschaften zumindest diskutabel. Das reibungslose Funktionieren solcher Kommandowirtschaften erhöht vermeintlich die Erträge, unterdrückt als Nebenprodukt aber die Kreativität. Gleichzeitig wird außer Acht gelassen, dass Meinungsfreiheit und -vielfalt Werte an sich sind, die nicht zur Disposition stehen dürfen. Die neuen Aufsteiger, die russischen Oligarchen und die Milliardäre aus der chinesischen Politikbürokratie, verfolgten i.d.R. kurzfristige Renditeziele. Der Turbokapitalismus ohne soziale Bindungen setzte sich immer mehr durch, Humankapital wurde weltweit günstig verfügbar. Die internationale neue Arbeitsteilung wurde oft ohne moralische Skrupel durchgezogen, nicht selten wurde selbst Kinderarbeit toleriert. Gleichzeitig wurde die Einwanderung in funktionierende Sozialsysteme durch die Globalisierung befördert und führte zu Moral-Hazard-Effekten, d. h., Menschen kamen, die nicht ihre Chancen in dem Zuwanderungsgebiet, sondern ein Sozialsystem ohne adäquate Gegenleistung nutzen wollten.

»Dieser Kapitalismus tötet«, erklärte Papst Franziskus jüngst und löste damit eine lebhafte Debatte aus. Auch wenn dies vielleicht zu plakativ formuliert ist und etwa die Alternative der Sozialen Marktwirtschaft ausklammert, legte der Papst mit seinem Schreiben »Evangelii gaudium« seine Finger in eine klaffende Wunde. *»Ich bete zum Herrn, dass er uns mehr Politiker schenke, denen die Gesellschaft, das Volk, das Leben der Armen wirklich am Herzen liegt!«* So plädiert er dafür, dass die Regierenden und die Finanzmacht für alle Bürger eine würdevolle Arbeit und den Zugang zum Bildungs- und Gesundheitswesen ermöglichen.[32]

In diesem Sinn ist der derzeit dominierende Kapitalismus angelsächsischer Prägung dringend reformbedürftig. Das bestehende System begünstigt das schnelle Geldmachen durch Niedrigzinsen, geringe Eigenkapitalanforderungen und Begünstigung der Kapitalbesitzer – und mittelbar auch die Korruption, da auf seriöse Weise, nämlich durch ehrliches Sparen, kein Weiterkommen möglich scheint.

Die aktuelle Niedrigzinspolitik ist das gefährlichste Problem für die Erhaltung Ihrer Werte. Sie betrifft nicht nur die Anlageformen, sondern auch die Moral. Verschulden wird zu einer – zu Recht – als vernünftig empfundenen Absicherungsstrategie. Die Tugenden Sparsamkeit, Anstand und Bescheidenheit bleiben auf der Strecke. Es sind zentrale Gebote einer funktionierenden Sozialen Marktwirtschaft: »Preisstabilität und Sparwille, Wohlstand durch Wettbewerb, selbstsorgender Bürger statt sozialer Untertan, Schutz des Konsumenten gegen Eigentumskonzentration und Machtwirtschaft«.[33]

Stattdessen wird »geklotzt«. Vielfach wird in einem Umfang in Immobilien (»Betongold«) investiert, der jedes vernünftige Maß sprengt, nur um maximal mögliche Verschuldungsspielräume zu erreichen. In Deutschland werden jetzt die Fehler nachexerziert, die die US-Bürger jahrelang bis zum Platzen der Immobilienblase gemacht haben. Der Spirale aus Niedrigzins und der danach folgenden Produktion neuer Bewertungsblasen ist offensichtlich nur schwer zu entrinnen.

Sachwerte sind gefragt. Auch die Börsenwerte explodieren – oft sogar trotz schlechter Unternehmensdaten. Der Niedrigzinspolitik sei Dank. Für den Sparer ergeben sich über mehrere Jahre dramatische Folgen durch den Zinseszinseffekt, der – nach Einstein – »größten Erfindung des menschlichen Denkens«.[34] Die Verarmung der Sparer erfolgt schleichend, aber dennoch nachhaltig. Die Wirkung bei einer jahrzehntelangen Fortsetzung der Enteignungspolitik gegenüber sparfreudigen Bürger ist eindeutig: Sie werden ärmer, wenn die Verzinsung geringer ausfällt als die Inflationsrate. Bei einer jährlichen Verzinsung von 1 % und einer Inflation von 2 % liegt die jährliche Realverzinsung bei –1 %. Nach zehn Jahre beträgt der Vermögensverlust bereits rund 10 %. Damit rutscht auch die Mittelschicht immer weiter ab, nachdem das untere Drittel der Gesellschaft durch Hartz-IV-Zahlungen ruhig gestellt wird, obwohl sich die Bezieher oft gerne einbringen würden. Teilhabe am Wirtschaftsleben ist schließlich auch für das »Ego« der betroffenen Personen besser, als von der Gesellschaft »Almosen« zu empfangen. Da sich all dies eher schleichend und geräuschlos vollzieht und die Bevölkerung ruhig gehalten wird, geht auch kaum jemand auf die Straße, um gegen die Enteignungspolitik zu demonstrieren. Philipp Rösler brachte auf dem FDP-Parteitag im Jahr 2011 einen drastischen Vergleich: Ein Frosch, der ins heiße Wasser geworfen wird, springt sofort wieder heraus. Ein Frosch, der ins kalte Wasser gesetzt wird, reagiert dagegen nicht. Und wenn das Wasser langsam erhitzt wird, bleibt er darin, bis er tot ist.[35]

So ist es auch mit der Armutsfalle. Sie betrifft, folgt man aktuellen Analysen, einen immer größeren Bevölkerungskreis. Sie schnappt aber nicht plötzlich zu, sondern langsam, und ist man erst einmal in der Falle drin, kommt man schwer wieder raus. Unter Umständen wird das Leben von der Stütze sogar zu einer neuen Lebensgewohnheit. Mögliche Gründe für das Abrutschen und die Schwierigkeit, sich aus der Abhängigkeit von Hilfsgeldern zu befreien, sind:

1. Der Staat versagt ordnungspolitisch.

2. Gewinnmaximierende Unternehmen und Finanzinstitutionen verteidigen ihre Interessen zulasten Dritter.

Zu 1: Der Staat versagt als Regelsetzer und die Mechanismen zur Selbstheilung des Systems wurden weitgehend außer Kraft gesetzt. Die Zielsetzung für Politiker lautet: Stimmenmaximierung unter Nebenbedingungen.

Die Nebenbedingungen für die Stimmenmaximierung sind falsch gesetzt. Politiker entziehen sich so allzu leicht ihrer Verantwortung. Dafür schaffen sie selbst die Strukturen, um »rundum sorglos« agieren zu können. Eine solche organisierte Verantwortungslosigkeit ist durch klare Regeln und Transparenz wieder zu durchbrechen. Die Nebenbedingungen sollten in einem demokratisch verfassten Staat, der dauerhaft funktionieren soll, nicht beliebig je nach Nutzenkalkül veränderbar sein. So konnte es passieren, dass durch ein ungerechtes Steuer- und Subventionssystem eine Umverteilung von unten nach oben erfolgt, zudem ist der Umverteilungsapparat extrem intransparent. Die gut verteidigten Pfründen sind damit relativ gut geschützt. Solange die breite Masse sich dieses Skandals nicht bewusst wird, ist die eigene Wiederwahl gesichert. Es bedarf daher Schranken, um bei Politikern erst gar nicht das Gefühl aufkommen zu lassen, sie seien omnipotent. Der Finanzexperte Gottfried Heller nennt zwei solcher Schranken, eine unabhängige Notenbank und eine wirksame Kartellbehörde, um die Funktionsfähigkeit von Staat und Wirtschaft zu erhalten: »*Die Soziale Marktwirtschaft ist ein Erfolgsmodell. Dabei sind mit dem Kartellgesetz und der Unabhängigkeit der Notenbank zwei wesentliche Elemente in dieses System eingeführt worden. Die unabhängigen Mitglieder der Zentralbank sind die kleinen Diktatoren innerhalb einer nicht perfekten Demokratie. Anders als Politiker, die wiedergewählt werden wollen, hat sie die Macht und Möglichkeit, auch unpopuläre Entscheidungen zu treffen.*«[36] Wie weit man sich allerdings in der derzeit regierenden Großen Koalition von einer Marktwirtschaft nach den Vorstellungen Erhards entfernt hat, zeigt folgendes Statement von Kanzlerin Merkel: »*Marktmacht und Wettbewerb müssen in eine Balance gebracht werden, damit man auch international punkten kann.*«[37] Damit nähert sich Deutschland der interventionistischen Industriepolitik Frankreichs an. Paris hat sogar ein neues Dekret erlassen, das den Kauf französischer Firmen in strategisch wichtigen Industrien wie Energie, Wasser, Telekommunikation oder Gesundheitswesen durch ausländische Unternehmen unterbinden kann. Das freie Spiel der Kräfte wird so von Regierungen verhindert. Ähnlich verhält es sich mit den administrierten Niedrigzinsen, wodurch das Preissystem verzerrt wird und neue Blasen produziert werden. Die Notenbanken werden notgedrungen zum Erfüllungsgehilfen von Politikinteressen, ihre Unabhängigkeit wird ausgehöhlt.

Die aktuelle Niedrigzinspolitik, die von den führenden Notenbanken in den USA (Fed), in Europa (EZB) und in Japan (BoJ) durchgeführt wird, ermöglicht eine Umverteilung zulasten der Sparer. Über das Ausmaß der Unabhängigkeit dieser Notenbank lässt sich streiten, sowohl die Finanzministerien als auch die Finanzindustrie (im Fall der Fed sind die Banken die Eigner) machen ihren Einfluss geltend. Die Bundesbank würde als »kleiner Diktator« innerhalb des demokratischen Systems heute vielleicht höhere Zinsen setzen. Für Deutschland wäre dies auch möglich. Nur ist die Bundesbank innerhalb des europäischen Systems der Zentralbanken nicht mehr in der Lage, eine autonome Geldpolitik für die wichtigste Wirtschaftsmacht Europas durchzuführen. Das Stimmrecht der Bundesbank bei der EZB entspricht dem von Zwergstaaten, obwohl sie über ein Viertel des Kapitals stellt. Vor diesem Hintergrund ist die Frage der Souveränität Deutschlands berechtigt zu stellen (die auch zu Recht im Zuge der NSA-Debatte und möglicher ausländischer Überwachungsprivilegien thematisiert wurde). Der inländischen Bevölkerung sind fatalerweise solche Souveränitätseinschränkungen nach der Abschaffung der D-Mark und der damit verbundenen Entmachtung der Bundesbank in der Breite vermutlich nicht bewusst – trotz einer Vielzahl von Literatur zum Thema. Anscheinend ist es in Deutschland – immer noch oder wieder? – möglich, à la Gerhard Schröder mit »*Bild, BamS* und Glotze« (und heute der »verdummenden Seite« des Internets) durchzuregieren. Das Leitbild des mündigen, kritischen Bürgers tritt so immer mehr in den Hintergrund.

Zu 2: Unternehmen einschließlich der Finanzinstitute sind Profitmaximierer unter Nebenbedingungen.

Auch hier sind die Nebenbedingungen falsch und damit krisenfördernd gesetzt. Grundsätzlich agieren Unternehmen als Gewinnmaximierer und versuchen daher, Strukturen zu schaffen, die diesem Ziel dienen. Im politischen Raum sind Unternehmen ebenfalls aktiv und Vorteilsnehmer: als Subventionsempfänger oder auch, wenn sie nur geringe Steuern zahlen. Im Gegensatz zu der Masse der Bürger haben Unternehmen die Möglichkeit, politischen Druck auszuüben, vor allem wenn viele Arbeitsplätze auf dem Spiel stehen. Dies gilt auch für Banken. Die Finanzinstitute operieren darüber hinaus mit zu wenig Eigenkapital. Dadurch können sie Verluste zulasten der Gemeinschaft sozialisieren.

Die Problematik der steigenden Instabilität durch den fehlgelenkten Verbund aus Kapitalmärkten, Staat und Finanzanalyse/Ratingagenturen zeigt der folgende Überblick:

Handelnde	Zielsetzung	Chancen und Gefahren	Charakterisierung des Beziehungsgeflechts
Kapitalmärkte (Kapitalgeber)	Gewinnmaximierung bei noch vertretbarem Risiko (Mindestbonitätsanforderungen)	Banken mit Kasinospielen, die (Meldungen zufolge) gegebenenfalls sogar manipuliert sind, und fehlender EK-Unterlegung für Staatsanleihen: Maximale Chancennutzung zulasten Dritter (des Staates bzw. des Steuerzahlers).	Symbiotische Beziehung von Regierungspolitikern und Bankvertretern. »Banker wissen, dass Politiker Geld brauchen, um den Wohltäter zu spielen, und dass ihnen selbst im Zweifel nichts passiert.« * Die Banken brauchen die Politiker, um ihr Geschäftsmodell, das die Risiken auf Dritte abwälzt, fortzuführen.
Finanzanalysten in Banken	Gewinnmaximierung unter der Nebenbedingung, damit der gute Ruf auf den Kapitalmärkten erhalten bleibt.	Umsatz- und Gewinnmaximierung im Sinne des Arbeitgebers. Es lohnt sich eher, mit der Horde (der Analysten) »mitzuschwimmen«, als gegen die Mehrheit anderer marktrelevanter Analysten recht zu haben. Präferenz für kurzfristige und aktionsgetriebene Märkte.	Gefahr des Moral Hazard durch die Fehllenkung, da die Emittenten (hier insbesondere der Staat als Schuldner) für ihr Rating bezahlen und im Zweifel ein positiver Bias besteht. Da die Ratingagentur den zahlenden Kunden nicht verlieren will, wird sie eher positive interne Daten verwenden.
Staat (Regierungspolitiker)	Stimmenmaximierung.	Vermeintlicher Stimmenkauf zulasten Dritter (und zwar zulasten des noch nicht geborenen Wählers von morgen, der für die aktuellen politischen Fehler aufkommen muss, der dann jedoch im Zweifel nicht mehr »sein« Wähler ist: ein Denken nur im Jetzt).	Symbiotische Beziehung von Regierungspolitikern und Bankvertretern. »Politiker wissen, dass Banken ihnen immer Geld leihen, solange sie damit nur ihren Reibach machen.« ** Fehlanreize für Finanzinstitutionen durch fehlende Eigenkapitalunterlegung für Staatsanleihen.

Zusammenspiel der Kapitalmärkte, Finanzanalysten in Banken und des Staates, *[38], **[39]

Auch den Ratingagenturen, die sich ebenfalls als Profitmaximierer betätigen, wurde zu viel Macht verliehen. Die Lobby der Finanzbranche ist stärker und besser verzahnt mit der Politik als die anonymen und schlechter organisierten Steuerzahler. Vor diesem Hintergrund lassen sich auch die jüngsten Steuereinnahmerekorde erklären.

Fazit

Investmentbanken und Wertpapieranalysten verfolgen interessengeleitete Gewinnmaximierungsziele, durchaus zum Schaden ganzer Gesellschaften. Solange hier die Bürger nicht ausreichend aufgeklärt sind und ihre Gestaltungsmacht nutzen, wird sich an der interessengeleiteten Klientelpolitik nichts ändern. Der gut erfasste Standard-Steuerzahler (z. B. Angestellte) bleibt dann der unkundige Finanzierer des ungerechten und leistungsfeindlichen Umverteilungssystems.

2.2 Fehlsteuerungen

Geraume Zeit, bevor ich das Wirtschaftsressort in der ersten westdeutschen Bundesregierung übernahm, legte ich auf dem CDU-Parteitag der britischen Zone Ende August 1948 in Recklinghausen dar, dass ich es für abwegig halte und mich deshalb auch weigere, die hergebrachten Vorstellungen der früheren Einkommensgliederung neu aufleben zu lassen. So wollte ich jeden Zweifel beseitigt wissen, dass ich die Verwirklichung einer Wirtschaftsverfassung anstrebe, die immer weitere und breitere Schichten unseres Volkes zu Wohlstand zu führen vermag. Am Ausgangspunkt stand der Wunsch, über eine breitgeschichtete Massenkaufkraft die alte konservative soziale Struktur endgültig zu überwinden.

Ludwig Erhard[40]

Ludwig Erhard machte sich bereits während des Zweiten Weltkriegs Gedanken über den Wiederaufbau und die Wirtschaftsordnung nach dem Krieg. Seine Denkschrift soll 1945 in die Hände der Amerikaner gelangt sein und

Erhard fiel ihnen nicht nur als Experte, sondern auch als politisch nicht Vorbelasteter positiv auf. Erhard beriet die Amerikaner und leitete 1947 die Expertenkommission Sonderstelle Geld und Kredit bei der Verwaltung der Finanzen der britisch-amerikanischen Bizone. Damit hatte Erhard wesentlichen Anteil an der Wirtschafts- und Währungsreform 1948.

Erst die Währungsreform[41] setzte den Beginn für die entpolisierte und durch Disziplin aufgebaute Währung im Sinne der Verbraucher. Erhards Schritte zur Veränderung der verkrusteten und von Kartellen geprägten deutschen Wirtschaftslandschaft waren revolutionär und entsprachen nicht dem Mainstream-Denken. Er setzte auf den Mut und das Vertrauen der Bürger, ihre Fähigkeit zur Selbstgestaltung ihres Lebens.

Mächtige Wirtschaftskartelle, die Zonenregierungen, Wortführer in Parteien und Gewerkschaften standen den Veränderungen meist ablehnend gegenüber. Ein so radikaler Veränderungswille und die Entschlossenheit, das als richtig Erkannte auch entsprechend umzusetzen, ist derzeit nicht zu beobachten. Die »Ruck-Rede« des damaligen Bundespräsidenten Roman Herzog (1997) liegt lange zurück. Veränderungen sind notwendiger denn je, doch es fehlen Politiker von der Statur Ludwig Erhards, die auf die bürgerliche Freiheit statt Klientelwirtschaft setzen.

Zum Abschluss dieses Kapitels möchte ich Ihnen eine systematische Aufbereitung des Beziehungsgeflechts zwischen Kapitalmärkten (Kapitalgeber), Staat und den Anlageexperten in Banken geben.

Kapitalmärkte

Die Kapitalmärkte werden hier in ihrer Rolle als Kapitalgeber betrachtet. Um die unsicheren Anlagen beurteilen zu können, benötigen sie Informationen, z. B. von professionellen Marktbeobachtern in Banken oder auch in Ratingagenturen. Neben den Finanzanalysten in Finanzinstitutionen oder auch in größeren sonstigen Unternehmen gibt es darüber hinaus freie und unabhängige Analysten. Selbst sie sind aber erst dann ohne Interessenkonflikte, wenn sie keine (oder zumindest deutlich weniger) Rücksicht nehmen müssen auf die Belange Dritter, z. B. möglichen Auftraggebern für die Erstellung von Studien. Dann ist ihr Informationswert für Kapitalanleger entsprechend hoch.

Staat

Der Staat ist Regelsetzer und Schuldner zugleich. Als Regelsetzer gilt es, die Stabilität des Finanzsystems zu sichern, als Schuldner verfolgt er gleichzeitig eigene Interessen. Als Regelsetzer hat der Staat festgelegt, dass Staatsanleihen sicher sind. Daher müssen Banken und Versicherer auch kein Eigenkapital für solche Anlagen hinterlegen, die in Wirklichkeit, das zeigt die aktuelle Finanz- und Schuldenkrise, hochriskant sind. Hier besteht ein Interessenkonflikt und ein moralisches Versagen des Staates. Die preisgünstige Finanzierung von Wahlgeschenken – oder breiter gefasst Umverteilungsvorgängen – wird der Sicherung eines nach marktwirtschaftlichen Maßstäben funktionierenden Finanzsektors vorgezogen. Eine funktionierende Soziale Marktwirtschaft würde marktadäquat höhere Zinsen und ein Scheitern auch von größeren Banken zulassen. Während einzelne Bürger i.d.R. keinen Einfluss auf die Regeln des Staates haben, ist dies – obwohl ordnungspolitisch fragwürdig – bei Großkonzernen und Banken durchaus der Fall, sie sind häufig schon bei der Gesetzgebung umfassend mit tätig.

Anlageexperten in Banken

Researcher sind als Ratgeber für Anlagen und damit als Agenten für die Kapitalgeber (Kapitalmärkte) tätig, die diesem Intermediär die Aufgabe übertragen, Informationen aufzubereiten und daraus schlüssige Empfehlungen zu erarbeiten. Der Informationsvorsprung des Staates (der gleichzeitig Regelsetzer bzw. Regulierer ist) oder von Unternehmen (Beauftragter oder Agent) sollte durch eine möglichst sorgfältige Analyse reduziert werden. Da der Staat Finanzinstitutionen für die Emission von Anleihen bezahlt, kann auf den Kapitalmärkten der Eindruck entstehen, dass die Transparenz eingeschränkt bzw. ein zu gutes Urteil über den zahlenden Schuldner erstellt wird. Das Gleiche gilt für Unternehmen, die z. B. Anleihen auflegen und Schuldscheine emittieren, aber auch neue Aktien herausgeben und wie der Staat Beratungsdienstleistungen der Finanzinstitute nutzen. Dies ermöglicht Fehlverhalten zulasten der Kunden, die solche Anleihen oder ähnliche Schuldtitel zeichnen oder überteuerte Aktien kaufen, deren Preis in einer aggressiven Vermarktungsstrategie zu hoch getrieben wurde. Dieses auch als moralisches Versagen (»moral hazard«) bezeichnete Fehlverhalten führt zu einem Glaubwürdigkeitsverlust der Finanzinstitute. Die Kapitalmärkte haben dann weniger Vertrauen in die Arbeit der Spezialisten oder sie machen eigene Abstriche von dem (vermeintlich) positiv verzerrten Bild, das nach außen gezeichnet wird. Auch zwischen den Kapitalmärkten (Kapitalgeber) und den Anlageexperten besteht eine Prinzipal-Agent-Beziehung, d. h. ein Verhältnis von Auftraggeber zum Beauftragten.

Moralisches Fehlverhalten tritt z. B. bei einer Vertragsbeziehung auf, bei der der Auftraggeber (Prinzipal) einen Partner beauftragt, in seinem Sinne (als Agent) zu handeln. Durch Anreize, etwa in Form von Boni, oder durch Kontrollen kann der Auftraggeber dafür Sorge tragen, dass der Agent bestmöglich in seinem Sinne tätig wird. Verfügt der Agent über hohe Freiheitsgrade und kann persönlichen Nutzen aus den hohen Gewinnchancen ziehen und gleichzeitig die Risiken auf andere abwälzen, wird das Spiel schon gefährlich – zumindest für die risikotragenden Dritten. Insgesamt ergibt sich folgendes Beziehungsgeflecht zwischen Kapitalgeber, Staat und den Anlageexperten als Intermediär:[42]

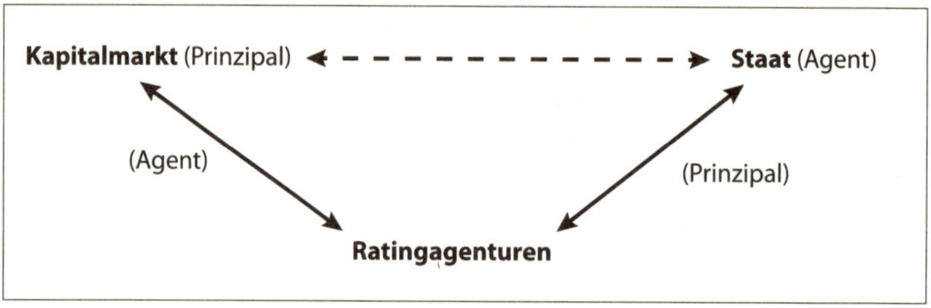

Diese Prinzipal-Agent-Beziehungsrelationen zeigen auch die Macht der nicht selten hoch bezahlten Wertpapieranalysten im Finanzsystem. Sie bestimmen mit, welche Wertpapiere von welchen Investoren gekauft werden. Sind die Analysten für eine weltweit führende Bank tätig, ist ihre Aussage zu den Märkten von besonderem Gewicht. Gleichermaßen sind größere Finanzinstitute als Eigner der US-Notenbank Fed in der Lage, die Geldpolitik wesentlich mitzubestimmen. In Europa sind die Zentralbanken und damit die EZB nach wie vor Behörden, auch wenn sich geldpolitisch mit der Geldflutung zum Nulltarif eine Annäherung an die interventionistische Fed zeigt.

Vor diesem Hintergrund sind Researcher keine neutralen Vermittler, sondern »embedded« in einem fehlgelenkten Finanzsystem, das enorme Verdienstmöglichkeiten schafft für die Arbeitgeber der Marktbeobachter und deren Investoren. Der Staat benötigt positive Einschätzungen für den Vertrieb seiner Anleihen. Die Verzahnung von Staat und Anlageexperten, die üblicherweise in Banken tätig sind, ist vor diesem Hintergrund viel enger als vielfach unterstellt (siehe Schaubild):

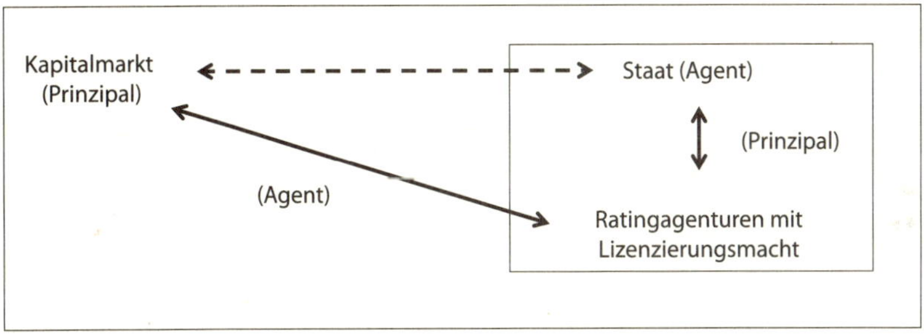

Wie die Ratingagenturen können auch die Researcher mitbestimmen, wer mit noch bezahlbarem Schuldendienst weitermachen kann und wer als finanziell bankrott eingestuft wird. Im Zweifel werden die Finanzanalysten nicht allzu kritisch sein, solange sich noch mit dem Kunden, sei es der Staat oder Unternehmen als Schuldner, Geld verdienen lässt.

Ein »bürokratisches Monster« ist entstanden, auch im Namen des unter Ministerin Aigner vermeintlich verbesserten Verbraucherschutzes. Rechtlich wird er durch die Risikohinweise und zusätzlichen Protokolle der Anlageberater, die nichts anderes als Vertriebler sind, entsprechend den unterschriebenen Papierstapeln behandelt.[43] Dies ist für den Anleger fatal und kann einer finanziellen Enteignung gleichkommen. Die rechtliche Formalisierung hat vor diesem Hintergrund den Anlegern nicht viel gebracht. Die neue größere Rechtssicherheit durch die Regelungen schützt eher die Verkäufer der toxischen Produkte als die Konsumenten – das steht aber nicht so klar im »Beipackzettel« der Produkte.

Fazit

Wertpapieranalysten sind wesentlicher Bestandteil eines fehlgelenkten Finanzsystems, das auf schnelle Profite mit Vollkaskoschutz setzt. Geht mal etwas schief, muss indes allein die Gesellschaft, letztlich der Steuerzahler den finanziellen Ausgleich schaffen. Es wird zu viel reguliert und doch bleibt der Anleger verwirrt. Die gute Idee der Verbesserung des Verbraucherschutzes führte zu absurden Fehllenkungen und neuen Bevormundungen. Stattdessen hat sich der Klientelschutz für die Finanzbranche durchgesetzt. Wie schon bei den Riester- und Rürup-Renten ermöglicht der vermeintlich für seine Bürger sorgende Betreuungsstaat im Verbund mit den Gewinninteressen der Finanzindustrie neue finanzielle Schäden für die Verbraucher – und dazu noch rechtlich abgesichert. Unter dem Strich werden nachhaltige, sinnvolle Anlagen verhindert. Aktien werden zu Produkten heruntergestuft und spielen nach wie vor kaum eine Rolle bei inländischen Investoren. Schade. Stattdessen verlieren sie weiter Geld mit komplexen Produkten mit Wettcharakter (und langem rechtlichen Waschzettel) oder mit Sparanlagen, die die Inflation nicht ausgleichen.

2.3 Finanzrepression, schleichende Enteignung, Schulden-Deflation – ökonomische und psychologische Folgen der Dauerkrise

Wenn viele Menschen in einer Wirtschaft, in einem Staat von der Sorge gequält sind, was morgen ihr Schicksal sein wird, kann man nicht von Freiheit sprechen. Denn frei, wahrhaft frei als Persönlichkeit und wahrhaft frei gegenüber dem Staat und seinen Einrichtungen ist nur derjenige, der gewiss sein kann, kraft eigener Leistung und eigener Arbeit bestehen zu können, ohne Schutz, aber auch ohne Behinderung durch den Staat.

Ludwig Erhard[44]

Unter Finanzrepression versteht man einen schleichenden Verlust des Sparvermögens. Diese langsame Enteignung führt zur Verarmung der Bürger, während der hochverschuldete Staat und die Banken gleichzeitig finanziell entlastet werden. Die Zentralbank im Dienste eines oder mehrerer Staaten und der Finanzinstitutionen senkt die Zinssätze ab und verteilt Wohlstand um. Banken können sich extrem preisgünstig über die Zentralbank refinanzieren. Gleichzeitig werden Privatanleger geprellt. Sie erhalten bei Banken keine nennenswerten Zinsen für ihre Geldanlagen. Der Staat wird entlastet, weil der Schuldendienst im Zuge der Niedrigzinspolitik leichter fällt. Die Finanzrepression führte zunehmend zu Herausforderungen für die Demokratie und Marktwirtschaft, nicht nur im Euroraum. Die verstärkt zu beobachtenden Krisenphänomene sind die Folge einer zu instabilen Finanzarchitektur mit

1. einem fragwürdigem Liberalisierungswettlauf, der den Geldmanagerkapitalismus (Minsky) begünstigte,

2. liquiditätsflutenden Notenbanken,

3. mächtigen Ratingagenturen,

4. einer Aushebelung der Haftung und Regulierungsversagen (Politik),

5. Politikern, die Stimmenmehrheiten organisieren (populäre Interventionen und Wählerberuhigung, nachgeben gegenüber gut organisierten Interessen), und

6. »organisierter Unverantwortlichkeit« (Charles Wright Mills), wodurch persönliche Verfehlungen schwer nachweisbar sind.

Von einer funktionierenden Marktwirtschaft kann vor diesem Hintergrund keine Rede mehr sein. Der wesentliche Preis, der Leitzins, wird planwirtschaftlich festgelegt. Es erfolgt eine staatliche Administrierung der Preise. Die Märkte werden zwar nicht »marginalisiert«, aber fehlgesteuert durch manipulierte Preissignale. Der Zins ist ohne Zweifel die wichtigste Stellschraube für die Ökonomie. Veränderte Finanzvertragsgestaltungen haben Einfluss auf die Realwirtschaft – nicht immer die gewünschten. Geldpolitische Maßnahmen verpuffen in Phasen wirtschaftlicher Depression. Der frühere Bundeswirtschaftsminister Karl Schiller erklärte in diesem Zusammenhang: »Man kann die Pferde zur Tränke führen, saufen müssen sie selbst.«[45] Dahinter steht die Notwendigkeit, dass die Unternehmen ausreichend zuversichtlich sein müssen, auch langfristig zu investieren. Die Banken werden derzeit von der EZB überreichlich zu günstigen Konditionen, die auch ihre Ertragskraft stärkt, mit Liquidität versorgt. Gleichzeitig besteht eine Kreditklemme. Die Banken horten ihr Geld, das sie sicher z. B. in regulatorisch geschützte (d.h., es ist keine bilanzielle Eigenkapitalhinterlegung erforderlich) Staatsanleihen investieren, deren Sicherheit durch die EZB und die Rettungspakete garantiert werden, und zwar letztlich von den Sparern und Steuerzahlen, vor allem im Inland. Die mittelständische Wirtschaft bekommt wenig von diesem Umverteilungskuchen ab und verliert angesichts einer solchen Politik zu Recht die Investitionszuversicht.

Die Festlegung dieses Lenkungspreises erfolgt von einem Interessenverbund aus hochverschuldeten Finanzinstitutionen und Staaten, die kaum mehr in der Lage sind, die Zinsen zu zahlen. Bei einem normalen Zinsniveau wären sie pleite. Ebenfalls die involvierten Banken und Versicherer, die regulatorisch genötigt wurden, die Staatspapiere zu kaufen (für sie musste im Gegensatz zu weit sicheren Anlagen kein Eigenkapital hinterlegt werden, was einer Absatzhilfe für marode Staatsanleihen gleichkommt). Die sich ergebenden Verzerrungen werden auch Blasen genannt. Die sich durch staatliche Intervention ergebende Überbewertung ist bei Anleihen besonders extrem. Vor diesem Hintergrund handelt es sich um eine gelenkte Wirtschaft mit planwirtschaftlichen Zügen zulasten der eigenen Bürger. Die nehmen zwar noch ritualisiert an Wahlen teil, ihre politische Teilhabe ist aber völlig ausgehöhlt. Durch weit mächtigere Kapitalinteressenlagen verkommt der Wille der Bürger zu einer Randnotiz. Die vier folgenden Merkmale zeigen den Verfall von Marktwirtschaft und Demokratie:

- Nominal sind die Werte ausgeglichen, aber real nicht: Vermögenswerte werden zu hoch dargestellt, Verbindlichkeiten systematisch zu tief. Durch Bilanztricks stimmen die Zahlen mit der realen Welt nicht mehr überein. Vor allem die Staatsanleihen, die regulatorisch bevorzugt sind (keine Eigenkapitalhinterlegung), sind derzeit massiv überbewertet.

- Die Zentralbankfunktion ist ausgehöhlt. Die nicht unabhängig agierende Zentralbank fungiert als letzter Geldgeber und ist fester Bestandteil des Umverteilungssystems.

- Es fehlt eine glaubwürdige Exit-Strategie, z. B. in der aktuellen Europa-Krise. So wird ein Euro-Ausstieg einzelner Staaten, die sich später wieder neu qualifizieren könnten, kategorisch ausgeschlossen. Ein temporärer Ausstieg könnte dagegen viel disziplinierender für die Staatengemeinschaft als die Zwangsmitgliedschaft ohne Reformfähigkeit sein.

- Lenkung der Meinungsbildung durch Propaganda. Der Publizist und ehemalige Brandt-Mitarbeiter Albrecht Müller geht so weit, dass die gesellschaftliche Ruhe vor allem der brutalen »Politikpropaganda« und einigen Medien geschuldet ist. »Außerdem sei die Scham des Einzelnen groß, zu bekennen, dass er auf der Verliererseite stehe. Permanent höre man ja, dass es uns allen gutgehe. Nur: Das ist eine Lüge.«[46] Die einfältige Lenkung der Aufmerksamkeit auf die Frage des Taperings, d. h. der Rückführung expansiver geldpolitischer Maßnahmen durch die US-Notenbank, erinnert an gesteuerte Medien in nicht demokratisch verfassten Gesellschaften. Die Steuerung der Erwartungsbildung erfolgt nach dem Vorbild der Fed in den USA inzwischen auch bei der EZB durch Mario Draghi. Diese vermeintlich professionelle Steuerung der Erwartungsbildung steht in einem deutlichen Gegensatz zur früher professionellen, autonomen Politik der Deutschen Bundesbank (bis zur Einbindung in das Europäische Zentralbankensystem, als sie noch in der Lage war, autonom Zinsentscheidungen für Deutschland zu treffen). Sie hat als Sachverwalter inländischen Vermögens nach mehreren Währungsreformen in der jüngsten deutschen Geschichte auf Täuschungsmaßnahmen bei der Steuerung der Erwartungen verzichtet und mit mancher Zinsentscheidung die Märkte überrascht. Heute scheinen die Finanzmärkte und die Politiker hochverschuldeter und reformunwilliger Staaten die Notenbankenentscheidungen immer mehr zu bestimmen.

Derzeit ist zu viel Geld im Markt. Die Geldbasis explodiert. Statt einer Inflation mit der Folge einer Finanzrepression bei niedrigeren Anlagezinsen kann es auch zu einem Umschlagen in eine Deflation kommen. Bereits 1933 formulierte der amerikanische Ökonom Irving Fisher seine Schulden-Deflations-Theorie mit folgendem, in neun Teile gegliederten Ablaufschema:[47]

1. Die in der Krise notwendige Schuldenrückzahlung führt zu Notverkäufen von Vermögenswerten, die

2. zu einer Buchgeldverringerung in den Bilanzen und zu einer Verlangsamung des Geldumlaufes führen, was wiederum

3. Preisrückgänge auslöst.

4. Wenn der Druck auf das Preisniveau durch reflatorische Maßnahmen (eine Geld- und Finanzpolitik, die eine Deflation verhindern soll) nicht eingedämmt werden kann, hat dies Vermögenseinbußen zur Folge.

5. Dies führt in einem kapitalistischen System zu Gewinnrückgängen in den Unternehmen und zur Angst vor weiteren Verlusten.

6. Dadurch kommt es zu Produktions-, Handels- und Beschäftigungsrückgängen. Diese Negativentwicklung löst wiederum Konkurse und dadurch steigende Arbeitslosigkeit aus mit

7. zunehmendem Pessimismus und Vertrauensverlusten, was wiederum zu

8. Geld- und Güterhortungen (Hamsterkäufe) und im Zuge der weiter verringerten wirtschaftlichen Aktivität zu einem verlangsamten Güter- und Geldumschlag führt.

9. Diese acht Faktoren wirken sich wiederum auf die Zinsen aus. Nominal gesehen fallen sie, real aber steigen sie, da die Inflation in den Minusbereich rutscht. Die Schuldenlast nimmt real zu, wodurch erneut der Teufelskreis verstärkt wird – und zwar durch die Notwendigkeit des Schuldenabbaus, der »negative Multiplikator« verstärkt sich.

Ob wir uns derzeit bereits in einem Deflationsumfeld befinden, ist strittig. Die Warnungen vor einer Deflation nahmen aber zuletzt zu. So warnte die IWF-Chefin Christine Lagarde, dass die Krise noch nicht überstanden sei, und wies auf die zu niedrige Inflation hin, die zu einer »katastrophalen« Deflation werden könne.[48]

Eine modifizierte und an die aktuellen wirtschaftlichen Verhältnisse für die Bürger angepasste Version der Theorie Fishers könnte eine finanzielle Repression bei nicht vermögenden Bürgern weiter ermöglichen, wenn die für sie relevanten Preise weiter steigen.

Gleichzeitig ist der Finanzsektor weltweit vermögensseitig ein immer größerer Faktor geworden mit entsprechenden Negativeffekten für die reale Wirtschaft, d.h. die Wirtschaft der Konsumenten und der produzierenden Industrie. So werden in der Finanzkrise unter dem Druck von vermehrten Stresstests sog. toxische Assets verkauft, die teilweise bereits in Bad Banks ausgelagert waren.

Dies führt zu einem Preisverfall bei Anleihen, die wiederum z.B. von den Notenbanken gestützt werden müssen. Insbesondere bei angelsächsischen Ländern und in Südeuropa halten die Bürger Immobilien, die mit einem hohen Kreditanteil erworben wurden (in Deutschland geht der Immobilienrun anscheinend jetzt erst richtig los).

Durch den Preisverfall steigt der Verkaufsdruck, die Möglichkeiten der Bürger zum Konsum nehmen ab. Gleichzeitig sorgen Stabilität oder sogar steigende Preise bei lebenswichtigen Verbrauchsgütern oder nicht bzw. kaum abbaubaren Ausgabenblöcken (Lebensmittel, Strom, Mieten, staatliche Gebühren etc.) dafür, dass die Privathaushalte in der Breite immer mehr unter Druck geraten. Dies könnte auch hierzulande zu dem Impuls führen, dass sich der Unmut in Massenprotesten entlädt, wenn sich finanziell schwächer gestellte Bürger sogar die Lebensmittel beim Discounter um die Ecke nicht mehr leisten können.

Teilweise ähnelt die beschriebene Entwicklung dem sogenannten Japan-Szenario, das unter Mainstream-Ökonomen für die USA und Europa in den letzten Jahren als »absurd« verworfen wurde. Man wiegte die Öffentlichkeit in Sicherheit und erklärte, die finanz- und geldpolitischen Instrumente im Griff zu haben. (Alle Instrumente einsatzbereit!)

Japan befindet sich seit den 1990er-Jahren in der Deflationsfalle, die inzwischen selbst durch eine aggressive Geldpolitik nicht mehr erfolgreich bekämpft werden kann. Alle Versuche einer Ankurbelung der Wirtschaft sind nachhaltig fehlgeschlagen. Unter den Bürgern herrscht eine Vertrauenskrise, sie halten sich zurück, der Konsum kommt nicht in Fahrt. Nur der relativ starke Export und die Verschuldung des Staates bei seinen loyalen inländischen Bürgern tragen dazu bei, dass das Land trotz der enorm hohen Verschuldung (das Verhältnis der Schulden zur jährlichen Wirtschaftsleistung, zum BIP, liegt inzwischen bei über 200% und signalisiert eine extrem hohe Staatskonkursgefahr) bisher noch nicht zusammengebrochen ist. Im Zweifel müssen die Bürger im Zuge einer sanierenden Währungsreform oder einer Extrembesteuerung die Zeche zahlen. Aber sieht es in den USA und Europa so viel besser aus?

Nach dem großen Optimismus in den USA sowie nach der Einführung des Euro in Südeuropa machte sich in den letzten Jahren Katerstimmung breit mit den bekannten Rettungsmaßnahmen zur Vermeidung eines Bankencrashs. Ähnlich wie Irving Fisher beschreiben auch Markus Brunnermeier, Ricardo Geis und Gerald Braunberger den Teufelskreis einer Liquiditätsspirale, die die Wirtschaft immer weiter nach unten zieht:[49]

> *»Da die Beschaffung neuen Eigenkapitals in einer solchen Situation sehr schwierig ist, versuchten die Banken, ihre Bilanzsummen durch den Verkauf von Aktiva zu reduzieren, um das Verhältnis von Eigenkapital zu Schulden nicht noch ungünstiger werden zu lassen. Wenn viele Banken zur gleichen Zeit versuchen, Aktiva zu verkaufen (Fire Sales), brechen die Preise dieser Aktiva ein, die Märkte für diese Aktiva werden illiquide und es reduziert sich auch der Wert der noch in der Bilanz verbliebenen Aktiva. Gleichzeitig eignen sich die Aktiva wegen ihrer niedrigeren Marktwerte nur noch eingeschränkt als Sicherheit auf dem Whole-Sale-Markt; auch auf diesem Markt trocknet die Liquidität aus. Der Whole-Sale-Markt erweist sich dabei als eine extrem unstabile Finanzierungsquelle. Professionelle Anleger sind sehr schnell dabei, Gelder abzuziehen. Diese Effekte breiten sich durch das Finanzsystem aus. Banken aus dem Kern der Währungsunion, die Verluste in den Vereinigten Staaten erlitten haben, reduzieren ihre Kredite gegenüber Banken aus den Peripherieländern. Die Banken aus der Peripherie erhalten nur noch zu höheren Zinsen Geld von anderen Banken (sofern sie noch Geld am Whole-Sale-Markt erhalten). Die Banken in der Peripherie sehen sich veranlasst, in ihrem Besitz befindliche Verbriefungen zu verkaufen, die Vergabe neuer Kredite einzustellen und die Zinsen für bestehende Kredite unter anderem an Bauunternehmer und Bauherren zu erhöhen. Das zwingt viele von ihnen, ihre Immobilien zu verkaufen, was die Preise für Immobilien unter Druck setzt. Dies erhöht die Kreditausfallwahrscheinlichkeiten und wertet Aktivapositionen der Banken ab. Wegen dieser Verluste geben die Banken weniger Kredit: Ein Teufelskreis in Form einer Liquiditätsspirale zieht die Wirtschaft hinunter.«*

Jede Krisenerklärung hat ihre Schwächen und am Ende weiß man es immer besser. Ein eigener Versuch der Beschreibung der Abläufe bis zur jetzigen Krise orientiert sich an Hyman Minsky[50], dessen Krisentheorien m. E. noch viel zu wenig allgemein verbreitet sind, und den jüngsten Auswüchsen des modernen Finanzkapitalismus, dessen Folgen derzeit zu bewältigen sind:

- Solides Wirtschaften mit niedriger Verschuldung (beim Staat, den Banken und Unternehmen sowie Privatpersonen), Schuldenabbau (USA) und hohe Wachstumsraten in den westlichen Staaten nach dem Zweiten Weltkrieg, Leitbild der Sozialen Marktwirtschaft in Deutschland.

- Ab den 1970er-Jahren zunehmende öffentliche Verschuldung, Aufgabe der Goldbindung des US-Dollar. Interventionismus und staatliche Konjunkturprogramme nach der ersten Ölkrise, gleichzeitig zunehmende Bedeutung der Finanzmärkte (»Finanzialisierung«), Ausweitung der Verschuldung bei Banken, den Unternehmen und Privatpersonen.

- Internationalisierung der angelsächsischen Finanzkultur, Mathematisierung, Finanzinnovationen als Treiber, schnellere Eignerwechsel und boomendes fremdfinanziertes M&A-Geschäft, das hohe Gewinne für Investmentbanken ermöglicht. Zunehmende Macht der großen Ratingagenturen, die durch die Regulierung gestützt wird. Neue Spielräume für Finanzinstitutionen durch Reduktion ihres Eigenkapitals. Zunehmende Risikobereitschaft der Manager (die sich später durch zunehmende D&O-Versicherungen noch verstärkte).

- In den 1990er-Jahren Tendenz zur Privatisierung staatlichen Eigentums vor allem in den Bereichen Telekommunikation und Infrastruktur. Zunehmend kurzfristige Optimierung der Gewinne (Managerkapitalismus). Der kurzfristige Renditedruck führte zu internen Verschiebungen. Langfristige Investitionen unterblieben. Die Manager bevorzugten Maßnahmen, die sie kurzfristig bei den Kapitalgebern als Erfolge ausweisen konnten.

- Weltweite Durchsetzung der US-nahen Bilanzierung (US GAAP und IAS/IFRS statt HGB), rechtliche Usancen, zunehmende Finanzierungsprobleme der europäischen Sozialstaaten. Umbaumaßnahmen in Deutschland durch die rot-grüne Regierung unter Kanzler Schröder. Auflösung der »Deutschland AG«. Langsame Änderung der Finanzierungspipeline auch in Deutschland durch zunehmende Orientierung am Kapitalmarkt.

- Privilegienmacht der Manager. Gehaltssprünge auch europäischer Manager, die sich am US-Vorbild orientieren (z. B. im Zusammenhang mit dem Daimler-Chrysler-Deal). Die Würde kleiner Angestellte blieb zunehmend auf der Strecke durch ungünstige Vertragsgestaltung, die nicht mehr geächtet wurde. Soziale Mindeststandards wurden dem Renditestreben geopfert. Selbstbewusste und mitdenkende Angestellte – schon gar nicht mehr als kleine Kapitaleigner, wie in einer Sozialen Marktwirtschaft üblich – gehören nicht zum Leitbild des neuen Raubbaukapitalismus.

- Mit der Finanzkrise seit 2007 entstanden noch größere Investmentbanken und im Hintergrund die wahren neuen »Master of the Universe« (BlackRock und Co.). Bankenlobbyisten und Politiker spielen auf Zeit; zum Teil, um eigenes Verschulden oder Versäumnisse zu verschleiern. Dabei ging es auch um die Verteidigung der Pfründen von Managern und Kapitalgebern. Der Schutz fragwürdiger Privilegien führte zu einem Reformstau.

- Überschuldung, ultraleichte Geldpolitik, Preisblasen (vor allem bei den regulativ besonders gestützten Anleihen), Flucht in Sachwerte (Aktien und Immobilien), Schuldenabbau, Depression mit der Gefahr einer Deflation wird durch reflatorische Maßnahmen bekämpft. Sanierende Währungsreformen/Schuldenschnitte bleiben als mögliche Reformmaßnahmen. Aus einer lösbaren Krise wird durch die Konkursverschleppung der Entscheidungsträger eine schwer beherrschbare Dauerkrise, die immer schwerer in den Griff zu bekommen ist (nach dem Motto: Lieber ein Ende mit Schrecken als ein Schrecken ohne Ende). Nach einschneidenden Reformen könnten die Zuversicht und das Vertrauen wieder zunehmen. Das Verschleppen macht es nur schlimmer.

Ob das beschriebene Deflationszenario eintritt, ist völlig offen. Die Fortdauer der finanziellen Repression ist durchaus auch möglich. Bereits nach offiziellen Zahlen stiegen im letzten Jahr die Verbraucherpreise schneller als die Löhne: In den ersten neun Monaten des Jahres 2013 kam es nach Angaben des Statistischen Bundesamtes im Vergleich zum gleichen Zeitraum 2012 zu einem Lohnanstieg um 1,4%, die Verbraucherpreise legten gleichzeitig um noch höhere 1,6% zu. Wie verheerend sich die Papiergeldentwertung langfristig auswirkt, wenn sie den Anlagezins übertrifft, zeigen die folgenden Beispielrechnungen schleichender Enteignung:

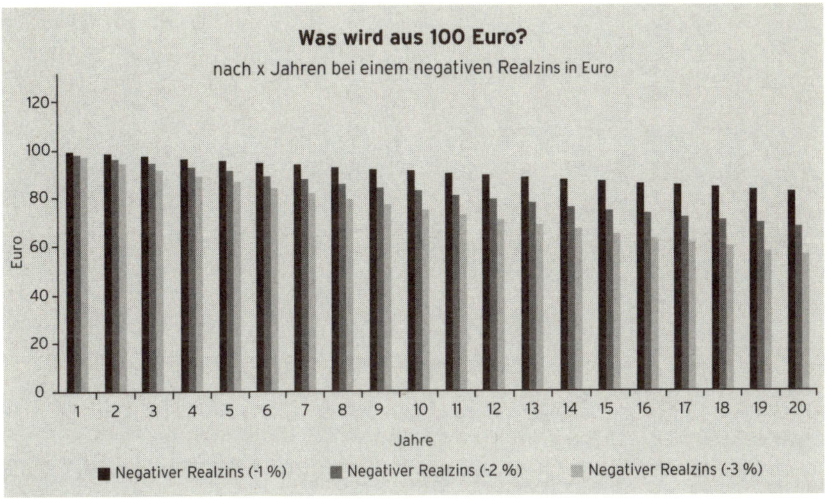

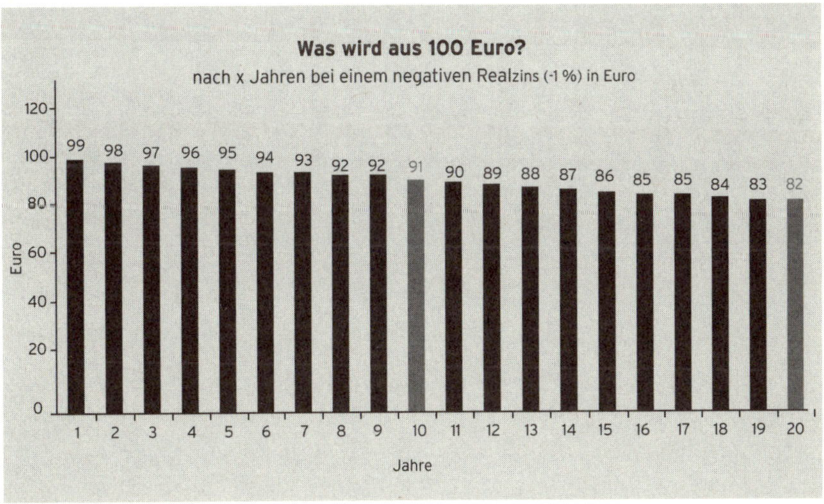

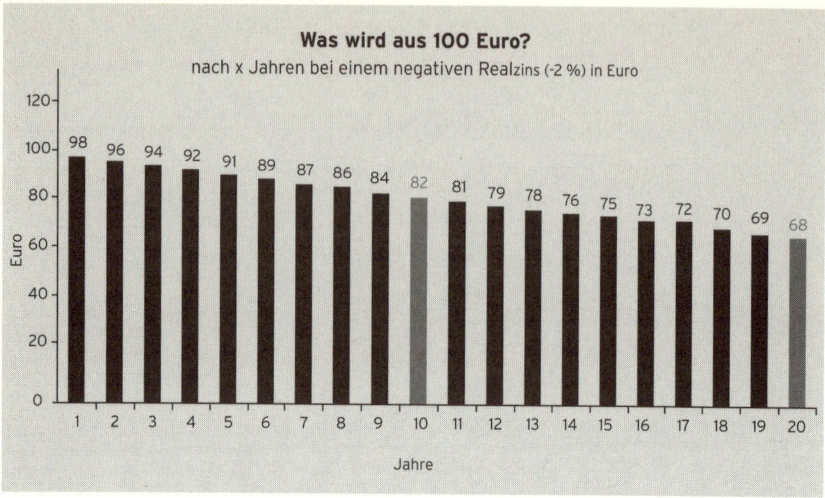

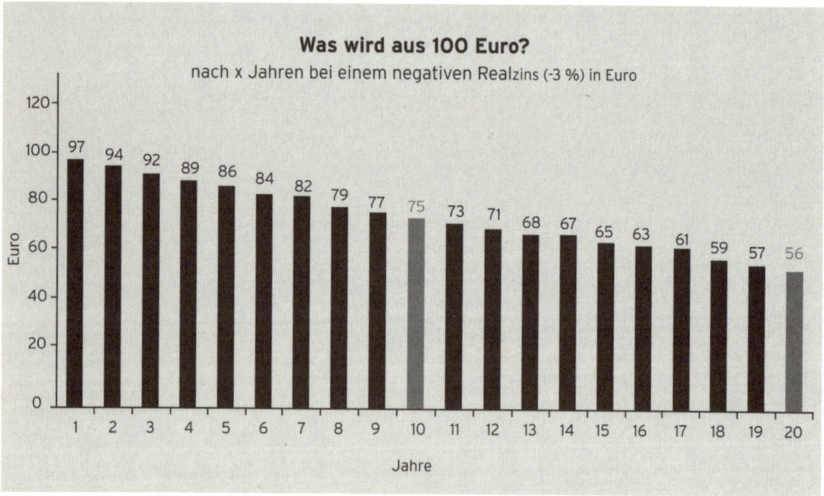

Die sich daraus ergebenden Umverteilungseffekte sind:

- Sparernationen sind benachteiligt (China mit hoher Sparquote von 30 %, Japan, Deutschland). Deutsche Sparer finanzieren die inländische Exportwirtschaft, auch nach Problemabnehmern z. B. in Griechenland. Die inländischen Wirtschaftsunternehmen hätten die Produkte teilweise genauso im Inland verschenken können. Mit der Bankenunion werden die

Guthaben deutscher Sparer in das Schaufenster europäischer Banken und zur Euro-Rettung gestellt.

- Schuldner sind im Vorteil, es ergibt sich ein gewaltiger Hebel nach Jahrzehnten durch Zinseszinseffekte (aber bei einer zu umfangreichen Kreditaufnahme besteht eine Überschuldungs- und Enteignungsgefahr).

- Unternehmen sind gegenüber Privatpersonen im Vorteil durch niedrigere Steuerlasten und höhere Verschuldungsspielräume.

- Guthaben auf Konten sind Kredite der Bürger an Banken und im Härtefall an den Staat.

- Geschützt ist das Kapital, bei dem die Interessenlagen stark genug sind, diesen Schutz durchzusetzen. Die Einkommen und Vermögen von Kleinsparern und Arbeitern/Angestellten sind umverteilungsbedroht (aktuelles Beispiel: Finanzierung der Energiewende).

- Währungsreform durch die EZB-Maßnahmen (Käufe maroder Staatsanleihen, Liquiditätstender für Banken, Target-Salden infolge der manipulativen währungspolitischen Maßnahmen), zu geringes Stimmrecht Deutschlands.

- Die EU schafft neue Schattenhaushalte und bedient sich zur Verschleierung der Umverteilung verwirrender Akronyme, z. B. EFSM, EFSF und ESM.

Die psychischen Folgen der Finanzrepression sind nicht zu unterschätzen:

- Ängste (der existenzgefährdende Vermögensverlust gehört zu den Urängsten auch moderner Gesellschaften), Depression oder das Umschlagen in

- Aggression bis zur Revolte.

- Moralische Verwerfungen: Der Hasardeur wird zum Helden und der solide, verantwortungsbewusste Bürger, der Schulden meidet, wird zum Verlierer (bereits im Zuge der Hyperinflation 1923 und der Währungsreform 1948 erlebten deutsche Sparer einen heftigen Realitätsschock).

- Soziale, schichtenbezogene Verwerfungen; dies betrifft insbesondere Abstiegsängste in der unteren Mittelschicht.

- Gefahr verstärkter Spannungen in Europa, selbst ein Krieg ist nicht mehr undenkbar. Destabilisierung in südeuropäischen Staaten mit Militärdiktaturen.

In scharfem Kontrast zu diesen Abstiegsängsten steht das überbordende Selbstbewusstsein einer frühen deutschen Nachkriegsgesellschaft. Sie verlor mit dem kräftigen Wirtschaftswachstum im Zuge der Erhard'schen Politik die Bodenhaftung. Erhard selbst versuchte, hier mit seinem Appell zum »Maßhalten« in einer Rundfunkansprache im März 1962[51] gegenzusteuern: »Wir können nicht doppelt so viel verdienen, wie wir an Werten schaffen.« Die Löhne waren um 10 % gestiegen, die Produktivität aber nur um 5 %. Das deutsche Volk dürfe, so Erhard, nicht in Maßlosigkeit verfallen. Deutschland drohe, seine internationale Wettbewerbsfähigkeit zu verlieren. Die soziale Sicherheit sei in Gefahr, weil sie nur mit Vollbeschäftigung funktioniere. Noch sei es Zeit, »dem Irrwahn zu entfliehen«, dass ein Volk auf Dauer mehr verbrauchen könne, als es an realen Werten erzeugen kann oder will.

Angesichts der aktuellen Probleme der abstiegsbedrohten bzw. bereits absteigenden unteren Mittelschicht zeigt der Blick zurück zwar ein vom Wohlstandsniveau her niedriges Vergleichslevel. Im Gegensatz zu heute jedoch herrschte die Zuversicht, die eigene Lebenssituation durch harte Arbeit zu verbessern. Heute scheint selbst diese Chance illusorisch. Die Pfründen sind verteilt. Das Wohlstandsniveau ist zwar höher, aber der Abstieg ohne glaubwürdige Reformen vorprogrammiert. Möglicherweise läuft der Abstieg nach dem US-Motto »To keep up with the Joneses«, der Nachbarfamilie, die als Referenzmaßstab dient. Das heißt, es ist erträglicher, kollektiv abzusteigen. Wenn alle als Sparer verlieren, ist dies leichter hinnehmbar. Eigenes Versagen wird zu einem kollektiven Erlebnis und damit zu einem gesellschaftlichen Phänomen – und Problem.

Fazit

Sie werden ärmer, aber ganz langsam. Und das Fatale daran ist: Sie merken es kaum. Sparen Sie endlich richtig. Raus aus den überbewerteten Staatsanleihen, auch das Sparkonto ist jetzt die völlig falsche Anlage. Aktien, Immobilien und Edelmetalle bieten derzeit mehr Sicherheit vor schleichendem Geldverlust!

2.4 Geld ist gedruckte Freiheit

Erfahrung zeigt, dass eine Währungsverfassung, die den Leitern der Geldpolitik freie Hand lässt, diesen mehr zutraut, als ihnen im allgemeinen zugetraut werden kann. Unkenntnis, Schwäche gegenüber Interessentengruppen und der öffentlichen Meinung, falsche Theorien, alles das beeinflusst diese Leiter sehr zum Schaden der ihnen anvertrauten Aufgabe.

Walter Eucken[52]

Die Demokratie, die Grundfeste der Sozialen Marktwirtschaft und damit die Freiheit sind ständig Gefahren ausgesetzt. Das ist nichts Neues. Der Aufruf, als Bürger für eine wehrhafte Demokratie einzustehen, scheint aber zunehmend ungehört zu verhallen. Wenn er überhaupt noch erfolgt. Wir haben uns daran gewöhnt, dass eine fragwürdige Politik, die gegen ordnungspolitische Regeln verstößt, als alternativlos dargestellt wird. Ständige Interventionen gehören in wirtschaftlicher Hinsicht zur Tagesordnung, inzwischen auch militärisch. Ein radikaler Neuanfang ist daher gerade jetzt nötig, um die Demokratie und die vom Grundgesetz eigentlich garantierten Freiheitsrechte auch zu sichern. Es bedarf eines klaren ordnungspolitischen Konzepts, an dem sich Staat und Gesellschaft ausrichten. Der Verfassungs- und Steuerrechtler sowie ehemalige Bundesverfassungsrichter Paul Kirchhof ist Anfang 2014 in seinem Beitrag »Geldeigentum und Geldpolitik«[53], aus dem ich im Folgenden noch häufiger zitieren werde, wesentlich auf die neuerliche Beachtung von Werten, die das Grundgesetz sichern sollte, eingegangen. In Prof. Kirchhofs Fokus ist die Beachtung des Rechts Grundlage für die Weiterentwicklung von

Demokratie und Gesellschaft. In seinem Artikel analysiert er zunächst die aktuellen Probleme, die durch das Nichtbeachten des Rechts und der gesetzten odnungspolitischen Spielregeln entstanden sind:

> *»Die in der Europäischen Union verbundene Staatengemeinschaft betreibt gegenwärtig eine Politik des ›billigen Geldes‹, die manchem Geldeigentümer die Freiheit nimmt, sein Geld ertragbringend zu nutzen. Er kann nur noch Zinsen erzielen, die geringer sind als die Inflationsrate und die den Zinsertrag belastende Steuer. ... Das durch Staatsintervention verbilligte Geld gibt Banken, Fonds, Staaten und Spekulanten preiswertes Geld, mit dem die Begünstigten ertragreich wirtschaften, nimmt dadurch aber Geldeigentümern das Recht, aus ihrem Eigentum Erträge zu erzielen.«*

Damit ist die aktuell zu beobachtende schleichende Enteignung der Bürger beschrieben. Viele Wirtschaftswissenschaftler weisen darauf hin, im politischen Raum wird dieser existenzbedrohliche Sachverhalt eher bagatellisiert. Neu ist, dass Prof. Kirchhof hier das Recht ins Spiel bringt. Geld ist gedruckte oder, wie Kirchhof definiert, *»geprägte Freiheit«*. Sollte die Zentralbank ihre richterähnliche Unabhängigkeit aufgegeben haben und in den *»Sog von Interessen«* geraten sein, kann sie den Geldwert nach Kirchhof nicht mehr stabilisieren. Dazu würde ihr der Auftrag fehlen.

Diese Entwicklung hat nicht nur rechtliche Bedeutung. Wirtschaftlich führt sie zu einer neuen Knechtschaft für Sparer. Wer vorsorgt, wird bestraft, während der Schulden auftürmende Hasardeur in einem solchen System belohnt wird (mit entsprechenden negativen Folgen für die Motivation eigenverantwortlich handelnder Menschen).

Paul Kirchhof ergänzt, dass Geld eine Fiktion sei, die durch nichts ökonomisch gesichert sei.[54] Der Realwert würde gegen null tendieren. Die Stabilität des Geldwertes als Grundlage des Wirtschaftssystems wird nach Kirchhof nur durch das Recht und die Institution einer unabhängigen Notenbank garantiert.

Hier trifft Kirchhof m. E. den Kern. Freiheitssichernde Ordnungspolitik im Sinne der Sozialen Marktwirtschaft kann nur bei Beachtung des gesetzten Rechts funktionieren. Mit dem Außerkraftsetzen des Maastricht-Vertrags und der Rettung finanziell maroder Staaten durch die Notenbank leben wir also in der Illegalität. Warum soll man an volkswirtschaftliche Modelle glauben, wenn noch nicht einmal das Recht beachtet wird?

Die eigenmächtige Aufgabenerweiterung der EZB, oder besser des Systems europäischer Zentralbanken, ist vor diesem Hintergrund hochproblematisch. Deutsche Bürger sind nie dazu befragt worden, ob sie eine koordinierte EU-Zentralbankpolitik, die sich vorrangig an Interessen notleidender Banken und Staaten in der EU orientiert, zugestimmt hätten. Die fehlende demokratische Legitimierung zeigt sich derzeit insbesondere im Handeln der Notenbank ohne Auftrag durch die Bürger. Sie senkt den Leitzins fast auf null ab, produziert neue Bewertungsblasen und setzt die Soziale Marktwirtschaft durch die verzerrten Preissignale außer Kraft. Die Niedrigzinsen und die Liquiditätsspritzen dienen der Bankenrettung. Die Finanzinstitutionen schwimmen im Geld und verdienen bei den regulatorisch abgesicherten Investments in Staatsanleihen prächtig, da hierfür keine Eigenkapitalhinterlegung in der Bilanz erforderlich ist. Stattdessen befürchtet die gewerbliche Wirtschaft eine Verschärfung der Kreditklemme. Angesichts des regulatorisch sicher verdienten Geldes – innerhalb des derzeit korrumpierten Finanzsystems – haben die Banken es nicht mehr unbedingt nötig, sich mit der kosten- und risikoträchtigen Finanzierung der Wirtschaft auseinanderzusetzen. Staat und Banken sind eng verwoben (»embedded«). Gleichzeitig sind die Bankeinlagen der Bürger nichts anderes als ein Kredit an die Bank und mittelbar an den Staat durch die abgesicherte Investition der Banken in Staatsanleihen (ihre Immobilien gehören den Banken und damit dem Staat – zum größten Teil oder auch weniger –, es sei denn, sie sind schuldenfrei, was i.d.R. steuerlich nicht vorteilhaft ist). Das Vertrauen der Bürger wird so nicht zurückgewonnen.

Während Kirchhof dem Recht von Geldeigentümern, aus ihrem Eigentum Erträge zu erzielen, Verfassungsrang einräumt, zieht er eine klare Grenze zu den weltweiten Finanzaktivitäten von Hedgefonds oder international tätigen Investmentbanken:

> *»Das durch Geldtausch und Spekulation erworbene Geld verbleibt deshalb im Randbereich der verfassungsrechtlich geschützten Eigentümerfreiheit.«*

Durch das Ausschalten der Sozialen Marktwirtschaft und der Bedienung von Partikularinteressen werden die berechtigten Interessen der Bürger beiseitegeschoben. Wenn ihnen die wirtschaftliche Gestaltungsfreiheit genommen wird, sind sie auch ihrer Würde beraubt. Sie können nicht mehr als selbstbewusste und kritische Bürger auftreten, sondern werden zu Bittstellern degradiert. Politiker, die – wie in Spanien – eine Jugendarbeitslosigkeit von rund 50 % in Kauf nehmen, haben sich von der Gesellschaft entfernt und sind vermutlich oft reformunwillig. Auch hierzulande wird jungen Menschen angesichts von fragwürdigen Zeitarbeitsvertragsgestaltungen die gleichberechtigte Teilhabe am Wirtschaftsleben verwehrt. Wenn sie so ihre Zukunft nicht mehr berechenbar planen können, ist auch die vordergründig immer wieder postulierte Familiengründung erschwert. So wird die Demografie nicht nur über strittig diskutierte Geburtenprämien, sondern auch über die nachhaltige Teilhabe am Wirtschaftsleben und Chancengerechtigkeit bestimmt.

Sind die Menschen Teil eines »Spotmarktes« wie Handelsobjekte an der Börse, sind sie nicht mehr selbst-, sondern fremdbestimmte Randfiguren des Geschehens. Einen solchen »Raubbaukapitalismus« prangert inzwischen auch die katholische Kirche an: *»Der Mensch an sich wird wie ein Konsumgut betrachtet, das man gebrauchen und dann wegwerfen kann. ... Die Ausgeschlossenen sind nicht ›Ausgebeutete‹, sondern Müll, ›Abfall‹.*[55]

Hat sich erst einmal so eine Klientelwirtschaft, die von korrupten Bananenrepubliken nicht mehr weit entfernt ist, etabliert, ist ein derart fehlgeleitetes System kaum mehr refomierbar. Ist das Recht erst einmal gebrochen, drohen Gefahren für die Freiheit und Demokratie. In Deutschland gibt es vielfältige historische Beispiele, wie verheerend es sich auswirkt, wenn die Fehlentwicklungen nicht gleich am Anfang korrigiert werden.

Prof. Kirchhof spricht von einer eigenmächtigen Aufgabenänderung der Notenbank und dem Aushebeln des Maastricht-Vertrages, der ein Beistandsversprechen der Staaten (»No Bail-out«) aus wohlerwogenen Gründen nicht vorsah:

> *»Die Europäische Zentralbank hat ihre Aufgabe eigenmächtig um die Stabilisierung von Staaten und Banken erweitert, außerdem Aufsichtsfunktionen übernommen und damit ihre Unabhängigkeit verloren. Die Länder mit schlechter Bonität werden in einem von der Währungsgemeinschaft organisierten Ausgleichssystem an niedrigere Zinsen herangeführt, sodass die Warnfunktion des Zinses nicht mehr greift. Beim ›No Bail-out‹ ist durch Drehen und Wenden der Rechtsregel das ›No‹ entfallen. ... Die Währungs-*

union läuft Gefahr, ihren wesentlichen Stabilitätsanker, das Recht und seine strikte Verbindlichkeit, zu verlieren.«

Dem Maastricht-Vertrag, den man als ein Grundgesetz für das Funktionieren der Währungsunion ansehen kann, müsste daher wieder Geltung verschafft werden. Die von der EZB in Aussicht gestellten unbegrenzten Staatsanleihenkäufe von Mitgliedstaaten der Währungsunion sind rechtlich umstritten.

Unabhängig von der rechtlichen Bewertung hat die Umverteilung schon stattgefunden. Die Bundesbank stellt zwar über gut ein Viertel des Kapitals im Zentralbankensystem bereit, hat aber das gleiche Stimmrecht wie Zwergstaaten wie Malta oder Zypern. Prof. Kirchhof weist nach dem Zusammenbruch des institutionellen Stabilitätsversprechens auf das Durchschlagen der Risiken auf die Geldeigentümer hin, die zugleich als Sparer und Steuerzahler die Folgen der fehlgeleiteten Politik zu tragen haben:

»Die erste Stabilitätsmauer, die institutionelle Verpflichtung auf Stabilität, ist eingestürzt. Die zweite Mauer, der grundrechtliche Schutz des Geldeigentümers, hat nun die ganze Wucht der Finanzmarktinterventionen aufzuhalten.«

Bankenrettung und Vermeidung von Staatsbankrotten standen im Vordergrund, die ungerechte und nicht legitimierte Umverteilung wird als Kollateralschaden in Kauf genommen. Vor diesem Hintergrund fordert Prof. Kirchhof zu Recht:

»Es bedarf eines radikalen Neuanfangs, einer Sanierung an den Wurzeln. Zunächst muss die Europäische Rechtsgemeinschaft zum Recht zurückkehren.«

Andererseits müssen nach dem Abladen der Risiken auf die Normalbürger auch die Banken an ihre Verantwortung in einer Marktwirtschaft erinnert werden. Sie haben nicht nur Kasinospiele ermöglicht, sondern waren auch – wenn sich bisherige Meldungen bestätigen – durch Manipulation von Leitzinsen (Libor), Edelmetallpreisen und Wechselkursen Falschspieler mit kollektiven Absprachen zulasten derjenigen Marktteilnehmer, die auf eine faire Preisbildung setzen. Kirchhof fordert zutreffend: »Banken müssen verpflichtet werden, mehr Eigenkapital und Liquidität vorzuhalten, um die Risikobereitschaft zu bremsen, die Haftungsverantwortlich wieder zu einem

Freiheitsprinzip zu machen. Banken verlangen von ihren Kunden eine Sicherheit von 25 Prozent des Eigenkapitals.«

Was die Banken von ihren Kunden verlangen, sollte auch für sie selbst gelten. Obwohl im Zuge der Rettungsmaßnahmen das Gegenteil verkündet wurde, sind die Anforderungen des Baseler Ausschusses an die Banken relativ mild ausgefallen, die Bankaktien boomen.[56] Statt sie zu entlasten und damit ihre Risikoanfälligkeit wieder zu erhöhen, muss gelten: Banken müssen in einer Marktwirtschaft auch scheitern dürfen, ansonsten werden sie nicht verantwortlich wirtschaften und ihre Risiken auf die Gemeinschaft im Bedarfsfall erneut abwälzen. Ihre Wettspiele dienen nicht der Gesellschaft, worauf auch Prof. Kirchhof hinweist: *»Der bisherige Wettbewerb des Finanzmarktes, in dem die Konkurrenten immer höhere Risiken eingehen, diese auf Staaten und Steuerzahler abzuwälzen suchen, ständig neue ›Finanzprodukte‹ ohne Wert und Nutzen anbieten, auf den Niedergang von Staaten und Unternehmen wetten, gefährdet das Denken in Maßstäben des Rechts.«*

Angesichts der zunehmenden Vermachtung, nicht zuletzt in der Finanzindustrie, ist m. E. zu fragen, ob die Verhältnisse, die Karl Marx kritisierte und die mit der Sozialen Marktwirtschaft als überwunden galten, wieder da sind:

Hand in Hand mit der »Zentralisation der Kapitale« geht die *»Verschlingung aller Völker in das Netz des Weltmarktes und damit der internationale Charakter des kapitalistischen Regimes. Mit der beständig abnehmenden Zahl der Kapitalmagnaten, welche alle Vorteile dieses Umwandlungsprozesses usurpieren und monopolisieren, wächst die Masse des Elends, des Drucks, der Knechtschaft, der Entartung, der Ausbeutung«.*[57] Diese Beschreibung der Verhältnisse aus Marx' Feder klingt erstaunlich aktuell.

Wie bereits in Kapitel 1.5 ausgeführt, sind Finanzgiganten wie BlackRock die wahren »Masters of the Universe« und bisherige Gewinner der Finanzkrise. Bei der Androhung stärkerer Regulierungen durch Einzelstaaten können sie wie Hedgefonds international ausweichen. Vor diesem Hintergrund analysiert Prof. Kirchhof:

»Ein Wettbewerber, der auf Nichtverantwortlichkeit der Wettbewerber angelegt ist, zerstört Freiheit.« Solche Wettbewerber oder Marktteilnehmer verdienen es

nicht, vom Sparer oder Steuerzahler finanziell gestützt zu werden. Dies ist nicht nur unter moralisch-ethischen Aspekten fragwürdig. Nach Prof. Kirchhof ist auch kein ausreichender rechtlicher Anspruch für das finanzielle Stützen von unverantwortlich zockenden Banken ableitbar. Das Gleiche gilt für unsolide wirtschaftende und hochverschuldete Staaten in der Eurozone. Erst durch den Bruch des Maastricht-Vertrages werden auch inländische Bürger in die Haftung einbezogen. Der Anspruch auf auskömmliche Erträge des Geldeigentümers sind dagegen aus Kirchhofs Sicht grundgesetzlich schützenswert.

Fazit

Es gibt keinen formellen Beschluss zur Auflösung des Nationalstaates und der Übertragung der Haftungsgemeinschaft von Sparern und Steuerzahlern auf ganz Europa, der demokratisch ausreichend legitimiert wäre. Geld ist »gedruckte Freiheit« (bzw. nach Prof. Kirchhof »geprägte Freiheit«). Die Interessen der Geldeigentümer, aber nicht die der großen Fonds oder Spekulanten, sind rechtlich zu schützen. Die Umverteilungsentscheidungen zugunsten überschuldeter Staaten in der Eurozone nutzen die spekulativ tätigen Finanzinstitutionen und schränken die Freiheit der Bürger ein, die wirtschaftlich von einem stabilen Geldwert abhängig sind. Das Vertrauen in eine stabile Währung zu sichern ist die Kernaufgabe einer Notenbank, nicht das Bedienen von Partikularinteressen. Große Finanzinstitutionen wie BlackRock und andere, die neuen »Masters of the Universe«, profitieren von solchen Umverteilungen, während die Sparer und Steuerzahler unter der neuen »Knechtschaft des Kapitals« leiden.

2.5 Wachstum um jeden Preis? Die Marktwirtschaft Erhards war auch ökosozial

Eine gesunde wirtschaftliche Entwicklung kann sich nicht allein am Wachstum, sondern muss sich, wie gesagt, nicht minder auch am Ziel der Stabilität der Währung orientieren. Eine so verstandene erfolgreiche Wirtschaftspolitik dient zugleich der Erhaltung der politischen Ordnung.

Ludwig Erhard[58]

In den aktuellen Diskussionen rund um die Soziale Marktwirtschaft Erhards zeigen sich oft eklatante Fehleinschätzungen. Ob bewusst oder unbewusst, die Soziale Marktwirtschaft wird in aktuellen Beiträgen aus Politik und Wirtschaft häufig völlig irreführend interpretiert. Erhard gehört sicher nicht in die schwülstige nationale Ecke, in die er von vielen hineingesetzt wird. Als weltoffener Wissenschaftler ohne Parteibuch (nach wie vor unklar ist, ob Erhard doch noch in den 1960er-Jahren in die CDU eintrat) konnte er unabhängig agieren und ging Streit mit den Interessenverbänden nicht aus dem Weg. Wichtig war ihm, dass seine ordnungspolitischen Vorstellungen nicht verwässert wurden.

Statt mit Ordnungspolitik wird die Soziale Marktwirtschaft vielfach eher mit dem beeindruckenden Wachstum in den Nachkriegsjahren in Verbindung gebracht. Dabei war Wachstum selbst gar nicht das Ziel, sondern die Sicherung der wirtschaftlichen Freiheit und des Wettbewerbs. »Wohlstand für alle« war nur möglich, wenn auch Neueinsteiger eine Chance hatten. Mit dieser Politik der Entmachtung wirtschaftlicher Großeinheiten sollte auch der Demokratie zum Durchbruch verholfen werden.

Zwei kongeniale Köpfe, Adenauer als erfahrener Politiker und Erhard als Wirtschaftsfachmann, gestalteten gemeinsam die Zukunft Westdeutschlands. Sie nutzten die Gunst der Stunde und gingen radikal neue Wege. Während Adenauer außenpolitisch die Westbindung vorantrieb, setzte Erhard sein ordnungspolitisches Konzept der Sozialen Marktwirtschaft um. Besonderen Mut wies Erhard als Wirtschaftsdirektor der Bizone (Zusammenschluss der amerikanischen und britischen Besatzungszonen), als er unabgestimmt eine

Wirtschaftsreform mit der Einführung der freien Marktwirtschaft und damit die Abschaffung der Bewirtschaftungsmaßnahmen mit Zuteilungen, Bezugsscheinen und Preiskontrollen bekanntgab. General Clay sollte danach Erhard entlassen. Legendär wurde Erhards Antwort gegenüber dem amerikanischen Militärgouverneur General Clay, der ihn entlassen sollte: »*Ich habe die Vorschriften nicht geändert, ich habe sie abgeschafft.*« Clay antwortete: »*Aber alle meine Berater sind gegen Ihr Vorgehen.*« Erhard blieb unbeeindruckt. »*Sie stehen nicht allein da. Meine Berater sind auch dagegen.*«[59] Die falschen Enkelinnen und Enkel Erhards haben sich oft kaum oder gar nicht die Mühe gemacht, die Wurzeln seines Denkens kennenzulernen, und wenn doch, so interpretieren sie ihn eigennützig falsch. Wesentlich geprägt wurde die Soziale Marktwirtschaft von Erhards Doktorvater, dem Soziologen und Ökonomen Franz Oppenheimer. Zu Ehren Oppenheimers setzte Erhard als Kanzler 1964 die Veröffentlichung einer Briefmarke in der Reihe »Berühmte Deutsche« durch. In seiner Rede zu Oppenheimers 100. Geburtstag, die er 1964 in der Freien Universität Berlin hielt, kommt seine tiefe Wertschätzung für seinen Lehrer, der sich selbst als liberalen Sozialisten bezeichnete, zum Ausdruck:[60]

> *»Man reiht mich gemeiniglich ein in die Kategorie der ›Neoliberalen‹. Es mag so geschehen; ich wehre mich gar nicht dagegen, denn Gelehrte, von Walter Eucken angefangen über Wilhelm Röpke, Alexander Rüstow zu Hayek und Franz Böhm, um nur einige zu nennen, haben im tiefsten Grunde Oppenheimersches Gedankengut in sich aufgenommen und in unsere Gegenwart übersetzt, indem sie einen leidenschaftlichen Kampf gegen die Beschränkungen des Wettbewerbs und vor allen Dingen gegen Monopole führten. Sie zerstörten wie Oppenheimer den Optimismus sowohl der klassischen Lehre als auch des üblichen Liberalismus, dass die prästabilisierte Harmonie ein Eigengewächs der wirtschaftlichen Entwicklung wäre. Nein, wenn und wo nicht ein vollständiger Wettbewerb besteht, wo immer Konkurrenz durch faktische oder rechtliche Maßnahmen unterbunden, unterdrückt oder geschmälert wird, gibt es keine Freiheit – dort gibt es auch keine Gerechtigkeit. Ich habe es mir angewöhnt, das Wort Gerechtigkeit fast immer nur in Anführungszeichen auszusprechen, weil ich erfahren habe, dass mit keinem Wort mehr Missbrauch getrieben wird als gerade mit diesem höchsten Wert.*
>
> *Solange ich lebe, werde ich Franz Oppenheimer nicht vergessen! Ich werde glücklich sein, wenn die Soziale Marktwirtschaft – so vollkommen oder so unvollkommen sie auch sein mag – weiter zeugen wird auch für das Werk,*

für den geistigen Ansatz der Gedanken und die Lehre von Franz Oppenheimer. Ich glaube, dass viele Menschen es nicht zu ermessen wissen, wieviel sie einem einzigen Manne zu verdanken haben. Ich weiß es, und ich habe dem auch dadurch Ausdruck gegeben, dass in meinem Arbeitszimmer über lange Zeit nur ein Bild stand, das meines Lehrers Franz Oppenheimer. Ich glaube, er wäre auch damit einverstanden, wenn er wüsste, dass in der ›Reihe bedeutender Deutscher‹ jetzt auch eine Marke mit dem Porträt von Franz Oppenheimer herausgegeben wird. Dass ich glücklich bin, auch zu dem ›Franz-Oppenheimer-Institut‹ etwas beitragen zu können, versteht sich von selbst. Ich denke auch noch mit Wehmut und Trauer an den Abschied. Er hatte Tränen in den Augen, als er sagte: ›Nun muss ich mein Vaterland verlassen.‹ Denn er fühlte sich als Deutscher. Er verkörperte im reinsten und edelsten Sinne deutschen Geist und deutsche Kultur. Seinem Andenken sei darum für heute und immerdar Dank und Ehre!«

Mit diesen Dankesworten machte Erhard seinen Lehrer zu einem Übervater der Sozialen Marktwirtschaft. Sowohl zu Lebzeiten als auch bis heute wird Oppenheimers Beitrag für die wirtschaftspolitische Entwicklung jedoch nur von wenigen Experten geschätzt. Umso mehr ist es notwendig, sich mit ihm zu beschäftigen. Der Kapitalismus früherer Prägung, der verbunden war mit sozialer Verelendung, wie sie etwa Karl Marx zutreffend beschrieben hat, wurde von diesen Neoliberalen mit dem Konzept der Sozialen Marktwirtschaft reformiert. Das abschreckende Beispiel sozialistischer Experimente führte zu dem Durchbruch des revolutionären Konzepts, das von 1948 bis zum Ende der Kanzlerschaft Erhards im Jahre 1966 durchgesetzt wurde.

Dieses Konzept war auch gegen die Einflüsterer aus der Wirtschaft gerichtet, die ihre Pfründen ausbauen wollten. Erhard sah die »*Demokratie durch das Ausspielen und Durchsetzen von Machtpositionen*« gefährdet«.[61] Organisierte Gruppeninteressen würden der Volkswirtschaft im Ganzen mehr abverlangen, als diese zu leisten und zu geben vermag. Aus Erhards Sicht bezahlte jeder einzelne Staatsbürger für diese Gruppeninteressen in Form steigender Preise und es war seines Erachtens eine »*Schande*«, dass »*diese fragwürdigen Erfolge zum größten Teil auf Kosten jener Bevölkerungsschichten erzielt werden, die aus soziologischen Gründen nicht in der Lage sind, ihren Standpunkt in ähnlich massiver Weise durchzusetzen*«.[62] Die derzeitige Finanzierung der Energiewende durch die Privatverbraucher ist m. E. ein aktuelles Beispiel für eine solche Fehlentwicklung. Auch später als Kanzler kämpfte Erhard gegen die sich erneut breitmachende Einflussnahme wirtschaftlicher Interessengruppen. Die ausufernde Staatsverschuldung zur Bedienung von Verteilungsinteressen war Bestandteil einer als »Gefälligkeitsdemokratie« bezeichneten neuen Politikausrichtung. Mit der Entmachtung Erhards (sein Rücktritt erfolgte im Dezember 1966) wurde das revolutionäre Konzept aber infrage gestellt und dann zunehmend abgeschafft. Die Soziale Marktwirtschaft ging in mehreren Etappen zugrunde:

So geriet mit der einseitigen Wachstumsfokussierung das ordnungspolitische Leitbild der Sozialen Marktwirtschaft Erhards in den 1960er-Jahren zunehmend in die Kritik. Seine Vorstellungen von einer formierten (konsensorientierten) Gesellschaft konnte er nicht durchsetzen. Die Forderung, »Maß zu halten«, fand bei den konsumorientierten und vom Wachstum verwöhnten Bürgern kein Gehör mehr. Auch die Gewerkschaften und andere Interessengruppen heizten den Verteilungskampf an. Durch eine gezielte Ausweitung der Staatsaktivität wurde in den 1970er-Jahren eine Phase höherer Verschuldung eingeleitet. Bereits mit der Verabschiedung des Stabilitäts- und Wachstumsgesetzes 1967 war der Instrumentenkasten für Interventionisten ausgeweitet worden. Es wurde darin ein »magisches Viereck« der Wirtschaftspolitik formuliert, das die Ziele

- Preisniveaustabilität,
- hoher Beschäftigungsstand,
- außenwirtschaftliches Gleichgewicht
- bei angemessenem und stetigem Wirtschaftswachstum

bestmöglich verwirklichen sollte. Statt Adenauers Parole »Keine Experimente!« zu beherzigen, holte man nun den sozialistischen Experimentierkasten wieder aus dem Keller. Ehrgeizige Politiktechnokraten wurden von einem neuen Machbarkeitswahn erfasst. Im Zuge der verbesserten datentechnischen Verarbeitungsmöglichkeiten schien es sich nur noch um ein Berechnungsproblem zu handeln, um das Pareto-Optimum (benannt nach Vilfredo Pareto), d.h. den bestmöglichen wirtschaftlichen Zustand, zu erreichen. Das staatliche Finanzmanagement wurde neu interpretiert, um den Wohlfahrtsstaat zu ermöglichen. Das Scheitern dieser neuen schuldentreibenden Politik zeigte sich erst später und führte schließlich zum Niedergang der sozialliberalen Koalition Anfang der 1980er-Jahre.

Schon 1983 wies Herbert Gruhl in einem *Spiegel*-Essay[63] auf den Verrat an Ludwig Erhard hin, der zunehmend von den politischen Schaltstellen entfernt wurde, obwohl – oder weil? – sein Denken auch aus heutiger Sicht sehr modern war. In seinem Artikel zitiert Gruhl aus dem heute weitgehend unbekannten, aber äußerst lesenswerten Buch *Soziale Marktwirtschaft – Ordnung der Zukunft*, das Ludwig Erhard zusammen mit Alfred Müller-Armack im Jahre 1972 herausgab:[64]

> *»Es ist also nicht wahr, dass eine Marktordnung wie die Soziale Marktwirtschaft wesentlich auf die Maximierung des Sozialprodukts oder sonst eines Einzelzieles gerichtet ist. Sie ist auf überhaupt kein Ziel gerichtet als nur das eine, ein geordnetes Zusammenleben der Menschen zu ermöglichen, damit jeder seine eigenen Ziele überhaupt erst mit grundsätzlicher Aussicht auf Erfolg verfolgen kann ...*
>
> *Glaubt eine Mehrheit von Menschen, Konsum und Wirtschaftswachstum bedeute höchste Lebenserfüllung, so wird die Marktwirtschaft auch die bestmögliche Verfolgung der Ziele Konsum- und Wachstumsmaximierung ermöglichen, aber sie ermöglicht genauso die Verwirklichung ganz anderer Werte durch eine Mehrheit oder Minderheit ihrer Mitglieder.«*

Wachstumsratenpolitik, wie sie später von der SPD-Regierung im Einklang mit den Gewerkschaften betrieben wurde, lehnte Ludwig Erhard ab. Die Inflation und Staatsschulden stiegen und »Crowding-out-Effekte« durch das bessere Finanzierungspotenzial des Staates zulasten der Wirtschaft wurden diskutiert. Größere und zentralere Planungen waren in den 1970er-Jahren Trumpf und zeigten sich in ausschweifenden Gebietsreformen und neuen sozialistischen Musterbetrieben wie der Neuen Heimat, die später scheiterten. Wirtschaftsvertreter sahen im Verbund mit den Gewerkschaften ihre Chance, Kartellmacht wieder salonfähig zu machen, und etablierten Subventionen für die Kohleindustrie. Eine derartig innovationsfeindliche Politik führte zum Niedergang ganzer Großregionen wie dem Ruhrgebiet. Eine weitere Etappe des Niedergangs der Sozialen Marktwirtschaft ist mit Umweltthemen verbunden. Maßhalten war in den 1960er-Jahren, wie bereits erwähnt, unpopulär. Der Mainstream verlangte nach immer mehr Wachstum, auch die Gewerkschaften. So fiel das Verteilen leichter, der Anteil der Arbeitnehmer am Kuchen sollte vergrößert werden und ÖTV-Chef Heinz Kluncker setzte etwa 1974 Lohnsteigerungen bis zu 18 Prozent durch.[65] Gleichzeitig wurden vor dem Hintergrund der erkennbaren Umweltzerstörungen zunehmend die Grenzen des Wachstums diskutiert. 1972 legte der Club of Rome seinen Bericht »Die Grenzen des Wachstums« vor. Die grüne Bewegung wurde zunehmend zum gesellschaftlichen Gewissen und politisch breitenwirksam. Die natürliche Umwelt wurde nicht mehr als unbegrenzt verfügbares Gut angesehen.[66] Gute wirtschaftliche Kennziffern standen angesichts des niedrigen Lebensstandards zulasten des Umweltschutzes im Vordergrund. Die Gemeinwohlfiktion und das niedrige Versorgungsniveau mit dringenderen Aufgaben bezüglich der materiellen Versorgung[67] ließen Umweltfragen weit unten rangieren, nach dem Motto: Erst kommt das Fressen, dann die Moral bzw. der Umweltschutz, den man sich leisten können muss. Hingegen galt für Erhard und Müller-Armack: *»Es ist ökonomisch höchst naiv, die Messziffer für das Wirtschaftswachstum, die reale Veränderungsrate des Bruttosozialprodukts, in irgendeiner Weise mit der Vorstellung zusammenzubringen, dass die ›kollektive Wohlfahrt‹ gesteigert werde.«*[68] Verantwortungsgefühl für die Umwelt sollte geweckt, die wirtschaftliche Effizienz und der Forscherdrang genutzt sowie die Rahmenbedingungen angepasst und das Profitmotiv für die Qualität des Lebens eingesetzt werden:[69] *»Nein – es geht nicht darum, die Umweltverschmutzungen zuzulassen und das hinterher zu reparieren, sondern Ziel der gesetzlichen Bestimmungen ist die Verhinderung von Umweltschäden beim Produktionsprozess selbst. Innerhalb der Marktwirtschaft wird die schöpferische Innovationskraft um die besten Methoden ringen. Das Profitmotiv lässt sich also auch benutzen, um die ›Qualität des Lebens‹ zu steigern. Dies ist gewissermaßen die List der marktwirtschaftlichen Institution. Der Einzelne erfüllt – durchaus auch aus eigensüchtigen Motiven – die sozialen Zwecke der Umweltgestaltung. Das Land, das sich frühzeitig der Umweltverschmutzung annimmt und mit gutem Beispiel voranschreitet, verschafft sich im internationalen Konkurrenzkampf einen Startvorteil, da ähnlich strukturierte Industrieländer, gezwungen von der öffentlichen Meinung, ihm nacheifern müssen. Dies eröffnet dem Vorreiter im Umweltschutz neue Exportchancen.«* Umweltschutz lässt sich also, so das Fazit von Erhard und Müller-Armack, in marktwirtschaftliche Konzepte einbauen, wenn die Gesellschaft dies im Zuge veränderter Werte mit dem gestiegenen Wohlstand wünscht. So lassen sich die freien Güter, wie inzwischen erfolgt, durch Verschmutzungszertifikate einbinden. Von der Einschätzung, Energie und Umweltpolitik marktkonform zu gestalten, ist man spätestens heute im Zuge der zunehmenden energiepolitischen Planwirtschaft abgekommen.

Bei der sogenannten ökosozialen Marktwirtschaft wird versucht, nachhaltiges Wirtschaften und den Umweltschutz als politisches Ziel zu verbinden. Entscheidend ist, dass die Regeln marktkonform sind und nicht durch überbordende Regulierungen und Interventionen Märkte zerstören. So sollte der Umweltschutz aus den Erträgen der Wirtschaft finanziert werden und nicht über Steuern. Erhard und Müller-Armack hatten 1972 – ebenso wie noch 1983 Herbert Gruhl – ihre Kritik innerhalb einer mehr oder minder funktionierenden Sozialen Marktwirtschaft formuliert. Heute kann man allenfalls von einer vermachteten Marktwirtschaft sprechen. Der heutige Kapitalismus nähert sich wieder den frühen Formen an mit weniger Demokratie und Ausschaltung der Normalbürger, die nur noch als Finanzierungsquelle für diejenigen dienen, die ihre Interessen durchsetzen.

Fazit

Erhard wird immer wieder fehlinterpretiert. Er war kein Wachstumspolitiker. Staatliche Eingriffe zur wirtschaftlichen Ankurbelung lehnte er ab. Er hoffte, dass der steigende Wohlstand die Bürger freier macht – nicht nur in materieller, sondern auch in geistiger Hinsicht. Sie sollten die neuen Freiräume für ihre Lebensgestaltung nutzen. Leider ließen sich die Bürger von den falschen Wohlfahrtsversprechen der Politiker verführen. Sie führten zu neuen Rekordschulden und weniger bürgerlicher Freiheit. Das Abdriften in den Sozialstaat und den Dirigismus in der Umweltpolitik hätte Erhard sicher nicht befürwortet.

2.6 Exkurs: Energiewende – wohin?

Wenn Deutschland bei den Elektroautos mitmacht, aber keine Atomautos will, muss es Kohleautos bauen. Denn die Erwartung, man könne auch noch den Verkehr mit Wind und Sonnenlicht betreiben, ist abwegig.

Hans-Werner Sinn[70]

Im Vergleich zu den USA und Großbritannien ist Deutschland dank seiner mittelständisch strukturierten Wirtschaft als Industriestandort gut positioniert. Familienunternehmer denken generationsübergreifend und konnten bisher flexibel auf globale Herausforderungen reagieren. Diese vergleichsweise günstige Entwicklung ist Ausdruck einer robusten Wirtschaftsverfassung, die auf dem ordnungspolitischen Fundament der Sozialen Marktwirtschaft fußt.

Gleichzeitig sind international energiepolitische Herausforderungen zu bewältigen wie die

- Endlichkeit fossiler Rohstoffe,
- steigenden Bemühungen zum Schutze des Klimas,
- Bevölkerungsexplosion vor allem in Afrika und Asien mit der Folge wachsender Energienachfrage.

Die derzeit in Deutschland verfolgten nationalen Insellösungen verbieten sich hier. Die unklare künftige Versorgungssituation bremst bereits jetzt die Investitionsplanungen der deutschen Industrie. Die inländische Politik sollte umsteuern und ihren nationalen, nicht finanzierbaren Öko-Alleingang aufgeben. So ist der deutsche Sonderweg eines überhasteten Atomausstiegs international weitgehend ohne Beispiel und erinnert romantisierend an frühere geschichtliche Irrwege nach dem Motto: »Am deutsche Wesen soll die Welt genesen.«

Regionales Kirchturmdenken, das keine Windräder und Strommasten im näheren Umfeld zulässt, aber von anderen, weiter entfernt Wohnenden dafür umso mehr Lasten verlangt, ist wenig hilfreich. Auch die Ideologisierung und der unbeirrbare Glaube an einen deutschen Sonderweg haben den Blick auf das Machbare in der Energiepolitik inzwischen verengt. Die Industrie und der Mittelstand haben ihre kompetenten Ansprechpartner in der Politik der Großen Koalition verloren.

Es fehlt die Europaperspektive, es gibt keine überzeugende Marktordnung, es wird diffus auf die neuen Heilsbringer Wind- und Solarenergie und eine vermeintlich demokratiefreundliche regionale Stromversorgung gesetzt.

Kanzlerin Merkel hat frühere grüne Radikalpositionen zur Sicherung ihres Machterhalts als Blaupause für ihre neue Politik übernommen. Eine krasse Abweichung von den ordnungspolitischen Grundsätzen einer Marktwirtschaft, die effizient und dadurch für alle am besten das Bedürfnis nach Energie befriedigen will. So wurden beispielsweise mit der vorzeitigen Abschaltung von Kraftwerken durch die Politik neue Enteignungstatbestände geschaffen. Gleichzeitig profitierten von den völlig ausufernden Subventionen Landwirte, Wind- und Solaranlagenbetreiber. Diese Gewinne werden privatisiert, während die Lasten sozialisiert und die Frage der Energiespeicherung nicht hinreichend gelöst ist. Die Perpetuierung und Verstärkung eines solchen neuen Interventionismus ist typisch für die Politik der seit Ende 2013 regierenden Großen Koalition.

Die wirtschaftlichen Folgen der veränderten Energiepolitik nach den Reaktorunfällen in Fukushima mussten bislang die Endverbraucher durch höhere Strompreise tragen. Das wird nicht reichen, die derzeitige Energiepolitik könnte die wirtschaftlichen Erfolge inländischer Unternehmen nicht nur bremsen, sondern in der Breite die Deindustrialisierung Deutschlands einleiten. Mit den steigenden Herausforderungen durch die Energiewende könnte »Made in Germany« schon bald vor dem »Aus« stehen:

- Energiekostenexplosion in Deutschland durch das planwirtschaftliche EEG

- Deutlich niedrigere Energiekosten in den USA durch das »Fracking«. Dies gefährdet aber den Standort Deutschland insbesondere für energieintensive Unternehmen (Stahl- und sonstige Schwerindustrie).

Die Energiewende ist bislang misslungen und so nicht finanzierbar. Die Regierung wird bald gezwungen sein, umzuschalten. Ob das ein Wirtschaftsminister Gabriel vor seinem parteipolitischen und auch sonst streng sozialdemokratisch sozialisierten Hintergrund erfassen und umsetzen kann, ist zu bezweifeln. Aber die Zeit drängt. Die subventionierte Überproduktion bei Sonne und Wind ist – zumindest zurzeit – nicht finanzierbar. Speicherkapazitäten fehlen, beim Export des Ökostroms ins Ausland wird draufgezahlt.

Der übereilte Ausstieg aus der Kernenergie ist im Verbund mit dem Ausstieg aus der Kohle nicht möglich. Das sah sogar der langjährig führende Grünen-Politiker Joschka Fischer nicht anders: »*Ich sehe die Probleme der Kohle und beschönige nichts ... Aber für den Übergang kommen wir nicht ohne sie aus. Wir können uns nicht ins Abseits manövrieren und alles ablehnen ...*«

Fazit

Statt der immer stärker betriebenen Staatslenkung durch Subventionen, feste Vergütung und Einspeiseprivilegien sollte wieder eine Energieversorgung im Fokus stehen, die markt- und wettbewerbsgerecht ist sowie mit den europäischen Energiemärkten und den Klimazielen (CO_2-Reduktion) im Einklang steht. Deutschland sollte jetzt dringend energiepolitische Alternativen über die Windkraft- und Solarenergie hinaus suchen. Neben Ressourceneinsparungen sollte die Wasserstofftechnologie, auch als Speichermedium, sowie die Erforschung der Kernfusion vorangetrieben werden.

3. Wohlstandsgefahren durch die Macht der Meinungsmacher

3.1 Treiber: Große, international tätige Bankadressen und ihre Fähigkeit, Märkte zu bewegen

Wenn die Krise vorbei ist, werden weltweit fünf bis sechs Banken von globalem Format übrig bleiben. Höchstens eine davon wird aus Kontinentaleuropa kommen – und das wird die Deutsche Bank sein.

Anshu Jain, Co-Vorstandsvorsitzender der Deutschen Bank[71]

Der einzelne Mitarbeiter, auch wenn er noch so gut ausgebildet ist und eine noch so gute Reputation vorweisen kann, ist letztlich kaum denkbar ohne eine große Adresse in der Finanzindustrie, die auch die Märkte bewegt. Namen wie Goldman Sachs, J.P. Morgan oder Morgan Stanley, die auch in Europa im ersten Halbjahr 2013 bei den Deals führend waren, oder auch Credit Suisse, Citigroup oder die Deutsche Bank sind als Finanzinstitute mit einer wesentlichen Finanzmarktbedeutung hier vor allem zu nennen. Führende Adressen im Investmentbanking weltweit verfügen über große Netzwerke in der Politik (sehenswert ist in diesem Zusammenhang der französische Film *Goldman Sachs – Eine Bank lenkt die Welt* aus dem Jahre 2012).

Letztlich entscheidet die Marktmacht der jeweiligen Finanzinstitution, ihre Fähigkeit, Märkte mithilfe von schnellen Kommentaren oder Analysen zu bewegen. Solche Megabanken sind inzwischen viel zu groß geworden und profitierten von der Finanzkrise. Die zitierte Einschätzung von Anshu Jain zeigt, das die »Masters of the Universe« im Investmentbanking im Zuge der Krise eher noch weniger werden. Dies ist für den Wettbewerb nicht gut. Bereits jetzt sind die führenden US-Investmentbanken gut vernetzt, nicht zuletzt auch durch die oft gleichen inländischen Eigner. Wenn Marktbeobachter aus diesen Adressen den Daumen heben oder senken, wird Wohlstand umverteilt. Nichts anderes geschieht, wenn die Märkte bewegt werden.

Mit der Schutzpolitik des »too big to fail« wurden große Banken als »systemrelevant« eingestuft und durch die Übernahme anderer Banken sind sie noch größer geworden. So können sie noch leichter ihr Finanzmarktumfeld »gestalten«, das lukrative Schlüsselkunden einschließt, zu denen neben Topunternehmen auch führende Staaten gehören. Kleinere Wettbewerber werden verdrängt. Eine funktionierende Marktwirtschaft braucht dagegen politikfernere kleinere Banken und grundsätzlich Finanzinstitute, die strengen Eigenkapitalregeln unterworfen sind. Solche bürger- und kundenfreundlichen Banken werden durch strangulierende Überregulierungen, die Großbanken mit ihren Fachabteilungen besser bewältigen können, gerade aus dem Markt gedrängt. Sie verdienen im Zweifel Schutz vor unfairen Spielregeln.

Die Finanzinstitute dürfen auch nicht so miteinander verzahnt sein, dass es durch den Kollaps einer Bank zu einem Schneeballeffekt kommen kann, d. h., dass – wie im Fall der Lehman-Pleite 2008 – gleich die Gefahr eines Zusammenbruchs des Weltfinanzsystems besteht. In einer funktionierenden Sozialen Marktwirtschaft dürfen Banken gegenüber anderen Wirtschaftszweigen nicht privilegiert werden, der Finanzsektor hat eine dienende Funktion gegenüber Handel und Industrie und nicht zuletzt gegenüber den Bürgern. Die aktuelle Politik stützt im Gegensatz dazu große marode Banken, nicht zuletzt in Südeuropa, dabei gelten insbesondere größere italienische und spanische Banken seit Jahren als konkursgefährdet. Im Zuge der Bankenunion wird ein Abwicklungsfonds geschaffen – ein reines Kaufen von Zeit.

Besser wäre es, wie vorgeschlagen, Banken zu entflechten und auch scheitern zu lassen. Der Kunde sollte seine Bank entsprechend aussuchen und wegen des fehlenden Versicherungsschutzes, der ohnehin nicht mehr bezahlbar ist (wer rettet die Retter?), höhere Kosten für die Dienstleistungen in Kauf nehmen, natürlich auch für eine wirklich unabhängige Beratung. Diese künftig kleineren Banken sollten keine risikoreichen Geschäfte tätigen dürfen, die die Gesellschaften bei einem Scheitern finanziell überfordern würden.

Jedoch hat die Finanzkrise strukturell eher größere und mächtigere Banken hinterlassen, die auch für Anlageexperten die relevanten Arbeitgeber darstellen. Vor allem große Adressen sind in der Lage, die Märkte zu gestalten. Die Analysten sind dabei oft nebensächlicher, als sie selbst vielleicht glauben. Obwohl sie von ihren Vertrieblern, den »Sales-Leuten«, gerne mit dem Nimbus »Staranalyst« oder der Auszeichnung »Bester Analyst des Jahres« versehen werden, sind sie tatsächlich nichts anderes als Angestellte, die den Kapitalinteressen anderer dienen.[72] Die Hauptprofiteure sind i.d.R. andere, z.B. die erwähnten Sales-Mitarbeiter und Produktverkäufer im gleichen Haus, da die Provisionen in erster Linie die direkt Marktverantwortlichen kassieren oder Vorgesetzte, die sich entsprechend besser positionieren können. Dennoch ziehen Analysten mehr Vor- als Nachteile aus ihrer Tätigkeit und sind damit »willige Helfer« – auch wenn einmal Skrupel bestehen mögen, immer im Sinne der Zielvorstellung »Geschäftsmaxierung« zu agieren. Hinsichtlich der Sorgfalt und der Objektivität ihrer Researchaussagen mögen sie also Abstriche hinnehmen müssen (manche sind fachlich sogar nicht gut, haben aber dennoch dank ihrer »Vorzeigeadresse« ihren Star-Status), doch das steigende Gehalt, mögliche Karrieresprünge und die Scheinwerfer des Rampenlichts entschädigen dafür.

Wirklich verdient wird an den großen Deals, dazu gehören Börseneinführungen oder spektakuläre Firmenübernahmen. Im Tagesgeschäft können aber auch einzelne Studien eines Analysten große Aufmerksamkeit erzeugen – ähnlich wie die Stellungnahmen von Ratingagenturen. Dabei kommt es auch hier weniger auf den Wahrheitsgehalt der Studie, sondern vielmehr auf das Gewicht des Marktplayers an. Die Information, selbst wenn sie falsch ist, entfaltet ihre Wirkung. Letztlich soll damit Geld verdient werden durch erhöhte kurzfristige Umsätze. Die Richtigkeit oder der Wahrheitsgehalt der Aussagen verkommt zur Nebensache.

Fazit

Marktbeobachter und vermeintliche Kenner der Materie können, selbst wenn sie fachlich »Flaschen« sind, Karriere machen: Solange sie eine große, anerkannte Adresse stützt, können sie als Guru gehandelt werden. Besonders beliebt sind sie intern, wenn sie die Geschäftszahlen des Arbeitgebers verbessern. Aber die Marktbeobachter sollten dieses Spiel nicht unbegrenzt mitmachen: Treiben sie es zu weit, verlieren sie bei den Investoren zu sehr an Ansehen (wo bleibt der Verkaufshinweis?) und dann auch noch das Backing ihres Arbeitgebers. Den goldenen Mittelweg müssen sie immer wieder neu finden.

3.2 Unterstützer: Finanzlobbyisten, Verbände und Hochschulen

Gerade die Industriegesellschaft braucht einen starken Staat. Je größer der Druck der Verbände und Gruppen auf den Gang der Politik, je ungehemmter der Egoismus von Teilgewalten sich entfesselt, umso entschiedener ist es allen verantwortlichen Kräften – und in besonderem Maße der Bundesregierung – aufgegeben, für die Respektierung des Gemeinwohls Sorge zu tragen. Wir werden die großen Zukunftsaufgaben der deutschen Politik nur meistern können, wenn die gesellschaftliche Kraft der Verbände nicht ausschließlich den eigenen Interessen nutzbar gemacht wird.

Ludwig Erhard[73]

Die führenden Finanzinstitutionen verfügen über einflussreiche Helfer, die ihre Macht und damit die ihrer marktbewegenden Analysten absichern. Durch Lobbyaktivitäten im Rahmen der Verbandsarbeit und durch die Finanzierung der Ausbildung in ihrem (Geschäfts-)Sinn lassen sich auch fragwürdige Bankenaktivitäten weiter regulatorisch und institutionell absichern. So gelten in den USA viele Elitehochschulen als »Wall-

Street gesponsort«. Entsprechend würden ihre Forschungsergebnisse ausfallen, die die Kasinogeschäftsmodelle der Banken üblicherweise nicht infrage stellen. Selbstverständlich gibt es auch unabhängige und kritische Professoren, nicht zuletzt in den USA, aber die enge Verzahnung vieler Hochschulen mit führenden Finanzinstituten und den wichtigen Börsenplätzen ist bemerkenswert.

Dabei spielt die Chance für die Studenten, bereits in jungen Jahren über sehr viel Geld zu verfügen, eine große Rolle. Eliteuniversitäten wie Harvard und Yale gelten als langjährige und zuverlässige Kaderschmieden für die Wall Street. In der Finanzbranche genießt aber z. B. auch die New Yorker Columbia University einen hervorragenden Ruf, auch sie stellte eine große Anzahl von Nobelpreisträgern. Der gute Ruf wurde aber auch aufgrund der Nähe zur Wall Street erworben. Columbia-Professor Suresh Sundaresan erläutert dieses Naheverhältnis so: *»Wenn ich meinen Kurs unterrichte, mache ich an einem Tag die Theorie und am nächsten hole ich einen Manager von Goldman Sachs, damit er es aus seiner Sicht erklärt.«*[74]

Der Braindrain in der angelsächsischen Welt zugunsten der zunehmend mathematisierten Finanzwelt und zulasten anderer Bereiche wurde lange kaum thematisiert. In deindustrialisierten Gesellschaften, die von den hohen Erträgen der Finanzindustrie zunehmend abhängig geworden sind, sind Reformen gegen Banken und ihre Lobbyorganisationen aus nachvollziehbaren wirtschaftlichen Gründen nur schwer durchzusetzen. Aufgrund dieses Dilemmas haben US-Amerikaner und Briten das bisher als Auslaufsystem angesehene deutsche industrielle Geschäftsmodell im Zuge der Finanzkrise wieder neu entdeckt. Noch vor gut zehn Jahren war Deutschland in vielen Augen der »kranke Mann Europas«. Deutschland galt als rückständig, war kein Hightech-Land, sondern allenfalls eins, in dem solide Industrieprodukte gefertigt wurden, die auch weltweit Anerkennung fanden. Den Anschluss an die höher entwickelten Dienstleistungsgesellschaften (und dazu gehörte auch das Modern Banking) schien Deutschland sicher verloren zu haben. Jetzt zählt auch die damals verschmähte Industrie und das Land wird wegen seiner Exportüberschüsse kritisiert.

Ein schneller Umbau zugunsten von neuer Fertigung ist aber schwierig. In den USA hofft man auf eine Reindustrialisierung durch niedrige Energiekosten (vor allem durch die Methode des »Fracking«; inzwischen sind die Energiekosten in den USA auf ein Drittel des inländischen Niveaus gesunken – nicht zuletzt durch die hohen Kosten der Energiewende hierzulande). In den USA und Großbritannien hält man in der Finanzindustrie am Status quo fest. Es gibt bestenfalls Reförmchen, im Zweifel wurden die großen Banken eher gestärkt.

Zu lukrativ ist eine gute Positionierung der großen Finanzinstitutionen und des ganzen Drumherums: Banken, Versicherungen, Fondsmanager, Ratingagenturen, Wirtschaftsprüfer, Anwälte etc. Nebenbei haben diese Länder so einen großen Einfluss auf die internationalen Finanzaktivitäten. Sie entscheiden, was noch finanziert wird und was nicht. Über das internationale Beteiligungsgeflecht der Investoren, der großen Agenturen und der eigenen Helfer, der Analysten, besitzen sie Einfluss über die Realwirtschaft und verfügen auch international über die Deutungshoheit für wirtschaftliche Prozesse, mögliche Wirtschaftsspionage[75] sogar ausgeklammert.

Mit der Niedrigzinspolitik wurden die Institute entlastet und es wurde wieder leichter Geld verdient sowie Zeit gewonnen. Politiker werden beeinflusst, damit die Regulierungen möglichst weitgehend so bleiben, wie sie sind. Es geht um ein lukratives Franchise, die bisherige Gewinnmaximierungsstrategie ist trotz der Risiken für das Finanzsystem unbedingt zu sichern, im Zweifel zulasten Dritter. Die ungefragten, aber »alternativlosen« Bürgen für die Finanzinstitute und die stützenden Staaten sind damit die Sparer und Steuerzahler, die enteignet werden.

Der Kollateralschaden des damit verbundenen kundenwidrigen Verhaltens wird in Kauf genommen. Nun sind Gewinne grundsätzlich nicht verwerflich, im Gegenteil, sie sind sogar volkswirtschaftlich erwünscht. Nur sollten die Geschäfte seriös und die Risiken für Dritte begrenzt sein. Mit der Politikbeeinflussung und den zertifizierten Ausbildungswegen (CFA, DVFA), die die Anlageexperten zu Promotoren des angelsächsischen Kapitalismus machen, hat die Branche auch weiterhin keinen Gegendruck zu befürchten.

Die Chance auf hohe Gehälter lässt ethische Bedenken junger Studenten verschwinden, auch wenn sie die Art der Ausbildung nicht selten als »Brainwashing« im Sinne des angelsächsischen Verständnisses einer »angemessenen« Finanzarchitektur empfinden. Zugespitzt läuft es darauf hinaus, dass schnelle Gewinne privatisiert und Verluste gegebenenfalls sozialisiert werden.

Da nach wie vor in der Finanzbranche gut verdient wird, lohnt sich die Verteidigung des sicheren Franchise umso mehr. Auch die Medien spielten lange gut mit und veröffentlichen z. B. immer wieder aktualisierte Rankinghitlisten der Analysten. Mit steigenden Kursen nahm die Publikationsdichte zu. Börsenmedien boomten. Die Gier der Anleger wurde in ähnlicher Weise wie von den Finanzinstitutionen bedient. Lange wurde die Illusion genährt, dass sich auch den Cleveren oder Tüchtigen bei den Kasinospielen Chancen bieten. Diese Desinformation wurde von den Medien weitergetragen. Nach den jüngsten Manipulationsvorwürfen ist es hier ruhiger geworden. Es gilt nun: Die Bank gewinnt immer! Sie gewinnt vor allem dann ganz sicher, wenn wie jetzt im Einzelnen zu prüfen ist, die Roulettekugel und der Spieltisch (= relevante Preise wie der Libor, Goldnotierungen, Wechselkurse etc.) von interessierter Seite manipuliert wurden.

Fazit

Die Sicherung von Pfründen, die auf manipulierte Preise im Kasinokapitalismus beruhen, ist ethisch verwerflich. Finanzmärkte haben eine dienende Funktion. Wenn nur noch der schnelle Gewinn zählt, werden Unternehmen ausgeplündert. Die Folgekosten muss die Gesellschaft tragen. Die Kollateralschäden der fehlgelenkten Finanzwirtschaft sind hoch. Nur mit einer kompletten Überarbeitung können faire Rahmenbedingungen geschaffen werden. Die Anreize, Anleger zu schädigen, sollten durch klare Verbote begrenzt werden. Toxische Produkte sind auch mit rechtlichen Risikohinweisen nicht weniger schädlich. Mogelpackungen sind zu verbieten. Gier frisst bekanntermaßen Hirn und die Warnhinweise werden üblicherweise verdrängt, wenn sie überhaupt verstanden werden.

3.3 Fokussierung auf kurzfristige Erträge

Die Börse von heute gehört den High-Frequency-Tradern (HFTs). Sie haben kein Gesicht. Sie lachen nicht wie Dirk Müller. Sie verzweifeln nicht wie Dirk Müller. Sie interessieren sich nicht für Bilanzen, ökonomische Fundamentaldaten oder Charts. Sie interessieren sich für Korrelationen und Abnormalitäten; in endlos langen Zahlenkolonnen aus Kauf- und Verkaufstransaktionen. Daten, mit denen sie ihre Rechner füttern. Der Börsensaal, in dem sie ihre Geschäfte abwickeln, hat keine Adresse: Er existiert lediglich im Hauptspeicher ihrer Supercomputer.

Thomas Strobl[76]

Wie bereits erwähnt, ist die möglichst frühzeitige Information von entscheidender Bedeutung. So können systematisch finanzielle Vorteile generiert werden. Das rastlose Geschäft machte bereits in der jüngeren Vergangenheit alle Beteiligten zu Nachrichtenjunkies, die nichts Marktrelevantes verpassen dürfen. Denn es wird teuer, wenn man nicht rechtzeitig kauft oder verkauft. Während es in der Frühphase der Börsen um Wochen oder Tage ging und die Übermittlung mit Brieftauben oder auf dem Seeweg erfolgte, geht es jetzt um ganz wenige Minuten, Sekunden oder sogar nur Bruchteile davon. In Zeiten des Hochfrequenzhandels können sogar zwei Sekunden eine Zeitspanne sein, die nachhaltige Börsenerfolge sichert, oder eben nicht.[77] Die zunehmende Rechnersteuerung und die immer größere Handelsgeschwindigkeit scheint größere Schwankungen und Risiken zu erzeugen. Möglicherweise schaffen Hochfrequenzalgorithmen derartige Risiken, dass sie einen Crash erzeugen, von dem sich die Märkte nicht so leicht wieder erholen können.[78]

Nach Angaben des *Wall Street Journal* (*WSJ*) ist es für einige Hochfrequenzhändler und Hedgefonds möglich, Konjunkturmeldungen oder -indikatoren einige Sekunden vor der breiten Öffentlichkeit zu erhalten. Dafür sollen sie dem Urheber der Berichte ein zusätzliches Entgelt gezahlt haben. Was hätte das noch mit einem fairen Wettbewerb zu tun? Mit den vorzeitigen Informationen für bestimmte privilegierte Kunden der Informationsanbieter entfernt sich die Börse immer weiter von dem Ideal des fairen Wettbewerbs – wie bereits durch die bekannt gewordenen Fälle von manipulierten Zinsen und Kursen (Libor-Skandal u. a.).[79]

Der von der Wall Street ausgehende Aktionismus an den Finanzmärkten hat bei der Berichterstattung der Unternehmen zu einer zunehmenden Fokussierung auf die Quartalsergebnisse geführt. Die Schnelligkeit ersetzt die Inhalte. Angesichts der von den Märkten erzwungenen schnellen Kommentierung bleibt keine Zeit mehr für die sorgfältige Analyse. Wie am Flipperautomat reagiert man nur noch auf von den Firmen inszenierte Signale und bedient dann einen Hebel. Daumen rauf oder runter mit enormem Zeitdruck und oft auch vorschnell.

Der Drive der Finanzmärkte, mit den veröffentlichten Zahlen Geld zu verdienen, hat die traditionelle Jahresberichterstattung zunehmend verdrängt. Außer klassischen Fundamentalanalysten nehmen sich nur noch wenige Marktbeobachter die Zeit, einen Geschäftsbericht ganz durchzulesen, geschweige denn ernsthaft zu studieren. Das würde inzwischen mehrere Tage dauern, zumal die Jahresberichte immer länger wurden. (Z. B. kam der Commerzbank-Geschäftsbericht für die Jahre 1970, 1980 und 1990 mit 113–122 Seiten aus, 2000 waren es 173 Seiten und 2010 unglaubliche 386 Seiten!) Vielfach werden die zusätzlichen Seiten mit unnützen oder gar desinformierenden Werbebotschaften gefüllt. Diese oft primitiven Jubelmeldungen zu *eigentlich* nebensächlichen, aber hochgespielten Erfolgen dienen mehr der Selbstdarstellung des Managements als der Information. Vorstände schätzen bekannte Rituale und ganze Organisationen betreiben so »Selbsterhaltungsmagie«[80]: Die oft sehr hohen Managergehälter wollen gerechtfertigt sein, umfassende Werbebudgets sollen sich auszahlen. Das ist dann aber auch analytisch bedeutsam. Eine knappe und möglichst ehrliche Berichterstattung ist dagegen positiv zu beurteilen.

Da aber laufend, in manchen Fällen sogar schon monatlich, über den Geschäftsfortgang berichtet wird, hat der jährliche Geschäftsbericht an Marktrelevanz eingebüßt. Statt für das Gesamtjahr, interessieren sich die Marktbeobachter bereits zu Jahresbeginn für die Q4-Daten, wie die Geschäftsangaben für die letzten drei Monate (4. Quartal) des gerade abgelaufenen Jahres kurz genannt werden. Schnell werden ungeprüfte Pro-forma-Daten ausgespuckt. Schnelligkeit geht vor Tiefgang. Nach der – üblichen – Erfolgsmeldung, natürlich Rekorddaten (in wachsenden Märkten eigentlich nichts Besonderes) erfolgen einige Monate später Korrekturen entweder durch Änderungen der Rechnungslegung oder der neuen Zuordnung, welche Geschäfte fortzuführen oder welche abzustoßen sind. Das schnelle Händlerdenken hat sich auch bei der Bilanzierung etabliert.

Die Quartalsfokussierung, bei der es vorrangig um die Frage geht, ob die Zahlen besser oder schlechter als erwartet ausfielen, hat die langfristigen strategischen Weichenstellungen von Unternehmen in der Berichterstattung nach hinten treten lassen. Für die Finanzanalysten geht es jetzt darum, die Umsatz-, Gewinnzahlen und andere relevante Daten des Unternehmens möglichst genau zu schätzen. Eine gute »Trefferquote« ist erwünscht, aber nicht unbedingt zufällig. So versuchen die Investor-Relations-Verantwortlichen der berichtenden Unternehmen, durch geschicktes Vorabinformieren von Analysten die Konsensmeinung so zu steuern, dass letztlich die veröffentlichten Zahlen doch zumindest etwas besser als erwartet ausfallen. Diese Meinungssteuerung ist inzwischen fester Bestandteil des »Earning Game«.

Der Konsensfetisch müsste endlich gestoppt werden. Er dient der eigenen Absicherung der Analysten und der sie lenkenden Firmen. Insbesondere negative Überraschungen an den Märkten sollen aus Gründen der Kurspflege vermieden werden. An den Finanzmärkten hat die laufend neue Zahlenberichterstattung die Umsätze und damit die Gewinnchancen einerseits erhöht. Andererseits wurden die Manager zunehmend dazu verleitet, nur noch kurzfristige Erfolge auszuweisen und die langfristige Zukunftssicherung des Unternehmens aus dem Blick zu verlieren.

Befeuert wurde der neue Geldmanagerkapitalismus (Minsky) von den enormen kurzfristigen Gewinnchancen. Die Risiken der Transaktionen wurden angesichts der zunehmenden Sorglosigkeit der Marktteilnehmer verdrängt. Ein immer schnelleres Spiel, bei dem die riskanten Assets schnell an (möglichst weniger informierte) Dritte weitergereicht werden. Irgendjemand hat am Ende den Schwarzen Peter und verliert deutlich. Der besser und frühzeitiger informierte Kapitalist ist der Gewinner, der auch noch von einem kapitalfreundlichen Finanz- und Besteuerungssystem profitiert.

Die niedrigere Besteuerung von Kapital gegenüber der Arbeit wirkt sich zulasten der abhängig Beschäftigten aus. Größere US-Firmen und die neue »Europa AG« stehen nicht unbedingt für sozial vorbildliche Arbeitsbedingungen – eher für kurzfristige Kontrakte ohne einen sozialrechtlichen Schutz, der in vorbildlichen und wirtschaftlich erfolgreichen Staaten wie Deutschland noch vor Jahren üblich war. Das Absenken von Sozialstandards wurde zu einem neuen Deal der gewinnoptimierenden Manager und der Firmeneigner. Den Managern war klar, dass sie bei Nichterreichung der Ertragsziele ausgetauscht werden. So wurden sie nicht selten zu »rundgelutschten Weicheiern« (Bezeichnung eines Beraters) ohne Bezug zum Sozialsystem des Unternehmenssitzes und ohne politische Verantwortungsübernahme. Während die stimmenmaximierenden Politiker insbesondere vor Wahlen an ihrer »Freibier für alle«-Politik festhielten, wurden in der kommerziellen Welt teure Sozialsysteme ausgemustert und Niedrigsteuer- und Niedriglohnstaaten favorisiert. Und die internationale soziale Abwärtsspirale ist noch nicht gestoppt. Auf diese Weise werden die arbeitnehmerfreundlichen Regelungen einzelner Staaten systematisch ausgehöhlt und die neuen Lohnabhängigen werden sich ängstlich um eine Verlängerung ihrer befristeten Arbeitsverträge bemühen. In einem solchen Umfeld sind die Arbeitnehmer zunehmend die Verlierer. Dagegen sind die wenigen besser Informierten, die lediglich vom Kapitaleinsatz leben, die Gewinner. So wird Wohlstand zugunsten weniger gesichert, während viele verlieren, am Ende auch noch die Würde (wenn sie sich Arbeitsverträge/Kontrakte aufbürden lassen, die sie in einem weniger vermachteten Umfeld nicht einmal in Erwägung ziehen würden).

Fazit:

»Ob *long*, ob *short*, das Geld ist fort.« An diese Händlerweisheit ist immer wieder zu erinnern. Je kurzfristiger das Geschäft, desto fragwürdiger ist die Nachhaltigkeit. Langfristig stabile Dividenden sind entscheidend. Arbeitnehmer werden zunehmend damit konfrontiert, kurzfristige Verträge zu akzeptieren. Damit lässt sich keine Zukunft mehr aussichtsreich gestalten.

3.4 Der »Staranalyst« als Promotor des Hypes

Mit Speck fängt man Mäuse, mit Versprechungen Aktionäre.

Börsenweisheit

In Phasen schnell steigender Aktienkurse vertrauten die Anleger leider vor allem den besonders laut am Markt auftretenden Promotoren. Dies war etwa in der Ära der New Economy Ende der 1990er-Jahre der Fall. Viele Investoren folgten blind den Empfehlungen des häufig noch relativ jungen und unerfahrenen Personals. Die plötzlich zu Stars aufgestiegenen Analytiker, für die sich in normalen Börsenjahren nur eingefleischte Aktienfans interessierten, waren mit einem Mal fast überall gefragte Gesprächspartner. Doch in viel stärkerem Ausmaß als die meist gutgläubigen, aber gierigen Anleger dachten, waren sie im Grunde Verkäufer zur Steigerung der Umsätze und damit der Provisionen ihrer Arbeitgeber. Gefragt waren heiße Tipps. Zu den großen Namen im Investmentgeschäft dieser Zeit[81] gehörten Jack Grubman, Henry Blodget oder Mary Meeker und mit den Staranalysten wurden üblicherweise zwei durchaus verlockende Aspekte verbunden:

- Traumgehälter und
- hoher Markteinfluss in Wachstumsbranchen (z. B. Telekommunikation/Internet).

Der Staranalyst wurde so zu einem vermeintlichen Garanten von Kursgewinnen – was der Gier der auf schnelle Gewinne spekulierenden Anleger optimal entgegenkam.

Im Gegensatz zu den Aktienanalysten, die oft Spezialwissen in zukunftsreichen Hightech-Branchen (z. B. Softwareunternehmen) erworben hatten, ist der Staranalyst im Corporate-Bond-Bereich eher bei Marktstrategen zu suchen. Die Verfasser einzelner Unternehmensanleihenstudien sind üblicherweise nur Informationszuträger. Auch vor diesem Hintergrund stehen sie meist im Schatten der Marktstrategen, die die Medien suchen, um ihr Vorgehen medienwirksam zu bewerben.

Ob Aktien- oder Rentenanalyse, inzwischen ist es ruhiger um die Promotoren der Märkte geworden. Vielfach sind die Verluste in der Vergangenheit noch in frischer Erinnerung. Der Personenkult in der Analyse ging ebenfalls zurück, da die Märkte zwischenzeitlich mit dem Ausbruch der Finanzkrise erneut unter Druck gerieten. Markttreiberin ist inzwischen eher die Niedrigzinspolitik, nicht Innovationsschübe in der Wirtschaft. Damit entfällt auch die Spielwiese, auf der Staranalysten werbewirksam bestimmte Unternehmen in den Vordergrund rücken können – bis zum nächsten Technologiehype ...

Fazit

Starallüren sind meist mit einem Markthype verbunden, der *immer* irgendwann endet. Wie nach Alkoholexzessen stellt sich dann der Kater ein. Aus einem Staranalysten wird – nach öffentlichkeitswirksamer Degradierung und Schuldzuweisung – wieder ein ganz normaler und unauffälliger Marktbeobachter, wenn man ihn lässt und er dann noch in seinem Metier tätig sein möchte.

3.5 Manipulation und Desinformation

Hier gibt es keine Toiletten. Hier besch ... einer den anderen.

Carl Fürstenberg (1850–1933, führender deutscher Bankier), in der Berliner Börse nach den Toiletten gefragt

Manipulation und Desinformation waren an der Börse schon immer Mittel, um Gewinne zulasten anderer zu erzielen, Carl Fürstenberg erlebte dies bereits nach der Reichsgründung an der Berliner Börse.

Mit steigenden Kursen nehmen die Aktivitäten der Akteure der Promotionsmaschinerie zu. Sie sind dann *bullish* und treiben die Preise weiter nach oben. Genau das wird von den gierigen Anlegern gewünscht. Kaufempfehlungen korrelieren erfahrungsgemäß mit steigenden Kursen. Es lohnt sich dann, sich konträr zu ihren Empfehlungen zu verhalten. Die Desinformationen der Branche[82] zeigen das Erfordernis von Reformen, seriöse Informationen kommen zu kurz. So verleiten Schnellsprecher mit ständigen Werbebotschaften nach wie vor zum Zocken. Sie berichten über Non-Events, als seien es brandheiße Nachrichten, die einen Kauf oder in wenigen Fällen Verkauf eines Wertpapiers zwingend erforderlich machen. Ihr Auftritt erinnert an Sportmoderatoren in wichtigen Spielphasen. Bei kritisch distanzierter Betrachtung wirkt eine solche Show lächerlich und verdummend. Seriosität wird so nicht vermittelt, aber dies ist für die vertriebsorientierten Promotoren wohl auch nicht so wichtig.

Es zählen die Gewinne! Die Unternehmen sind ebenfalls Teil der Verdummungskultur durch irreführende Wortschöpfungen bei ihren Kostenabbauprogrammen, die zupackend angelsächsische Kampf- oder Modebegriffe wählen[83] oder gleich den Unternehmensnamen ändern. Irritierend ist auch der Hinweis »Noch x Tage bis zu Veröffentlichung unseres nächsten Zwischenberichts« auf den Internetseiten. Damit suggerieren die Gesellschaften den Lesern, dass es auf diese immer wiederkehrend neuen Quartalszahlen in besonderer Weise ankomme.

Kurzfristiger Alarmismus und Aktionismus ersetzen das fundierte Nachdenken, wenn man diesen Desinformationskampagnen unkritisch folgt. Für die Bewertung ist ohnehin die längerfristige Betrachtung wichtiger. Der seriöse Aspekt des Geldanlegens kommt so eher zu kurz. Wie bei den Ratingagenturen gilt für Anlageexperten in Finanzhäusern generell der Grundsatz, dass sie üblicherweise vor allem die Interessen ihres Arbeitgebers berücksichtigen (»Wes Brot ich ess, des Lied ich sing«). Je größer und je stärker verzahnt ein Finanzinstitut in der Wirtschaft ist, desto größer ist das Risiko, dass die schriftlichen Ausarbeitungen nicht für die investierenden Kunden geschrieben werden. Die Einschätzung wird so zu einem Abfallprodukt der Interessenlagen, wenn die Anlageexperten nicht wirklich unabhängig agieren können.

Fazit

Steter Tropfen höhlt den Stein. Irgendwann wird die falsche für viele zu einer realistischen Nachricht. Nach ständiger Wiederholung funktioniert der kritische Filter nicht mehr. Desinformation und Manipulation werden oft schön verpackt, das süße Gift ist dennoch nichts anderes als bloße Propaganda. Analysteneinschätzungen werden so zu einem Abfallprodukt der Interessenlagen. Wertpapierresearcher wollen Karriere machen und andere, z. B. Manager, wollen bestmöglich abkassieren – am besten mit willfährigen Anlageexperten, die ihnen die Studien so schreiben, wie sie es möchten.

3.6 Fallbeispiele für Kapitalvernichtung

Es ist möglich, Geld, und zwar beträchtliche Summen, an der Börse zu verdienen. Aber nicht durch Käufe und Verkäufe, die man aufs Geratewohl startet. Die mächtigen Gewinne gehen dem intelligenten, sorgfältigen und geduldigen Investor zu. Kaufen Sie, wenn die Aktienpreise tief sind, und geben Sie die Papiere nicht aus der Hand. Eine große Schar von Menschen scheint diesen einfachen Grundsatz nicht zu erfassen. Sie fürchten sich vor Gelegenheitskäufen. Sie kaufen erst, wenn sie meinen, jedes Risiko vermieden zu haben. Meistens kaufen sie zu spät.

Jean Paul Getty (1892–1976), amerikanischer Industrieller[84]

Ein herausragendes Beispiel für eine inländische Abzocke war die Privatisierung und der Börsengang der Deutschen Telekom. Zusätzlich unschön: Der Staat selbst war der Abzocker. Der Zeitgeist half dabei; Technologieaktien boomten in den 1990er-Jahren. Die Börse wurde auch in Deutschland nach angelsächsischem Vorbild zunehmend zum Mekka derer, die schnell reich werden wollten. Die Deutsche Telekom schien als neues Börsenunternehmen enorme Chancen zu bieten, die Braut wurde für den Börsengang schön gemacht (d.h., die Bilanz wurde vorher getrimmt, um die Vermarktung zu sichern). Die öffentliche Hand privatisierte aber ein Unternehmen, dessen Geschäftsmodell durch das bröckelnde inländische Monopol mit dem Aufkommen neuer Mobilfunkanbieter zunehmend unter Druck geriet. Viele Anleger zeichneten die Telekom-Aktie dennoch mit großen Erwartungen. Mancher Käufer, darunter selbst die »deutsche Hausfrau«, wurde erstmalig Aktionär. Der Kurs des neuen Papiers schoss raketenartig in die Höhe. Durch die geschickte Vermarktung in der Phase des Technologiehypes wurden Fantasiepreise erzielt. Was blieb? Ein damals kluger Finanzminister und letztlich »dumme Bürger«, die solche teuren Aktien dann später noch kauften bzw. bei den späteren Privatisierungsschritten noch zeichneten. Es bleibt auf jeden Fall ein schlechter Nachgeschmack.

Der Börsenkultur in Deutschland wurde schwer und nachhaltig geschadet. Zwar wurde kurzfristig die Staatskasse entlastet, die sonstigen Folgen wiegen m. E. schwerer. Als Kollateralschaden bleibt, dass die sich zu Recht geprellt fühlenden Anleger Aktien wieder meiden, auch wenn sie günstig erworben werden können und nachhaltige Vorteile versprechen. Alte Vorurteile, wonach Aktien nur etwas für Zocker seien, wurden wiederbelebt. Staatlicherseits (oder bankenseitig, die an Aktien kein Vertriebsinteresse haben, denn mit Depots wird wenig verdient) wurden keine nennenswerten Versuche unternommen, Aktien als seriöse Investments wieder in den Vordergrund zu rücken, was sie zweifellos sind. Es kommt nur auf die richtige Auswahl an. Volksaktien und das Thema der breiten Vermögensbildung durch Aktien, das unter Wirtschaftsminister Erhard im Fokus stand, sind heute in der Versenkung verschwunden.

Auch die Anlageexperten haben bisher keine nennenswerte Rolle als Frühwarner gespielt, im Gegenteil. Es galt wie auch sonst in Finanzunternehmen, vor allem wenn deren Kunden gleichzeitig auch von den hauseigenen Experten analysiert werden, dass negative Unternehmensnachrichten so lange verdrängt werden, wie eben unter dem Aspekt der Glaubwürdigkeit möglich. Nur wenn es der eigenen Reputation schadet, wird gewarnt. Bei Falschinformationen der Unternehmen ist der Analyst zwar getäuscht worden und kann sich berechtigterweise darauf berufen. Dennoch gehört Mut dazu, Ungereimtheiten der Unternehmen offenzulegen, und unter Umständen ist dies für die Wertpapierexperten mit viel Ärger verbunden. So kann es beispielsweise zu Beschwerden von Unternehmensvorständen bei den führenden Bankmanagern kommen und die eigenen Arbeitgeber stehen nicht für die Unabhängigkeit ihrer Anlageexperten ein. Vermutlich eher selten werden diese Fälle öffentlich. Die Beendigung des Arbeitsverhältnisses hat es z. B. bei einem Analysten der Credit Suisse gegeben, der eine indirekte Verkaufsempfehlung für die S-Air-Group formulierte. Dies erzürnte das Management so sehr, dass wenige Tage nach der Veröffentlichung der Studie bankseitig seine Kündigung erfolgte. Auch ein Analyst der BNP wurde nach einer kritischen Studie über Enron entlassen. Andererseits drehten Analysten den Kunden auch Schrott an, wie zum Beispiel Henry Blodget, der offiziell empfohlene Aktien in internen E-Mails als »piece of shit« oder »powder keg« bezeichnete.[85]

Wenn man sich viele E-Mails, die nicht für die Öffentlichkeit bestimmt waren, oder Mithörprotokolle, die im Zuge von Gerichtsverfahren erstellt wurden, heute durchliest, wird das moralische Versagen der Analysten im Verbund mit ihren Arbeitgebern allzu deutlich. Waren es Nieten in Nadelstreifen, gierige Zocker oder Opfer eines fehlgeleiteten Systems, das auf schnelle Profite zulasten Dritter setzte? Pauschal ist dies nicht zu beantworten, allenfalls im Einzelfall. In den besonders negativen Fällen ist ein Studium der Psychologie oder Kriminologie für das Verständnis hilfreich. Als Muster lässt sich jedenfalls oft festhalten: »Auf der Vorderbühne wird Seriosität vorgetäuscht und auf der Hinterbühne abgezockt.«

Fazit

Es gibt genug Fallbeispiele des Abzockens. Vor allem, wenn viel Geld im Spiel ist, nimmt der Moral Hazard zu. Die Täuschung unbedarfter Anleger ist systematisch möglich. Trotz aller formalen Hinweise, die offensichtlich überlesen werden, setzt sich die Gier als Teil der menschlichen Psyche immer wieder durch. Nach dem Betrug oder dem Crash bleibt aber mehr als ein fader Nachgeschmack zurück.

3.7 Exkurs: Deutsche Bank als Wettbewerber und Analysehaus

An dem Tag, an dem die Manager vergessen, dass eine Unternehmung nicht weiter bestehen kann, wenn die Gesellschaft ihre Nützlichkeit nicht mehr empfindet oder ihr Gebaren als unmoralisch betrachtet, wird die Unternehmung zu sterben beginnen.

Alfred Herrhausen, Vorstandssprecher der Deutschen Bank[86]

Längst ist der Chef der Deutschen Bank nicht mehr der Finanzvorstand der Deutschland AG – und damit Repräsentant Deutschlands als Finanzexperte und Finanzaußenminister, im Bestfall mit hohem diplomatischem Geschick und staatsmännischem Auftritt. Bankiers wie Hermann Josef Abs oder Alfred Herrhausen zogen die Fäden in einem vorrangig inländischen Finanznetzwerk, das nach der Entflechtung internationalisiert wurde. Die Bindung der führenden Manager zu ihrem Heimatland oder dem Hauptsitz der Zentrale hat daher abgenommen. Zumindest in Deutschland ist dies der Fall, wenn man die veränderten Besitzverhältnisse berücksichtigt. Frankfurt konnte seine Position gegenüber den angelsächsischen Bankplätzen nicht behaupten, die als weltweite Finanziers zunehmend weltweit dominieren. Längst ist die Deutsche Bank keine deutsche Bank mehr, wenn man die Eigner berücksichtigt. Nur etwa die Hälfte sind aus Deutschland, zuletzt stieg die Königsfamilie von Katar ein und hält seitdem einen Anteil von etwa 6 %[87] und wird damit zweiter Großaktionär neben BlackRock.

Trotz der kleinen BlackRock-Beteiligung an der Deutschen Bank von gut 5,14 % (Stand 31.12.2013) gehört die führende inländische Bankadresse nicht zum Closed-US-Shop der Finanzindustrie, auf den ich bereits einging. So sind bei den großen US-Investmentbanken noch andere führende US-Anleger mitbeteiligt. Außerdem sind die Beteiligungen von BlackRock an den DAX-Gesellschaften vermutlich eher dem Aspekt der Risikodiversifikation und der Tatsache geschuldet, dass die reichlich hereinströmenden Anlegegelder untergebracht werden müssen. Das relativ stabile Wirtschaftsumfeld in Deutschland bildet da den richtigen Rahmen. Vor diesem Hintergrund dürfte die BlackRock-Beteiligung an der Deutschen Bank von keinem größeren strategischen Interesse sein. Die Machtzusammenballung bei US-Großanlegern wie BlackRock erinnert an die inzwischen untergegangene Deutschland AG, als die Allianz im Verbund mit der Münchner Rück durch die Überkreuzbeteiligung sowie die Deutsche Bank sogenannte Ankeraktionäre für große Industriewerte in Deutschland waren. Dieses langjährige Verbundsystem des rheinischen Kapitalismus wurde während der rot-grünen Regierung unter Gerhard Schröder aufgelöst. In seiner Amtszeit standen die Themen Deregulierung und Liberalisierung im Vordergrund, sein Leitbild war wohl, dokumentiert durch das völlig überraschend zustande gekommene Schröder-Blair-Papier, eher der angelsächsische Kapitalismus als die Soziale Marktwirtschaft (die auch unter Ludwig Erhard nie ganz lupenrein verwirklicht werden konnte). Heute sind die inländischen DAX-Vorzeigeunternehmen mehrheitlich in ausländischen Händen und können leichter übernommen werden. Die genannten stabilisierenden und langfristig orientierten inländischen Ankeraktionäre (vor allem Allianz und Deutsche Bank) fehlen.

Inzwischen ist die Deutsche Bank weniger krisenstabil als in früheren Jahren. Sie gehört zwar zu den systemrelevanten Banken – auch weltweit – und kann daher von der staatlichen Garantie, die eine Art Versicherung darstellt, profitieren. Dies reduziert die Zinsen für aufzunehmende Kredite und begrenzt die Kapitalkosten. Die geschäftliche Entwicklung in den letzten Jahren war aber eher ungünstig. Auch die Ratingabstufungen wirken sich ungünstig aus. So traf die Herabstufung der Deutschen Bank durch Analysten von Goldman eine ohnehin seit Monaten finanziell unter Druck stehende Großbank, die wie viele Konkurrenten ohnehin schon unter schlechten Nachrichten zu leiden hatte. Das hier gezeigte Beispiel einer Herabstufung zeigt exemplarisch die Marktmacht der Analyse durch eine führende US-Bank, deren Research Wirkung entfaltet. Wesentlich ist dabei die herausragende Stellung und die gute internationale Vernetzung des Finanzinstituts. Die Konkurrenzlage von US-Banken gegenüber ausländischen Instituten wurde infolge der verschärften Regulierungen durch die amerikanische Notenbank Fed verbessert, deren Politik wiederum von den US-Banken geprägt ist. Im Gegensatz zur Deutschen Bank oder des Europäischen Zentralbankenverbundes sind die US-Banken Haupteigentümer der Fed und können so der ausländischen Konkurrenz durch verschärfte Kapitalregeln das Geschäft vor Ort erschweren.

Hier zeigt sich exemplarisch, in welchem brisanten politischen Umfeld sich die Finanzanalyse bewegen kann. Die Finanzkrise, in der Banken zeitweise mit dem Rücken zur Wand standen, hat zu einer Verhärtung der Interessenlagen geführt. Auch jetzt sind sie vielfach noch nicht »über den Berg«.

Neben dem häufig behaupteten Währungskrieg besteht ein Interessenwettstreit der Marktteilnehmer um jeweils vorteilhafte Finanzregulierungen. Diese können ein Instrument zur Stützung der eigenen nationalen Finanzplätze und der dort ansässigen führenden inländischen Banken sein. Die geplante Regel der Fed schreibt ausländischen Finanzinstituten vor, für ihre Töchter eine amerikanische Dachgesellschaft zu gründen. Sie sollen dann behandelt werden wie eine einheimische Bank. Eine umgekehrte Regelung für US-Banken in Europa gibt es nicht. Das britische Magazin *Economist* sprach vor diesem Hintergrund sogar von einer »Anti-Deutsche-Bank-Regel«.[88]

Um eine solche Wettbewerbsverzerrung zu vermeiden, sollten Finanzregulierungen möglichst umfassend international harmonisiert erfolgen. Darauf wies auch Elke König hin, Präsidentin der Bundesanstalt für Finanzdienstleistungsaufsicht (BaFin). Bei den Plänen der USA handele es sich um eine einseitige Entscheidung und im Hinblick auf eine internationale Regulierung um einen Rückschritt.[89]

Grundsätzlich gilt, dass die Herunterstufung einer konkurrierenden Bank immer heikel ist. Ob hier der Analyst wirklich frei und unabhängig agiert, darf zumindest hinterfragt werden. Analysten sind in solchen Fällen eher vorsichtig. Sie wissen, manchmal bereits aus eigener Erfahrung, dass sie sich gerade hier in einem Porzellanladen mit sehr engen Gängen bewegen. Wirtschaftliche Interessen der eigenen Bank beeinflussen die Analysten. So ist es grundsätzlich für sie leichter, mit dem Strom, d. h. im Einklang mit den Interessen des eigenen Arbeitgebers, zu schwimmen. Häufig wird das Handeln nach einiger Zeit durch einen »vorauseilenden Gehorsam« bestimmt, nicht gegen die Interessen der eigenen Bank zu verstoßen. Der offensichtliche Interessenkonflikt wird dann im Zweifel verdrängt oder verbal entschärft, indem der Analyst sein konformes Handeln nach außen als eigene Meinung vertritt. Den Researchmitarbeitern einer so einflussreichen Bank wie Goldman Sachs wird auch bewusst sein, dass sie erhebliche Marktmacht besitzen. Sie werden wissen, dass das Senken des Daumens zu einer erheblichen Marktreaktion führt, die für die Geschäfte des eigenen Hauses nützlich sind. Das herabgestufte Unternehmen kann dann zu Recht oder auch zu Unrecht ein Problem bei der Kapitalbeschaffung bekommen. Denn einerseits benötigt die Deutsche Bank nach dem Goldman-Sachs-Report neues Kapital.

Wenn dies so stimmt, müsste sich andererseits die Deutsche Bank gegebenenfalls über eine Kapitalerhöhung neue Finanzmittel verschaffen. Sie steht hier unter enormem Druck. Ähnlich wie bei den Ratingagenturen können Gesellschaften so in Schieflagen geraten, ohne dass dies fundamental gerechtfertigt ist. Analysten können irren. Sie können aber auch, das ist wohl nie ganz von der Hand zu weisen, interessengeleitet Studien verfassen, die die Markt- und Konkurrenzsituation im Sinne des eigenen Arbeitgebers verändern. Dabei reicht zur Lancierung einer solchen Studie unter Umständen schon der erwähnte vorauseilende Gehorsam des Analysten. Letztlich möchte der Researcher mit möglichst wenig Stress einen maximalen Profit erzielen. Vor diesem Hintergrund werden von den Analysten das eigene berufliche Umfeld und die bestehenden Freiheitsgrade genauestens analysiert. Für die formale Absicherung ihres Handelns gibt es die Haftungen ausschließenden rechtlichen Hinweise im Disclaimer.

Das ist der Referenzrahmen, in dem sich die Analysten als professionelle Marktbeobachter und Bewerter von Vermögenstiteln bewegen und der ihr Verhalten prägt. Sie sind nicht neutral, doch ihre Aussagen können eine erhebliche Marktwirkung entfalten, wenn ihr Arbeitgeber als Meinungsmultiplikator gut geeignet ist.

In einem breiteren Kontext zeigt sich auch hier ansatzweise, dass durch bestehende Interessenkonflikte Märkte und Kunden fehlgelenkt werden. Es geht aber nicht allein um solche Schäden durch eine fragwürdige Anlagekultur. In gewichtigeren Fällen können durch Fehlanalysen (z. B. von großen Investmenthäusern oder von den führenden Ratingagenturen) auch wirtschaftliche Schäden für ganze Volkswirtschaften angerichtet werden.

Wenn der Rat der Analysten nicht aufging, traf die Kritik allenfalls spezielle Personen, deren Urteil sich im Nachhinein als falsch erwies. Das fehlgeleitete System stand dagegen bislang kaum im Fokus. Im Falle der Deutschen Bank drohte am 26. März 2013 auch die weltweit größte Ratingagentur Standard & Poor's mit einer baldigen Abstufung, am Folgetag sackte der Aktienkurs um bis zu 4,4 %. Bislang wurde das führende inländische Finanzinstitut von S&P noch mit »A+« eingestuft. Anfang Juli stufte S&P die Deutsche Bank noch weiter herunter von »A+« auf »A« mit Verweis auf die Risiken des Investmentbankings.[90] S&P hatte auch bereits die Kreditwürdigkeit der Commerzbank Ende Mai 2013 von »A« auf »A–« um eine Stufe gesenkt, weil die Analysten starken Gegenwind für die Bank bei ihren Bemühungen erwarten, die Bilanz in den kommenden zwei Jahren auf gesunde Beine zu stellen. So werde die Bank wahrscheinlich mehr Zeit brauchen als bisher erwartet, um sich neu auszurichten. Es ging noch weiterf bergab, u.a. für die Deutsche Bank. Dementsprechend stufte Moody's bereits im Dezember 2013 den Ausblick für die Kreditwürdigkeit der Deutschen Bank von »stabil« auf »negativ« herab. Ein Großteil der erzielten Kosteneinsparungen wird nach Ansicht von Moody's durch die Kosten für die Sparprogramme und Rückstellungen für Strafzahlungen wie z. B. im Libor-Skandal aufgebraucht.

Anfang des Jahres 2014 war die Deutsche Bank zur Meldung weiterer finanzieller Rückschläge gezwungen. So musste sie im letzten Quartal 2013 fast eine Milliarde Euro Verlust verkraften. Im Vergleich dazu haben US-Vorzeigebanken (J.P. Morgan, Goldman Sachs) im selben Zeitraum Milliardengewinne erzielt. Die Führung der Deutschen Bank muss dafür werben, dass sich die Anleger in Geduld üben. Nach dem Wendejahr 2014 werden die Investoren auf 2015 vertröstet. Nach den ungünstigen Meldungen über mögliche Preismanipulationen und Rechtsstreitigkeiten müssen die Vorstandsmitglieder des führenden deutschen Bankhauses nun hoffen, dass man ihnen so lange Zeit lässt.[91] Bereits während der Tätigkeit von Josef Ackermann als Vorstandsvorsitzender wurde die Führungskultur der Deutschen Bank deutlich verändert. Der Vorstand wurde fokussiert auf den CEO nach angelsächsischem Vorbild bzw. nach Ackermanns Ausscheiden auf den Doppelvorstand Jürgen Fitschen und Anshu Jain. Das Investmentbanking wurde zum zentralen geschäftlichen Standbein des traditionsreichen Bankhauses ausgebaut. Vor allem mit dem Erwerb von Bankers Trust 1999 verband die Führung der Bank die Hoffnung, zu einer weltweit führenden Adresse im Investmentbanking aufzusteigen. Aber zu welchem Preis: Das Investmentbanking und die Analyseaktivitäten der Bank wurden nach New York und London mit angelsächsischem Personal und entsprechenden Geschäftsusancen verlagert. Es wurde im Investmentbanking vermutlich weit weniger verdient, als von der Geschäftsleitung kommuniziert wurde.[92]

Bereits in früheren Jahren wie auch derzeit verteidigt die Deutsche Bank erfolgreich die Position als größter und führender inländischer Researchanbieter. In ihrer Analyseabteilung dürften nach wie vor rund 700 bis 800 Ökonomen und Analysten beschäftigt sein.[93] Der weitaus größere Teil der Researchmitarbeiter ist außerhalb Deutschlands tätig. Chefvolkswirt und Leiter des DB Research ist David Folkerts-Landau. Zu den Researchthemen gehören die Konjunkturanalyse, die Bewertung von Branchen- und Länderrisiken und Spezialthemen. Durch die Ausweitung des Investmentbankings ist vor allem das angloamerikanisch geprägte Kapitalmarkt-Research immer wichtiger geworden. Es ist vor allem in London und New York ansässig, aber auch Hongkong und Frankfurt gelten hier als wichtige Standorte.

Thomas Mayer, der frühere Chefvolkswirt der Deutschen Bank, schätzte 2011, dass etwa die Hälfte bis zwei Drittel des Outputs der Analysten rein intern verwendet wird. Dies schließt Vorstandsbriefing und die Mitarbeit bei der Entwicklung von Geschäftsstrategien bis hin zur Beratung von Entscheidern im Haus bei bankrelevanten Fragestellungen ein. Eine besondere Herausforderung stellt die Vielzahl von oft sehr unterschiedlichen Vorschriften dar, z. B. in den USA, in Deutschland, in Großbritannien oder in anderen Märkten, die von den Ökonomen und Analysten eingehalten werden müssen. Die Bestimmungen widersprechen sich zum Teil und bedürfen einer engen Betreuung durch Compliance-Abteilungen. Bei der Leistungsbeurteilung spielen Kundenbefragungen eine größere Rolle.[94]

Die Veränderung des Research im Zeitablauf betreffen nicht nur quantitative Veränderungen der Anzahl der Researcher, die mit der Börsenkonjunktur schwankt, sondern auch qualitative. Das Research der Deutschen Bank genoß immer einen guten Ruf nicht nur wegen ihrer hervorragenden Expertise, sondern auch wegen der »gelebten« Unabhängigkeit. Dieser gute Ruf hat gelitten. So verließ der angesehene frühere Chefvolkswirt Thomas Mayer, Nachfolger von Norbert Walter, der diese Funktion langjährig innehatte, das Institut. Eine unabhängige Analyse schien im Kontrast zu den Interessen der Leiter im Investmentbankings zu stehen, denen es nur um schnelle Umsätze ging.

Inzwischen wurde die Deutsche Bank durch Rechtsstreitigkeiten und schwache finanzielle Ergebnisse, auch im ersten Quartal 2014, selbst zu einer Getriebenen. Es drohen sogar neue Herabstufungen, wenn sie die aktuellen geschäftlichen Probleme nicht in den Griff bekommt. Das Langfristrating der großen drei Agenturen lag Ende Mai 2014 bei A mit negativem Ausblick (S&P), bei A2 mit einer möglichen Herabstufung (Moody's) und bei A+ mit negativem Ausblick (Fitch). Auch für die übrigen führenden inländischen Banken stellen die Herabstufungen eine zusätzliche Bedrohung dar, neben den selbst zu verantwortenden hausgemachten Problemen. Grundsätzlich gilt, dass das Geschäftsmodell jeder Bank bei einer Herunterstufung zunehmend gefährdet ist, denn durch die höheren Finanzierungskosten infolge eines schlechteren Ratings steigt das Leverage. Um die höheren Kapitalkosten auszugleichen, wird die Bank wiederum Geschäfte suchen, die mehr Gewinn versprechen, aber auch das Risiko entsprechend erhöhen. Das Negativurteil der Analysten, ob in Ratingagenturen oder auch durch Finanzanalysten in Banken, wirkt damit selbst krisenverschärfend.

Für Industrieunternehmen mit hoher Bonität kommt die zu schlecht geratete Bank als Kreditgeber dann ggf. nicht mehr in Betracht. Solche Adressen aus der ersten Reihe mit guter Wettbewerbsposition sind in der Lage, auch Anleihen zu emittieren, ihre Innenfinanzierung zu verstärken oder eigene Banktöchter zu gründen, die von der Zentralbank vorteilhafte Finanzierungskonditionen erhalten (wie dies derzeit bei der EZB der Fall ist, die damit den angeschlagenen Banksektor querfinanziert). So gründete beispielsweise die Siemens AG 2010 eine eigene Bank, um von den Kreditinstituten unabhängiger zu werden.

In der Krise zeigte sich die Realwirtschaft bislang ohnehin als stabiler als der fehlkonstruierte Finanzsektor. Vor allem im Falle nicht zyklischer Konsumnachfrage, die nicht oder nur in Grenzen substituierbar ist (z. B. Lebensmittel oder Rohstoffe), ist die Geschäftsfinanzierung für die Unternehmen eher unproblematisch. Auch die Kapitalbeschaffung über die Börsen ist besser möglich als bei den Banken und Versicherungen, die unter der hohen finanziellen Belastung der zunehmend schlechter gerateten Staatsanleihen leiden. Diese Papiere stehen dann immer wieder unter Abwertungsdruck. Bei den Staatsanleihen hat sich die größte Blase aufgebaut. Zu lange haben die Ratingagenturen die Staatspapiere viel zu positiv eingeschätzt und übertrieben im Zuge der Finanzkrise bei den Abstufungen (Südeuropa) nach unten. Staatsanleihen profitieren gleichzeitig bis heute von dem Vertriebsvorteil, dass für sie von den Finanzinstitutionen aufgrund der unterstellten hundertprozentigen Ausfallsicherheit kein Eigenkapital hinterlegt werden musste. Das ist grotesk. Anlagesicherheit lässt sich für die eigenen Anleihen nicht staatlich verordnen. Ohne höchste Bonität kann der Finanzsektor seine Rolle zu vertretbaren Kosten nicht erfüllen. Wenn Marktaustritte nicht erfolgen und solide wirtschaftende Einheiten nicht honoriert werden, wird der Wettbewerb außer Kraft gesetzt und werden die höheren Kosten sozialisiert.

In der Krise misstrauen die Anleger zu Recht den Finanzmarktakteuren, wodurch eine neue Kapitalbeschaffung erschwert wird. So könnte sich vor diesem Hintergrund auch für die Deutsche Bank die weitere Kapitalbeschaffung als Herkulesaufgabe erweisen und das traditionsreiche Institut selbst zum Übernahmeziel werden, z. B. von US-Banken, die sich für das Investmentgeschäft interessieren. Zum Schutz des inländischen Industriefinanzierungsgeschäfts und der Privatkundeneinlagen, die in der Krise zu einem Kredit an die Bank mutieren, könnte auch der Staat einspringen. Mit der Verstaatlichung der größten inländischen Bank würden die Kundeneinlagen zu einem Vertrauensversprechen an den neuen Eigner Staat, nichts anderes ist der Hintergrund des Kredits. Die Einlage hat dann eine ähnliche Funktion wie ein Geldschein.

Fazit

Die Deutsche Bank als inländische Vorzeigeadresse hat viel Geld verbrannt, um im Investmentbanking zu einem internationalen Marktführer aufzusteigen. Bei der Führung des Hauses tonangebend wurden Protagonisten des Investmentbankings, die die Usancen der Dealmaker in London und New York übernahmen. Auch das Research wurde angelsächsischer mit entsprechendem Personal. Lange schien dies zwar erfolgversprechend, zumindest kommerziell. Die aktuelle Krise ist aber auch eine von Werten. Für die führende inländische Bank bleibt die Gestaltung der kulturellen Veränderungsprozesse eine enorme Herausforderung. Letztlich geht es darum, das Vertrauen der Kunden zurückzugewinnen.

4. Wohlstandsgefahren und ihre persönlichen Gegenstrategien

4.1 Versagen der politischen Akteure: Systematisch geschütztes Kapital vs. zur Umverteilung freigegebenes Kapital

Die demokratische parlamentarische Struktur der wirtschaftlich führenden Staaten führte dazu, dass die Wirtschaftskorruption sich auf die staatliche Innenpolitik, die politischen Parteien und den Parlamentarismus selbst ausbreitete. Die politischen Parteien wurden allmählich in parlamentarische Agenturen wirtschaftlicher Interessengruppen umgewandelt und von ihnen finanziert.

Alexander Rüstow, deutscher Soziologe und Wirtschaftswissenschaftler (1885–1963)[95]

Alexander Rüstows Zustandsbeschreibung des Parlamentarismus in den 1920er-Jahren erscheint beunruhigend aktuell. Das Politikversagen ist zu offensichtlich, das Recht (Maastricht-Vertrag), ordnungspolitische Grundsätze und nicht zuletzt das Einhalten von Spielregeln werden im neuen Kapitalismus notfalls einfach ausgehebelt. Moralische Grundsätze gelten nicht mehr.[96]

Wohlstand muss geschaffen und gesichert werden können. Dafür müssen geeignete staatliche Rahmenbedingungen bestehen. Gut organisierte Gruppen, die Ansprüche zulasten der Gesellschaft durchsetzen möchten, müssen auf gesicherte Schranken stoßen. Aggressive Formen des Korporatismus, die auch als autoritär bezeichnet werden, können Gesellschaften zerstören, sei es durch allzu starke Interessenverbände oder Korruption durch einflussreiche Einzelpersonen mit einem gut funktionierenden Netzwerk.

Die Einteilung in systemgestütztes und nicht systemgestütztes Kapital lässt sich leicht in Zusammenhang bringen mit der Korporatismus-Debatte. Korporatistische Systeme zeigen vermachtete Strukturen. Für den Staat relevante Kapitalgeber werden unter Schutz gestellt, dazu gehören Banken und Versicherer. Sie sind eingebettet in das Abschöpfungssystem zulasten der Bürger. Auch die Gewerkschaften sind systemrelevant, leider oft auch mit korrupten Entscheidungsträgern, wie z. B. der Neue-Heimat-Skandal zeigte. Gewerkschaften schützen den Großindustriekapitalismus. Da die Mitgliederrekrutierung in Großunternehmen einfacher ist, entspricht dies ihrer Strategie der Maximierung der Anzahl zahlender Mitglieder. Selbst eine Institution wie die Gewerkschaft schützt nicht nur Arbeitnehmerinteressen (aber nicht die der Arbeitslosen, die keinen Mitgliedsbeitrag als eine Art »Schutzgeld« zahlen), sondern auch Kapitalinteressen. Große Unternehmen, die weitgehend vor Wettbewerb geschützt sind, sind für Gewerkschaften attraktiv. Hier lassen sich höhere Löhne durchsetzen.

Dem Anreiz, durch echte oder vermeintliche Macht Strukturen zu verändern, ist in einer funktionierenden Demokratie und Sozialen Marktwirtschaft glaubwürdig zu begegnen. Dazu bedarf es, wie bereits erwähnt, auch in einer Marktwirtschaft der beiden »Diktatoren« unabhängige Notenbank und wirksame Kartellbehörde. Eine wirklich unabhängige Notenbank mutiert nicht zum Staatsfinanzierer. Ansonsten kann der steuereintreibende Staat mit ihrer Hilfe durch unbegrenztes Gelddrucken in seinem Sinne populistisch umverteilen. Ohne die Peitsche einer unabhängigen Notenbank fühlen sich Politiker allzu leicht »omnipotent«. In den USA etwa ist die Unabhängigkeit der banknahen Fed strittig. Viel spricht dafür, dass Banken- und Kapitalmarktinteressen ein hohes Gewicht haben und die Politik eher pragmatisch als Regel gebunden ist (wie dies bei der früheren Deutschen Bundesbank der Fall war). Noch klarere Negativbeispiele als die USA sind leicht zu nennen, z. B. sog. Bananenrepubliken, nicht funktionierende ehemalige Ostblockdemokratien oder auch südeuropäische Staaten, die jetzt durch Transfers aus Nordeuropa wirtschaftlich gestützt werden. Sie sind im Gegensatz zu Gesellschaften mit klaren und fairen Regeln durch die Ansprüche einflussreicher Vorteilsnehmer (etwa Oligarchen oder etablierte mafiöse Strukturen) korrumpiert. Um wirtschaftliche Monopolmacht zu verhindern und Einsteigern faire Marktchanchen zu ermöglichen, ist neben der unabhängigen Notenbank eine wirksame Kartellbehörde erforderlich. Die Sicherung des Wettbewerbs ist keine nebensächliche Aufgabe. Sie entscheidet auch darüber, ob sie als lästig empfunden werden oder ob man um sie als Kunde kämpft.

Es geht um die Machtfrage, systemgestütztes Geld ist vermachtetes Geld. Dieses vermachtete Geld wird durch Regulierungen gestützt. Für die Politiker muss der Bürger bzw. das Unternehmen eine wahlrelevante Größe sein, denn ein Politiker ist ein »Stimmenmaximierer«. Er wird dann bereit sein, das Kapital dem »Systemschutz« zu unterstellen, wenn ein Unternehmen über eine größere Anzahl von Mitarbeitern verfügt. Im Falle einer Krise wird solchen Unternehmen interventionistisch geholfen. Aber auch einzelne reiche Bürger sind unter Umständen sehr einflussreich. Sie werden nicht unbedingt direkt an die Parteien spenden, schließlich halten die Parteien inzwischen ein mehr oder minder großes Geflecht von Beteiligungsunternehmen. Die Offenlegung der Spenden kann so umgangen werden. Griechenland ist überall, auch in Deutschland, nur die Methoden der Korruption sind anders.

Während jüngere Menschen mit Zeitarbeitsverträgen keine Zukunftsplanung betreiben können (was die Gründung von Familien mit Kindern behindert) und sich mit negativen Realzinsen abfinden müssen, wirft das geschützte Geld etablierter Unternehmen und reicherer Bürgern mit steuerlichem Gestaltungsspielraum weiterhin hohe Renditen ab. Das Steuer- und Abgabensystem ist ein gutes Beispiel: Für die breite Masse unentdeckt, ähnelt es einem Verwirrspiel, das den Reichen nutzt, die alle Schlupflöcher dank guter Berater kennen.

Große Firmen zahlen oft kaum mehr Steuern und werden noch durch Subventionen belohnt. Statt eines einfachen, gerechten und transparenten Steuersystems nach den Vorschlägen von Prof. Paul Kirchhof hat dieser Staat einen bürokratischen Moloch geschaffen. Dank dessen Komplexität finden Steuerberater und Juristen ein reiches Betätigungsfeld. Statt der immer wieder geforderten Steuervereinfachung wurde es dann doch – mal wieder – komplizierter.

Angesichts der Verwirrung durch das zu komplexe Steuerrecht sind die Gerichte überfordert. Juristen sind immer wieder mit Nachkorrekturen befasst. Dies führt dann zu neuen fraglichen Regelungen usw., der Kreislauf setzt sich fort. Zwar kommt angesichts dieses verworrenen und Interessen folgenden Systems die Frage der Gerechtigkeit regelmäßig (und werbewirksam) auf, sie bleibt aber dank der ständigen Ausnahmebestände weitgehend unbeantwortet. Bleiben wir also statt bei utopischen Gerechtigkeitszielen vorläufig bei der Realität und stellen die einfache Frage: Welches Kapital wird denn nun von dem System gestützt? Die folgende Liste bietet einen ersten groben Überblick:

Systematisch gestütztes Kapital:

Das systematisch gestützte Kapital ist zugleich systemgestütztes Kapital, das nicht zur Umverteilung ansteht und bei einer sanierenden Währungsreform daher weitgehend ungefährdet ist.

- Finanzierungsgeschäfte des Staates
- Staatsanleihen, für die professionelle Anleger kein Eigenkapital hinterlegen müssen; d. h., regulatorisch werden Staatsanleihen als risikolos eingestuft, was einer Absatzhilfe gleichkommt.
- Unterstützung für die treuen Diener: Beamtenpensionen
- Schutz systemrelevanter Finanzinstitutionen
- Bankforderungen: Durch die Erpressbarkeit der Politiker, dass bei Nichthilfe Bankenzusammenbrüche folgen. Große systemrelevante Banken wurden staatlich gestützt, wodurch deren Erpressungspotenzial weiter zunahm, da sich ihre Marktstellung durch die Hilfen verbesserte. Im Zweifel braucht man die Banken, nicht zuletzt auch öffentlich-rechtliche, für den gesicherten Staatsanleihenabsatz. Dies schafft einen generellen Schutz für die Banken durch den Kauf der Staatsanleihen (eine Hand wäscht die andere).
- Große Versicherungen (etwa der US-Versicherungskonzern AIG, der zwischenzeitlich gerettet wurde) stehen nicht zuletzt durch den regulatorisch gewünschten Staatsanleihenkauf unter besonderem Schutz des Staates.

- Staatlich gestützte Finanzierer von Wohnimmobilien (etwa die US-Hypothekenbanken Fannie Mae und Freddie Mac), um breiten Bevölkerungskreisen ein eigenes Heim zu ermöglichen. Dies wurde dem Wähler wirksam vermarktet. Als staatlich gestützte Unternehmen erhalten die Gesellschaften hervorragende Bonitätsurteile von den großen US-Ratingagenturen. Die Finanzierer können sich so extrem günstig refinanzieren.

- Schutz für Großunternehmen mit Tausenden von Mitarbeitern, die mit der Auswanderung ins Ausland drohen; durch Subventionen und Niedrigsteuern werden sie von Politikern gehätschelt (hohes Wählerstimmenaufkommen).

Nicht systematisch gestütztes Kapital:

Das nicht systematisch gestützte Kapital steht zur Umverteilung an und ist bei einer sanierenden Währungsreform besonders gefährdet, enteignet zu werden.

- Spareinlagen und andere Finanzanlagen von Privatpersonen (aus einer Spar- oder Bankeinlage wird ein Kredit an den Staat). Angesichts der engen Verzahnung von Banken und der Politik, die als Retter des Systems in extremen Krisensituationen tätig werden, ist eine Enteignung bis zur Mindestgrundsicherung im Alter dann möglich.

- Versicherungsverträge (Enteignung bis zur Mindestgrundsicherung im Alter möglich. Hier könnte der soziale Fortschritt gegenüber den bisherigen inländischen Währungsreformen 1923 und 1948 liegen, als nur die staatlichen Beamten als Wahrer hoheitlicher Interessen einschließlich ihrer Pensionen »systemgestützt« waren.)

- Pensionsverträge (vermutlich außer einer Mindestgrundsicherung im Alter). Führt vermutlich zu einer Umverteilung zulasten derer, die bereit waren, ausreichend für das Alter vorzusorgen. Begünstigt werden »Trittbrettfahrer«, d. h. inländische Bürger und Einwanderer, die bisher zu wenig in die Sozialsysteme eingezahlt haben.

- Immobilienvermögen (außer der eigengenutzten Immobilie, die als »Schonvermögen« gelten dürfte). Eine Enteignung eigener Immobilien ist sozialpolitisch, schon wegen der abschreckenden symbolischen Wirkung, eher undenkbar. Ein Ruhesitz im Alter aus selbst erarbeitetem Vermögen gehört zu den Errungenschaften, die entwickelte Zivilisationen in der sogenannten westlichen Welt voraussichtlich als Mindeststandard schonen werden. Die Bankkreditverträge fremdvermieteter Immobilien könnte der rettende Staat nach dem Vorbild früherer Währungsreformen zur Sicherung eigener Ansprüche heranziehen. Aus einer Spar- oder Bankeinlage der Bürger wird ein Kredit an den Staat und aus dem Bankkredit eine Forderung des Staates, so einfach ist das bei einer symbiotischen Beziehung von Staat und Finanzwirtschaft.

Dass das individuelle Geldvermögen und Versicherungen (vermutlich bis zu einer Mindestgrundsicherung aus sozialen Gründen, um Unruhen zu vermeiden) nicht geschützt sind, zeigen Pläne zur Einführung einer Vermögensabgabe. So wurde in einem Monatsbericht der Deutschen Bundesbank (Januar 2014)[97] ein »heißes Eisen« angesprochen. Bereits im Herbst hatte der IWF in einem Bericht eine Zehn-Prozent-Abgabe auf Vermögen zur Schuldenreduktion ins Spiel gebracht. Vor dem Hintergrund der unterschiedlichen Höhe der Privatvermögen der Bürger in Europa – Stichwort reiche Bürger in Südeuropa und hoch- bzw. effizient besteuerte, oft viel ärmere Bürger in Nord- und Mitteleuropa – hat sich die Bundesbank an dieses nicht einfache Thema herangewagt.

Interessant ist, dass die Bundesbank das Thema überhaupt aufgreift. Offensichtlich ist das Projekt Enteignung/Vermögensumschichtungen zulasten der Bürger hinter den Kulissen nicht bloß angedacht worden. Auch wenn es in den Medien immer wieder beruhigend heißt, dass es uns allen gut geht. Untermauert wird dies gerne mit dem Hinweis auf das steigende Bruttoinlandsprodukt, sinkende Arbeitslosigkeit und Neuverschuldung, die greifende Schuldenbremse, einen wunderbar laufenden Export … Kurz, man verkündet, die Aufgaben beherzt und voller Elan angepackt zu haben und auf einem guten Weg zu sein, oder ganz selbstbewusst: »Wir haben unsere Aufgaben erledigt«, oder man erklärt dem Bürger der Einfachheit halber gleich selbst, dass die Große Koalition gute Arbeit leiste (gerne auch auf Neudeutsch »einen guten Job mache«) – sonst käme der am Ende vielleicht nicht drauf. Angela Merkel spielt unverdrossen mit diesem Schönwetterbild, das an Propagandasprüche an Hauswänden in Kuba erinnert (»Vamos bien« mit einer Abbildung von Fidel Castro).

Solche Schönfärberei kann nicht verdecken, dass in den Hinterzimmern der Politik weiter nachgedacht wird. Vermutlich auch über enteignende Vermögensabgaben, wenn die Negativdynamik der Krise wieder zunimmt. Im Falle einer Währungsreform drohen Zwangshypotheken.[98] Vermögensabgaben sind zwar nicht Ziel der Politik, können aber Folge der Rettungsmaßnahmen und des Außer-Kraft-Setzens des Rechts in der EU sein, wie das Beispiel des Umgangs mit der »No Bail-out«-Klausel des Maastricht-Vertrags zeigt.

Der erwähnte Bundesbank-Beitrag »Einmalige Vermögensabgabe als Instrument zur Lösung nationaler Solvenzkrisen im bestehenden EWU-Rahmen?« liefert deutschen Politikern Argumentationshilfen dafür, dass eine Vermögensabgabe für inländische Bürger aus rechtlichen Gründen nicht möglich ist. Auch wird eine Abwälzung der Verschuldung ökonomisch abgelehnt, da sie das unsolide Wirtschaften verstärkt. Angesichts des relativ geringen Privatvermögens hierzulande würde eine derartige Abgabe oder Steuer zu Recht als ungerecht empfunden.

Das Thema ist politischer Sprengstoff – und die Große Koalition wird wie gewohnt versuchen, es unter den Tisch fallen zu lassen. Ganz im Gegenteil aber sollte die Diskussion verstärkt auch öffentlich geführt werden. Denn wenn die Idee einer Transferunion sich weiter in der EU verfestigt, lässt sich ein noch dramatischerer Vermögensentzug der Bürger hierzulande (dann reden wir nicht mehr von 10 %, vielmehr würde eine vollumfängliche Rettung der Banken die Finanzkraft der Bürger sprengen) wohl schwerlich vermeiden.

Das nicht systemgestützte Kapital ehrlicher und anständiger Sparer steht im Krisenfall zur Disposition. Die nicht so gut organisierten Bürger scheitern gegenüber mächtigen Partikularinteressen, die sich staatlich ihre Ansprüche schützen lassen. Die Spirale der Umverteilung dreht sich weiter.

Fazit

Wer nicht vom System gestützt wird, verliert schleichend und in Phasen schneller Umverteilung auch abrupt, z. B. im Falle von Währungsreformen. Bevor ich den zweifelhaften Rat gebe, sich vom System stützen zu lassen (das kann auch Sozialtransfers bedeuten), erscheint mir ein fairer Umbau des Steuersystems (gleiche Besteuerung von Erträgen aus Kapital und Arbeit mit 25 % nach Prof. Paul Kirchhof) und die regulatorische Gleichbehandlung der Kapitalanlagen (statt der Bevorzugung der Staatsanleihen zulasten von Immobilien und Aktien) angemessener.

4.2 Überregulierung stärkt den Vertrieb fragwürdiger Produkte

Geldwerte Karriere-Erkenntnis für Investment-Berater: Wer in der Bank bereits drin ist, hat es nicht mehr nötig, einzubrechen.

Karl Heinz Karius, Werbeberater[99]

Der Mann mit der rosa Krawatte möchte vor allem eines: Häkchen setzen. *»Bei meiner Anlage steht die Sicherheit im Vordergrund«*, liest er vor und blickt hinter seinem PC hervor. *»Stimmen Sie dem ganz, teilweise, eher nicht oder gar nicht zu?«* Die Antwort der Kundin dokumentiert er mit einem Klick. 20 Minuten und etliche Häkchen später druckt der Berater in der Düsseldorfer Citibank-Filiale ein dreiseitiges Formular aus: das Gesprächsprotokoll. *»Bitte eine Unterschrift«*, sagt er und fügt eilig hinzu: *»Keine Angst, Sie kaufen nichts. Sie bestätigen nur, dass ich Sie aufgeklärt habe.«*

»Wenn der Kunde Daimler kaufen will und ich sage: ›Nehmen Sie doch lieber BMW‹, muss ich schon ein Protokoll ausfüllen.«

Mitarbeiter einer süddeutschen Bank über das enge formale Korsett bei Kundengesprächen.[100]

Grundsätzlich ist bei jeder neuen Regulierung zu fragen, wem sie wirklich nützt. Ist sie wirklich im Interesse des vermeintlich schützenswerten Verbrauchers? Oder werden nicht vielmehr die kommerziellen Interessen einer vermachteten Industrie geschützt, die möglichst viele Produkte zu hohen Preisen verkaufen will, Produkte, die möglichst schnell verschleißen, um ständig Neukäufe auszulösen? Vielleicht etwas provokant und einseitig formuliert, ließe sich, übertragen auf die vertriebsorientierte Finanzbranche, fragen: Nutzen die immer komplexeren Produkte mit immer längeren rechtlichen Hinweisen den Interessen der Finanzindustrie oder sind sie gemacht für den bestmöglichen Anlageerfolg der Kunden? Eine Antwort erübrigt sich hier fast. Eine vom Kunden nicht als solche erkannte Mogelpackung ist für den Vertrieb äußerst lukrativ. Zunehmende Komplexität nutzt eher den großen Vertriebsadressen, die damit dank größerer Fachabteilungen besser zurechtkommen. Der Kunde hat davon keinen Nutzen. Er ist vielmehr verwirrt und sieht dies als normale neue (Finanz-)Welt an, in der er vermeintlich durch eine höhere Agilität, d.h. mit einer größeren Anzahl von Käufen und Verkäufen wie die vermeintlichen Profis, mithalten muss.

Ein solcher Finanzvertrieb ist nicht schützenswert, auch nicht mit der Vielzahl von rechtlichen Klauseln nach dem (unausgesprochenen) Motto für den »ARD«-Kunden (alt, reich und dumm), der seine Gesprächspartner noch für ehrbar hält: *»Es ist ja nur ein Vertrag, es kommt doch auf den Inhalt nicht so an.«* Legendär zum Thema »schwächerer Part bei ungünstigen Verträgen« ist die Szene in dem Film *Rossini* (Helmut Dietl, Patrick Süskind), als der finanziell klamme Filmproduzent Oskar Reiter (gespielt von Heiner Lauterbach) getröstet werden muss: *»Oskar, bitte nimm das nicht so wörtlich – es ist doch nur ein Vertrag!«* Oskar: *»Warum tun Sie mir das an, ich bin doch Ihr Freund. Das sind meine Freunde.«*

»Freunde« sind die bankseitigen Vertragspartner, da werden Sie mir zustimmen, erfahrungsgemäß nicht, aber sie sind tatsächlich noch nicht einmal Ihr finanzieller »Partner«, auch wenn sie das glauben machen wollen. Durch die kollektive Veränderung hin zu einer weniger kundenfreundlichen, aber ertragsorientierten Politik mit fragwürdigen Produkten wurde langfristig Vertrauen verspielt. Das bislang glaubwürdige Geschäftsmodell Privatkunden-Bank ist ins Wanken geraten. Banker gehören bekanntermaßen zu den am wenigsten geschätzten Berufsgruppen. Gleichzeitig sind die Banken gefangen in dem Dilemma, weiter auf Ertragsmaximierung zulasten der Kunden zu setzen, da sie davon ausgehen, dass es auch die anderen tun. (Die Problematik ist auch beim Doping gegeben: Man selbst würde es vielleicht nicht tun, geht aber davon aus, dass andere dadurch Vorteile haben.) In einer solchen Situation werden keine großen strategischen Veränderungen gewagt, vor allem nicht im Kundensinne. Lieber das Geschäft rechtlich absichern und dabei weiter gut verdienen, solange es geht. Dies geschieht weiterhin mit politischer Rückendeckung.

So haben die Politiker durch ihre Regulierungswut der Sicherung von Wohlstand im Alter einen Bärendienst erwiesen. Statt das Aktiensparen zu fördern, wird es diskriminiert. Mit der Reform des WpHG 2011 darf der Bankkundschaft nur dann der Aktienkauf empfohlen werden, wenn ihr eine entsprechende Informationen zur Verfügung gestellt wird. Produktinformationsblätter sind aber häufig nicht vorhanden, insbesondere in kleineren Bankhäusern. Ihre Erstellung und ständige Aktualisierung kosten Zeit und Geld. Die Diskriminierung der Aktie ist entweder ein Kollateralschaden einer gut gemeinten Anlegerschutzregelung oder so gewollt[101], denn der Staat ist eher am Vertrieb von Staatsanleihen interessiert und begünstigt dies regulatorisch. Damit wird insbesondere den hier unterinvestierten Inländern die Chance genommen, höhere Renditen zu erwirtschaften, was langfristig nur noch über die Börse geht.

Ausländische Investoren, die inzwischen bei den meisten deutschen DAX-Unternehmen die Mehrheit halten, haben diese Lektion gelernt. Inländische Aktionäre machen bei den DAX-Werten Deutsche Börse Group nur 19 %, bei Merck nur 23 % und bei adidas nur 25 % aus, um hier bloß drei Beispiele zu nennen. Lediglich zehn oder ein Drittel der 30 DAX-Unternehmen werden noch mehrheitlich von inländischen Anlegern gehalten.[102]

Als Ausdruck einer Internationalisierung der Anlegerschaft wäre dies unproblematisch. Doch wahrscheinlich ist es auch ein Indikator für das Desinteresse deutscher Anleger an Aktien. Immer öfter wählen sie schlecht verzinste Sparformen statt Aktien.

Wenn aber die immer strengeren Regulierungen zum Schutz der Anleger dazu führen, dass diese uninteressante Sparanlagen oder vermeintlich sichere Zockerpapiere kaufen, ist nicht viel gewonnen. Im Gegenteil. Neben den Herausforderungen aufgrund der Vorschriften zur Sanierung überschuldeter

Banken und die Eigenkapitalvorschriften Basel III müssen Finanzinstitute den Anforderungen an den Verbraucherschutz aus der Wertpapierberatung Rechnung tragen. Dies verursachte Bürokratie ohne Zusatznutzen (angesichts der weiter bestehenden Fehllenkung zulasten der Aktie und zugunsten provisionsträchtiger und komplexer Produkte sowie der regulativ gestützten Staatsanleihen) für die Kunden. Gleichzeitig waren die Finanzinstitute kaum gewillt, das lukrative Provisionsgeschäft aufzugeben. Hier konnten sie sich zulasten inländischer Anleger bei der Neugestaltung des Verbraucherschutzes durchsetzen.

Angesichts des Wettbewerbsdrucks zwischen den Finanzinstituten und nach der Übernahme des Geschäftsmodells der Finanzvertriebsunternehmen mit ihrer aggressiven provisionsorierientierten Verkaufspolitik rückt die Vertriebsorientierung gegenüber der Analysetätigkeit zunehmend in den Vordergrund. Inzwischen zählt fast nur noch der Sales-Support. Die Vertriebsmannschaften suchen das passende Personal für das Research aus. Der schnelle Umsatz zählt, nicht mehr die Redlichkeit gegenüber dem Kunden. Eine unabhängige Analyse verkommt anscheinend zu einem unbezahlbaren Luxus. Nur klare Verbote bzgl. des Vertriebs toxischer Produkte können vermutlich das Kundeninteresse wiederaufleben lassen, nämlich dann, wenn wieder fair und unabhängig beraten wird.

Fazit

Eine Regulierung, die die Finanzinstitute und die Kunden überfordert, ist reformbedürftig. Der Verbraucherschutz wurde ins Gegenteil verkehrt. Rechtlich geschützt sind die Banken gegen mögliche Ansprüche Ihrer Kunden. Da das Provisionssystem fortbesteht, ist damit zu rechnen, dass der fehlgelenkte Verkauf, der die Provisionen der Bankmitarbeiter maximiert, ebenfalls so weitergeht. Dafür unterschreiben die Kunden einen Freibrief für rechtliche Ansprüche. Ein schlechter Deal. Produkte stehen für hohe Provisionen und eine faire Beratung ist zu einem Luxus oder einer seltenen Wohltat eines überraschend redlichen Beraters verkommen. Viele Finanzinstitute können sich durch das fehlgelenkte System diesen Anstand nicht leisten, wenn die Konkurrenz daran festhält.

4.3 Politikversagen berücksichtigen, die eigene Urteilskraft stärken!

Wenn dagegen die Bemühungen der Sozialpolitik darauf abzielen, dem Menschen schon von der Stunde seiner Geburt an volle Sicherheit gegen alle Widrigkeiten des Lebens zu gewährleisten, d. h., ihn in einer absoluten Weise gegen die Wechselfälle des Lebens abschirmen zu wollen, dann kann man von solchen Menschen einfach nicht mehr verlangen, dass sie das Maß an Kraft, Leistung, Initiative und anderen besten menschlichen Werten entfalten, das für das Leben und die Zukunft der Nation schicksalhaft ist und darüber hinaus die Voraussetzung einer auf die Initiative der Persönlichkeit begründeten ›Sozialen Marktwirtschaft‹ bietet.

Ludwig Erhard[103]

Politikversagen geht mit der zunehmenden Durchsetzung der kommerziellen Interessen erfolgreicher multinationaler Gesellschaften einher. Die Manager müssen den oft kurzfristigen Ertragszielen ihrer renditegierigen Anleger folgen. Kapital kennt keine Grenzen, vor allem nicht, wenn es sich bei den Eignern um Hedgefonds handelt. Solche Investoren spielen neben international vernetzten Kapitalgroßanlegern zunehmend eine wichtige Rolle bei der Unternehmensführung, da sie sich aktiver denn je in das Tagesgeschäft einmischen. Manager solcher Unternehmen werden gezwungen, als »vaterlandslose Gesellen« zu agieren. Dieses frühere Schimpfwort für linke Internationalisten wurde parallel zu der von Franz Müntefering angestoßenen »Heuschreckendebatte« inzwischen auch von Sozialdemokraten für Manager verwendet, die Arbeitsplätze in größerem Stil ins Ausland verlagern.[104] Inzwischen ist die emotional geführte innenpolitische Debatte wieder beendet. Die Große Koalition scheint den demokratischen Disput zuzuschütten, das Problem besteht aber weiter.

So werden soziale Mindeststandards geopfert, und das auch dann, wenn die Anpassung der Tarife nach unten nicht zwingend ist. Der Lohn-Dumping-Wettbewerb nach unten ist verheerend und gehört zu den Urerfahrungen des Frühkapitalismus in Großbritannien und Deutschland mit Kinderarbeit, elenden Arbeitsbedingungen und damit dem Aufkommen eines

Land- und Industriearbeiterproletariats. Mit dem Niedergang der kommunistischen Staaten schien der Sieg des angelsächsischen Kapitalismus perfekt. Das Modell einer ordnungspolitisch solide funktionierenden Sozialen Marktwirtschaft geriet in der politischen Diskussion ins Abseits. Sie setzte Pflöcke gegen eine vermachtete Wirtschaft. Das Freiheitsversprechen kann nur durch Wettbewerb und demokratische Sicherung eines strengen Kartellrechts und einer unabhängigen Notenbank eingelöst werden. Den Interessen großer internationaler Konzerne zu folgen heißt, diese Ordnung aufzugeben, letztlich auch die freiheitlich-demokratische Grundordnung.

Prekäre Arbeitsbedingungen entsprechen nicht dem Leitbild einer Sozialen Marktwirtschaft. Sie sind, nehmen wir das Beispiel Deutsche Post, das Ergebnis vermachteter Strukturen durch die Weiterführung des früher staatlichen Monopols. Dieses kam seinerzeit auch den Mitarbeitern zugute. Jetzt nicht mehr, der Renditedruck der Aktionäre verfestigte z. B. das Monopol im Briefgeschäft zulasten sozialverträglicher Arbeitsverträge. Bei den Konkurrenten der Post, soweit vorhanden, sieht es nicht besser aus. Die Große Koalition (GroKo) setzt nicht auf mehr echten Wettbewerb, sondern auf mehr Regulierung, z. B. die Festlegung von Mindestlöhnen. Doch ethisches Verhalten lässt sich, wie die Erfahrung zeigt, nicht staatlich verordnen. Neue Schlupflöcher werden gefunden werden.

Das Politikversagen zeigten auch die Koalitionsvereinbarungen vor Bildung der GroKo. Der Vertrag beinhaltete mehr Dirigismus, mehr Bürokratie und weniger Spielraum für bürgerliche Freiheit und Entfaltung des Einzelnen. Es scheint mehr für Rentner und Leistungsbezieher geschrieben worden zu sein. Wie in einem Märchenbuch wird eine Wunschwelt in leuchtendsten Farben gemalt und jetzt nach und nach verwirklicht. Leider handelt es sich dabei um eine schöne neue Märchenwelt, deren Finanzierbarkeit unmöglich ist und Steuerhöhungen erfordert, die gerade – angeblich – vermieden werden sollten.

Vor dem derzeitigen politischen Hintergrund – egal ob man den Fokus auf »Deutschland«, »EU« oder »global« einstellt – geht es darum, die eigene Urteilskraft zu stärken. Dazu gehört auch die Bereitschaft, komplexe Sachverhalte verstehen zu wollen, die die Medienberichterstatter zur Steigerung ihrer Auflage vereinfachen oder gar nicht darstellen. Der Bildungsauftrag gilt für jeden Bürger, will er nicht bevormundet werden. Unkritische Konsumbürger sind bequem – sowohl für Politiker als auch für die Industrie. Doch Bildung verkommt anscheinend zu einem Luxus. Eine gute Erziehung wird unter Umständen zur Glückssache (u. a. Eltern, die ihre Aufgabe ernst nehmen und dies auch bewältigen können). In einem System des schnellen Geldverdienens, das die Finanzmärkte prägt, ist Allgemeinbildung komfortabel, aber anscheinend nicht mehr allzu notwendig. Wir sollten uns schämen, dass wir das einfach so hinnehmen.

Aber schauen wir nicht auch weg, wenn es um die klare Benennung von Fehlentwicklungen geht? Deutschland ist auf dem Weg zu einem antidemokratischen Staat der alt gewordenen Verteidiger von Pfründen. Auf europäischer Ebene ist die Lage eher noch dramatischer. Ludwig Erhard hätte wohl Zentralismus und Transferunion in der Eurozone, so wie sie heute praktiziert wird, abgelehnt.[105]

Ludwig Erhard war ein »bürgerlicher Revolutionär«.[106] Ihm ging es nicht um die Behinderung der Märkte, sondern um die Begrenzung von zu viel Macht. Erhard wusste: Erst durch Entfesselung der Marktkräfte war es möglich, »Sozialität« aufzubauen. Das Soziale wurde durch den Wettbewerb ermöglicht, der nicht durch Monopole oder andere Machtkonzentrationen gestört wurde. Sein Leitbild war ein »wachsamer Schiedsrichter-Staat«.[107] »Wohlstand für alle« und »Wohlstand durch Wettbewerb« gehörten für Erhard zusammen. »Das erste Postulat kennzeichnet das Ziel, das zweite den Weg, der zu diesem Ziel führt«.[108]

Die neue, 1949 gegründete Bundesrepublik fußte auf der Freiheitsverheißung der Sozialen Marktwirtschaft mit stabiler Währung. Die D-Mark wurde zum nationalen Ersatzsymbol. Aus gegängelten und bevormundeten Untertanen sollten mit den Reformen kurz nach Kriegsende selbstbewusste Bürger werden, die in Freiheit und Würde ihr Leben – unabhängig vom Staat – selbst bestimmten. Mit der Herausbildung einer breiten Mittelschicht schien dies gelungen zu sein.

In den 1970er-Jahren wehte ein anderer Zeitgeist. Arbeitnehmer wurden wieder in die staatliche Obhut gedrängt. Wirtschaftlich tragfähig war dies nicht und führte zu Reformen, die inzwischen mit der GroKo wieder zurückgenommen wurden. Der neue Sozialismus von Andrea Nahles und Sigmar Gabriel mit sozialer Bevormundung, Industriepolitik, staatlicher Protektion und einem planwirtschaftlichen EEG-Gesetz, das sie von der christlich-liberalen Regierung unter Angela Merkel erbten, ist keine Soziale Marktwirtschaft.

Auch Sarah Wagenknecht, die sich auf Erhard beruft, setzt im Zweifel auf den korrigierenden starken Staat. Erhards Mut aber bestand darin, den Staat nur in der Wächterrolle zu sehen. Kartellmacht sollte erst gar nicht entstehen und ggf. zerschlagen werden. Dafür wurde das Bundeskartellamt geschaffen. Der stabile Geldwert sollte durch eine unabhängige Behörde, die Deutsche Bundesbank, gesichert sein. Angela Merkel schien vor rund zehn Jahren diesen Prinzipien folgen zu wollen, hat aber später Verantwortung von den Bürgern verlangt und »Finanzoligarchen, die längst an einer Refeudalisierung der Wirtschaft arbeiteten und von jeglicher Verantwortung entbunden werden wollten, nach dem Mund geredet«.[109]

Inzwischen muss man den Eindruck gewinnen, dass die tonangebenden Politiker nicht nur Ludwig Erhard, sondern auch Milton Friedman und John Maynard Keynes (vorsätzlich) falsch interpretieren. Ob Friedman der Laxheitswettbewerb westlicher Staaten zur Ausweitung ihres Finanzsektors gefallen hätte, ist zu bezweifeln. Auch Keynes stand nicht für dauerhaft steigende Ausgabenprogramme, sondern für ein staatliches Eingreifen in den seltenen Extremsituationen, auf jeden Fall nicht für einen Dauerinterventionismus, der eher mit Sozialismus gleichzusetzen ist.

Fazit

Die Halde der unerledigten Aufgaben in der Politik wird immer größer, vor allem im Zuge der neuen großen Koalition, die auf noch mehr fragliche Bevormundung zulasten wirtschaftlicher Freiheit setzt.

4.4 Eigene Fähigkeiten weiterentwickeln

Die Arbeitskraft ist für die meisten Menschen das mit Abstand größte Kapital. ... Daher sollte die Arbeitskraft wie ein kostbarer Schatz gehütet und gepflegt werden, weil sie in Verbindung mit Sparsamkeit die Basis des Wohlstands ist.

Volker Looman[110]

Das menschliche Können und Wissen wird in den Wirtschaftswissenschaften üblicherweise unter dem Oberbegriff »Humankapital« zusammengefasst, ohne dass eine allgemein verbindliche Definition vorliegt. Ludwig Erhard spricht in diesem Zusammenhang von *»eigener Leistung und eigener Arbeit«*, der Finanzanalytiker Volker Looman davon, das die Arbeitskraft *»... für die meisten Menschen das mit Abstand größte Kapital«* ist. Der frühere Bundeskanzler Willy Brandt hatte da eine ganz pragmatische (und nicht unsympathische) Sicht: *»Arbeit = Der Umweg zu allen Genüssen.«*[111]

In der Diskussion um Anlageformen kommt das menschliche Wissen oder Humankapital zu kurz. Es lässt sich schwer messen und entzieht sich damit für die oft mechanistisch und saldenmechanisch trainierten Betriebs- und Volkswirte einer näheren Betrachtung. Ausbildung und Nutzen des Wissens verteilen sich über lange Zeiträume, genaugenommen prägen sie unser ganzes Leben. Vor diesem Hintergrund ist das entstandene Defizit zwar nicht mehr so erstaunlich, bedarf aber künftig einer Korrektur. Hier wird unter Humankapital der Zeitwert dieses wesentlichen menschlichen Produktionsfaktors verstanden. Eine Berechnungsmöglichkeit für das so verstandene Humankapital stellt dann der aktuelle Zeitwert der abgezinsten künftigen Nettoeinkünfte dar. Entsprechend der Sicherheit z. B. des eigenen Arbeitsvertrages lassen sich die künftigen Einkünfte mit entsprechenden Zu- oder Abschlägen ermitteln. Die so erstellten eigenen Planzahlen hängen nicht nur davon ab, wie groß das Vertrauen in die eigenen Fähigkeiten ist, sondern hier fließt auch die Einschätzung des rechtlichen und politischen Klimas mit ein. Wird der Einsatz entsprechend honoriert oder wird man kleingehalten trotz guter Leistungen? Verhält sich der eigene Arbeitgeber vertragskonform? Wie ist das gesellschaftliche Umfeld, ist es leistungsfreundlich oder von Korruption/Vetternwirtschaft geprägt?

Jüngste OECD-Studien belegen die volkswirtschaftliche Bedeutung des Humankapitals, auch wenn die Effekte sich erst langfristig zeigen. Damit ist Humankapital in der Tagespolitik kaum präsent und weit unten angesiedelt. In der nicht unumstrittenen PISA-Studie wird der Kenntnisstand von Fünfzehnjährigen in Mathematik, Sprachen und Naturwissenschaften untersucht. Die erwachsenenbezogene Studie »Survey of Adult Skills« misst die Fähigkeiten im Rechnen, Lesen und Schreiben sowie die Fähigkeit, Probleme zu lösen im heutigen technologischen Umfeld. Nach diesen Untersuchungen sind die Differenzen zwischen Nord- und Südeuropa bezüglich des Humankapitals größer als die Unterschiede im Pro-Kopf-Einkommen. Neben den festgestellten Bildungsdefiziten in Südeuropa behindert Vetternwirtschaft/Korruption die sinnvolle Verwendung des Humankapitals. In Südeuropa wird danach stärker als im Norden ein fairer Wettbewerb um die bestqualifizierten Personen durch freundschaftliche Netzwerke stark eingeschränkt: *»Wen man kennt, ist wichtiger, als was man kann.«*

> *»Das ist in Entwicklungsländern üblich, kommt Frontier-Volkswirtschaften aber teuer zu stehen. Ganz zu schweigen davon, dass hochqualifizierte junge Menschen in Spanien und Italien angesichts der Perspektive, dass Leistungen in ihrer Heimat nicht gewürdigt werden, im Umfeld zunehmender Mobilität auf dem globalen Arbeitsmarkt das Land verlassen und ihr Glück anderswo suchen. Diese katastrophalen Zustände ließen sich beheben. Nur: Bis Reformen im Bildungssektor Früchte tragen, vergeht viel Zeit. Das ist wohl der Grund, warum sie auf der politischen Agenda selten weit oben figurieren.«*[112]

Hochentwickelte und erfolgreiche Gesellschaften investieren langfristig in Humankapital – sicher einer der wesentlichen Gründe, warum sie ihren Status aufrechterhalten können. Die aktuelle Politik sollte den Menschen wieder vorrangig Chancen eröffnen. Das fängt bereits bei der Schulbildung an. Angesichts des Erfolgs inländischer Unternehmen läuft anscheinend nicht alles falsch, auch wenn die Hysterie hierzulande nach den ungünstigen PISA-Studien dies suggerierte. Auch der Normierungszwang durch den Bologna-Prozess ist kritisch zu hinterfragen.

Natürlich, es lässt sich nicht alles zählen, messen und wiegen oder normieren. Kreativität und Forschungsfreude sind erfreulicherweise vorhanden, nur hinsichtlich der ökonomischen Bildung scheint ein Aufholbedarf zu bestehen. So ist etwa die geringe Aktienanlagequote besorgniserregend. Hier besteht dringender Handlungsbedarf, denn der vielbeschworene mündige Bürger – wesentliche Stütze der ebenso gern beschworenen freiheitlich-demokratischen Grundordnung – sollte auch in seinen Geldangelegenheiten mündig sein (mehr dazu in Kapitel 5.4).

Unabhängig von dem verbesserten ökonomischen Anlagewissen geht es darum, das gesamte Begabungspotenzial auszuschöpfen. Bildungsförderung ist aus Sicht von Erhard und Müller-Armack nur auf der Basis einer funktionierenden Marktwirtschaft möglich. Im Sozialismus wird auf Disziplin, nicht auf kritische Menschen gesetzt, letztlich auf »Fachidioten«, die keine Fragen stellen: *»Die ideologische Schulung will den Menschen nicht zum Fragen erziehen, sie will es ihm abgewöhnen.«* Da auch bei der Bildung nicht die *»ideologische Schulung«* und die *»Tonnenideologie«*, sondern die Qualität des Outputs zählt, ist die Schlussfolgerung klar, nämlich dass es *»keine Alternative zu einem liberalen Bildungssystem in einer marktwirtschaftlich organisierten Wirtschaftsordnung«* gibt.[113] Lesenswert hierzu ist auch der »Jenaer Aufruf zur Erneuerung der Sozialen Marktwirtschaft«[114] vom 20. Juni 2008, dessen Grundgedanken zur Weiterentwicklung des Humankapitals im Folgenden wiedergegeben werden.

Die Sozialleistungsquote in Deutschland ist eine der höchsten weltweit, doch versagt die ausgeuferte Umverteilungspolitik in einem gesellschaftlich zentralen Punkt: Sie lähmt zunehmend in weiten Teilen der Bevölkerung das Streben, sich um sozialen Aufstieg zu bemühen. Das ist ein ernstes gesellschaftliches Krankheitssymptom. Entscheidend für individuelles Wohlbefinden sind die Ziele, die sich ein Mensch setzt, und die Befriedigung darüber, sie zu erreichen.

Dies ist eine wesentliche Triebfeder für künftige wirtschaftliche Dynamik. Daher muss die Politik wieder zu eigener Initiative anregen und damit zu mehr Selbstvertrauen beitragen. Unter den gegenwärtigen Umständen geschieht eher das Gegenteil davon. So wird die Leistungsmotivation verringert, weil viele Menschen feststellen, dass sich eigenes Bemühen um echte, vielfältige, humanistische Bildung kaum oder nur wenig lohnt. Auf der anderen Seite bewirkt eine solche Politik (die im Kern von der Ertragskraft bestehender sozialpflichtiger Arbeitsplätze abhängig ist), dass es zunehmend schwieriger wird, sich durch eigene Leistung und Können in die Gesellschaft einzubringen: Unternehmer bieten zwar Ausbildungsplätze an, die sie oft nicht besetzen können, was nicht nur, aber sicher auch mit der jahrzehntelangen Vernachlässigung der Hauptschulen als echte, qualifizierte Schulen für Handel und Gewerbe zusammenhängt (nach dem Motto »Jeder soll studieren!«). Gleichzeitig werden junge, nach Erwerbstätigkeit strebende Menschen gegenüber den Arbeitsplatzbesitzern »systematisch diskriminiert«. Die beruflichen Alternativen im Ausland sind gerade für die Jüngeren oft attraktiver.

Die Politik muss sich verabschieden von dem rückwärtsgewandten Verständnis von Sozialgerechtigkeit – aus bestehenden Arbeitsplätzen Mittel abzuschöpfen und umzuverteilen. Stattdessen muss sie den Schwerpunkt wieder auf eine nach vorne gerichtete Sozialgerechtigkeit legen, auch wenn demografisch bedingt die Alten ihre Pfründen zu sichern suchen, wie auch der jüngste Koalitionsvertrag beweist. Bessere Chancen während der Ausbildungszeit und im Erwerbsleben müssen eröffnet werden. Dazu muss der Wille bestehen, sich bietende Chancen zu ergreifen und dabei ggf. auch längere Durststrecken durchzuhalten. Neben der Schule und späteren Ausbildung ist es die Aufgabe der Familien, zu Freiheit und Eigenverantwortung, flankiert von ethischen Leitlinien, zu erziehen. Denn die Bereitschaft zu Freiheit und Eigenverantwortung beruht auf gelebten Tugenden – weitgehend unabhängig von gesellschaftlichen Positionierungen, ererbtem Vermögen oder körperlichen und geistigen Voraussetzungen. Entscheidend ist der Wille, sich den Herausforderungen des Lebens selbstverantwortlich zu stellen (und ohne gleich nach finanzieller Unterstützung durch die Gemeinschaft zu rufen).

> *»Die Sozialgeschichte des 19. Jahrhunderts lehrt uns, in welche Richtung wir gehen müssen. Arbeiterbildungsvereine haben geholfen, den sozialen Aufstieg zu bewältigen. Prüfen wir die Epochen und Länder, wo ein solcher Aufstieg möglich war, dann lässt sich erkennen, woran es bei uns fehlt oder wovon es bei uns zu viel, im Sinne des Abtötens von individuellen Anreizen, gibt. Wir fordern die Politik auf, den Menschen wieder mehr Verantwortung für den eigenen Lebensentwurf zu geben und ihnen die Chance zu lassen, ihr Glück in unserem Lande zu machen.«*[115]

Die Besonderheit des Humankapitals gegenüber anderen Anlageformen ist, dass es selbstbestimmt ist. Die übrigen Kapitalanlageformen sind in stärkerem Maße fremdbestimmt und bedürfen der Überwachung. Hier zeigen sich die bereits angesprochenen Prinzipal-Agent-Verhältnisse. Demgegenüber können Freiheitsspielräume nicht nur zu mehr Wohlstand, sondern auch zur Selbstverantwortung für das eigene Handeln führen. Der Staat muss nur den Ordnungsrahmen setzen, darf aber die umrissene Selbstverantwortung nicht durch Regulierungen behindern.

Was können Sie selbst tun? Beginnen Sie mit einem Überdenken Ihrer derzeitigen (Lebens-)Situation. Sie können in Ihr Humankapital investieren, um Ihren »Tauschwert« am Arbeitsmarkt zu verbessern. Auch in dem Markt der privaten Beziehungen verbessern sie Ihre Tauschrelation. Langfristige Kontrakte entweder in Form eines Arbeitsvertrages oder anderer sicherer Einnahmequellen (Aktiendividenden, Mietverträge etc.) führen zu einer Marktwertsteigerung. Den Marktwert des eigenen Humankapitals zu verbessern ist in der Regel mit viel Disziplin verbunden. Es reicht nicht, an sich selbst zu glauben, sondern Handeln ist gefragt, nicht zuletzt auch Fleiß! Gleichzeitig sind Investitionen in das eigene Humankapital besonders vielschichtig. So geht es nicht nur darum, den kommerziellen Reichtum zu erhöhen, sondern über Bildung z. B. auch zu einem kritischen Bürger zu avancieren, der sich nicht leicht manipulieren lässt.

Bildung hilft dabei. »Jeder ist seines Glückes Schmied«, sagt das Sprichwort ganz richtig, auch wenn die Voraussetzungen unterschiedlich sind. So verfügen Menschen über geborene und erworbene Fähigkeiten. Was dem einen in die Wiege gelegt ist, muss sich ein anderer hart erarbeiten. Dies mag zwar nicht unbedingt gerecht erscheinen, es ist aber nicht die Aufgabe des Staates, hier korrigierend einzugreifen. In einer funktionierenden Sozialen Marktwirtschaft wird nur demjenigen geholfen, der es aus eigener Kraft nicht kann. Gleichzeitig müssen entsprechende Chancen geboten werden. Bei der Ausbildung an Schulen und Universitäten müssen wohl immer, auch gesamtgesellschaftlich, »Sunk Costs«, d. h. der Verlust eingesetzter Finanzmittel, hingenommen werden. Eine gute Ausbildung hat oft auf den ersten Blick nicht sichtbare positive Nebeneffekte und geht über rein berufliche Qualifikationen hinaus. So werden auch Werte und andere Fähigkeiten vermittelt, die für die (jeweiligen) Kultur(en) prägend sind. Konkreter könnte man fragen, welche Aspekte des Humankapitals bei bestimmten Berufen, z. B. Ärzten, Lehrern oder Theologen, im Vordergrund stehen.

Die Produktivität des Faktors Kapital steht in Konkurrenz zu den Faktoren Arbeit und Boden. Durch die bestehenden Fehlregulierungen stellt sich die Produktivität beim Faktor Kapital größer dar, als sie wirklich ist. So scheinen kurzfristige Wetten auf steigende Vermögen aufzugehen. Verdrängt wird, dass es sich dabei um Blasen handelt, etwa im Aktien- und Immobilienbereich als Folge der Nullzinspolitik. Bildung scheint vordergründig weniger wert (bzw. wird entwertet), da es mit Sparen verbunden ist und erst langfristige Erträge abwirft. Der langfristige Aufbau von Humankapital ist Teil einer nachhaltigen Politik, die die Soziale Marktwirtschaft prägte. Diese wertkonservative und langfristig stabiles Eigentum generierende Politik sollte wieder durch Einhaltung früher gesetzter ordnungspolitischer Regeln ermöglicht werden. Wie bereits an anderer Stelle gesagt, muss die Geldpolitik unabhängig verfasst sein und einen stabilen Geldwert sichern. Wirtschaftliche Macht ist durch eine wirksame Kartellpolitik zu begrenzen.

Bei der Beurteilung von Unternehmen kommt es zwar auch oft auf das Humankapital an, vor allem in Branchen mit hoher Wettbewerbsintensität. Eine Gesellschaft, die – wie Coca-Cola – über ein gefragtes Produkt verfügt, kann natürlich auch einen gering qualifizierten Chef ertragen, solange er keine Fehlentscheidungen von großer unternehmerischer Tragweite trifft. Die Beurteilung des Humankapitals ist grundsätzlich ein besonders heikler Analysepunkt. Ein großes Tabuthema! Schnell ist das Management beleidigt, wenn auf fachliche Schwächen hingewiesen wird. Daher wird das Thema Management-Know-how zur Schonung der Betroffenen, mit denen man im Geschäft bleiben will, gern umgangen. Es könnte zu Protesten oder folgenschweren Beschwerden kommen. Vorstände können nachtragend sein. Das gute Klima zu den Unternehmen, mit denen Geld verdient wird, steht im Vordergrund. Strenge Zurückhaltung hier gehört quasi zum (fragwürdigen) Berufsethos angestellter und eben nicht unabhängiger Marktbeobachter. Doch für die bestmögliche Kapitalverwendung und zur Verbesserung der Kapitalmarkteffizienz ist die Einschätzung des Könnens und Wissens des oberen Managements von entscheidender Bedeutung. Nicht zu Unrecht verlieren im Wettbewerb stehende Unternehmen z. B. schlagartig an Wert, wenn der findige Gründer nicht mehr an Bord oder sogar verstorben ist. Es geht dabei auch um die Entwicklung von Visionen oder um die Managementleistung, die Belegschaft für die Zielerreichung zu motivieren. Der Unternehmenserfolg ist stärker von Personen abhängig als oftmals geglaubt. Dieser Aspekt relativiert sich erst dann, wenn eine Firma über so hohe Eintrittsbarrieren (Größe, Kundenbindung etc.) verfügt, dass auch ein untalentierter Manager das Ruder übernehmen könnte. Allerdings zeigen Negativbeispiele wie Grundig, Quelle, Neckermann, dass diese Unternehmen von ihrer erworbenen Substanz nicht einmal eine Nachfolgegeneration überlebt haben.

Humankapital kann aber auch zu einer Schleuderware wirtschaftlicher Interessen verkommen. So wird es im Zuge schneller Unternehmenstransfers durch Private-Equity-Gesellschaften oder Hedgefonds als Asset angesehen, das sich kurzfristig verwerten lässt. Solche Unternehmensbeteiligungen sind vor allem am möglichst unmittelbaren Investmenterfolg interessiert. Dem Unternehmen werden die schnell zu realisierenden Werte entzogen. Angesichts der derzeitigen Niedrigzinsen geschieht dies meist auch noch in extrem hohem Umfang fremdfinanziert. Das Interesse, die übernommenen Firmen und ihr Humankapital strategisch weiterzuentwickeln, ist bei solchen Private-Equity- und Hedgefondsgesellschaften nicht vorhanden. Zwischen dem kurzfristigen Agieren mit schnellem Personalabbau und der oft bekundeten langfristig großen Bedeutung von Humankapital besteht nur vordergründig ein Widerspruch. Beide Vorgehensweisen wirken im Idealfall wertsteigernd für das Unternehmen. Der kurzfristige Effekt wird als Raubbaukapitalismus geschmäht, der langfristige Aufbau von Humankapital z. B. in einem mittelständischen Familienunternehmen steht idealtypisch für die Soziale Marktwirtschaft, die auf Fair Play für alle am Wirtschaftsleben Beteiligte setzt.

Die schnelle Nutzung von Know-how und die potenzielle Nutzung von Wissen haben eine ganz neue Form von Menschenhandel ermöglicht. Aber häufig interessiert man sich gar nicht für den Menschen. So können »property rights« in Form von Patenten vorliegen. Der Forscher wird dann entlassen, wesentlich ist die Nutzung seiner Patente. Der Mohr hat seine Schuldigkeit getan. So wird durch Freisetzungen bzw. Personalabbau ggf. schnell ein positiver Wertbeitrag möglich. Nachhaltig ist er oft nicht. Vor allem wenn die »opinion leader«, entscheidende Ingenieure etwa, fehlen, um das Unternehmen weiterzuentwickeln. Mittel- bis langfristig wird so Wert vernichtet und ggf. die Unternehmensexistenz bedroht.

Nicht nur Kapital ist flüchtig, auch Personen. Nach Übernahmen fliehen wichtige Know-how-Träger, die sich anderswo verdingen können, auch freiwillig. Hierzulande besteht die Gefahr der Abwanderung von Leistungsträgern. Gleichzeitig erfolgt eine Einwanderung in die Sozialsysteme. Die Regierung tauscht so das Volk aus. Der Braindrain, d.h. die Abwanderung gut ausgebildeter inländischer Arbeitskräfte, wird auch dadurch verstärkt, dass für Bildung zu wenig Geld vorhanden und die Qualität der Stellen nicht ausreichend ist. Dies betrifft auch die Forschung und die Finanzierung von Wagniskapital. Deutschland ist kein Paradies, auch wenn Politiker dies suggerieren.[116] Hierzulande werden junge potenzielle Aufsteiger mit befristeten Stellen »abgespeist«. Sie sind nur eine Notlösung und sie sind bei den Betroffenen sowie in der gesamtgesellschaftlichen Akzeptanz zu Recht umstritten. Dann wandern viele doch gleich lieber in die USA aus anstatt ein marodes Sozialsystem zu finanzieren, das Alte dank ihrer wachsenden Wählermacht übertrieben alimentiert. Im Durchschnitt sind es jedes Jahr Hunderttausende, zum Teil hochqualifizierte Arbeitskräfte, die emigrieren, meist in die Schweiz, die USA oder attraktive EU-Staaten.

Unabhängig von der Frage, wie relevant die Auswanderung der gut ausgebildeten und tüchtigen Inländer ist, stellt sich die Frage der vermachteten Wirtschaft auch international. Die neuen Imperialisten sind die Großkonzerne und ihre gut bezahlten Manager sowie vor allem die Eigner der monopolnahen Konzerne, die noch dazu wenig Steuern zahlen. Bei der Beurteilung menschlicher Fähigkeiten sind Alternativen zu prüfen. So konkurriert ein Handwerker beispielsweise mit der sicheren Rentabilität einer Firma wie Nestlé. Vermachtete Strukturen schaffen eine Ertragssicherheit, die eine selbstständige eigene Tätigkeit oft nicht liefern kann. So muss sich der Handwerker entsprechend absichern (Versicherung vor beruflichen Ausfällen, Schäden ggü. Dritten), er muss mehr aufweisen, als nur tüchtig zu sein. Auch für ihn gilt oft wie generell, dass die Bildung in Finanzfragen zu wünschen übrig lässt. Ohne Not geht man höhere Risiken als nötig ein. So sollte vor größeren Entscheidungen ein hinreichend detaillierter Vermögensplan erstellt werden. Gesunder Menschenverstand bzw. eine Grundbildung in wirtschaftlichem Planungsdenken dürfte dafür eigentlich schon ausreichend sein. Dadurch lässt sich etwa verhindern, dass die eigene Bank nach gutem Zureden eine neue Wohnung oder Haus finanziert, was die eigenen finanziellen Möglichkeiten übersteigt (durch zu hohen Kreditanteil, potenziellen Wertverfall). Die Produktivität des Faktors Kapital ist dann ggf. höher als z. B. beim Faktor Arbeit. Im Klartext gesprochen: Diesen Finanzierungsengpass kann er durch noch so harte Arbeit kaum mehr ausgleichen. Solche nicht untypischen Vorgänge sind schon schlimm genug und Ausdruck falscher Rahmenbedingungen im Kasinokapitalismus. Gleichzeitig erfolgt die »Mehrwert-Abschöpfung« der Arbeitnehmer durch die drastisch hohe Besteuerung des Staates.

Die Lebens- und Interessenlagen entscheiden, was sich letztlich durchsetzt. Auch ein tüchtiger Handwerker muss sich der Konkurrenz einer dank der guten Marktstellung sicheren Nestlé-Anlage und anderer vermachteter Strukturen stellen. In den 1950er-Jahren wäre er mit der gleichen Arbeitsleistung wohl erfolgreicher gewesen als heute. Die Perspektiven für ihn waren besser. Die Bildung von Monopolunternehmen wurde durch eine wirksam tätige Kartellbehörde verhindert, heute sieht man dies pragmatischer. Auch hier hat sich die angelsächsische Kapitalismusvariante durchgesetzt. Der Nutzen einer guten Ausbildung, z. B. als Handwerker, wird vor dem Hintergrund der hohen und nachhaltigen Erträge bei der Anlage z. B. in Nestlé relativiert. So wird der fleißig und ehrlich Wirtschaftende zum Verlierer, jedenfalls bei

Heranziehung der Alternativen. Nicht zuletzt weil das vermachtete Kapital besser abgesichert ist als der im Wettbewerb stehende Handwerker. Dessen Selbstständigkeit ist dadurch bedroht und bekommt irrationale Züge. Die Selbstausbeutung wird nicht erkannt, da man traditionell auf die eigene Tüchtigkeit setzt. Hätte er sich doch – natürlich stimmt dies nicht generell, aber leider immer öfter – lieber verschuldet zugunsten sicherer Aktien (und nicht zugunsten seines im Wettbewerb stehenden Betriebes), um die stabil planbaren Erträge von Monopolunternehmen zu generieren.

Das Verschulden und Investieren in sichere Aktien kann besser sein, als in das ausichtslosere eigene Geschäft zu investieren. Dabei sind die Eintrittsbarrieren zu vergleichen. Ist der Handwerker ausreichend frei von Wettbewerb? Wenn der Staat dagegen das Erwirtschaften von Monopolgewinnen zulässt, dann wird es für den Leistungswettbwerb und die faire Ressourcenallokation zwischen Arbeit, Kapital und Boden schwierig. Ein besonders negatives inländisches Beispiel ist Tank und Rast: Nach dem Verkauf des Raststättenbetreibers durch den Staat (durch den damaligen Minister Müntefering) überließ dieser den größeren Teil der Gewinne (vermutlich bis zu 4/5) Private-Equity-Firmen. Das ist nicht zuletzt auch deswegen problematisch, da diese für den Staat lukrative Infrastrukturveräußerung auch noch die Bürger/Konsumenten systematisch abzockt.

Vor diesem Hintergrund ist an die Vorbildfunktion des Staates und seiner Akteure, der führenden Politiker, zu appellieren. Mit der Telekom-Emission zu überhöhten Preisen wurde viel Vertrauenskapital zerschlagen. Umso wichtiger ist, sich auf das eigene Können zu besinnen und dies bei den Vermögensplanungen zu berücksichtigen. Nicht nur die typischen Anlageformen Aktien, Renten und Immobilien zählen.

»Die Arbeitskraft und die Fähigkeit, daraus Kapital zu schlagen, ist für viele Menschen der mit Abstand größte Vermögenswert. Genauso verhält es sich zum Beispiel mit den Renten der Senioren. Wer beispielsweise 67 Jahre alt ist und im Monat betriebliche und staatliche Renten von zusammen 8000 DM erhält, sonst aber keine Geldanlage besitzt, ist sicher kein reicher Anleger, auf der anderen Seite aber auch kein armer Mann.«[117] Wenn das Humankapital ein so großer Vermögenswert ist, dann bleibt vor allem die Empfehlung: Investieren Sie in sich selbst! Das klingt ungewohnt, ist aber bei einer richtigen Interpretation eine Wohlstandsverheißung, die über das rein Materielle hinausgeht. Nicht unreflektiert kon-

sumieren und sich damit zum Objekt der Manipulateure zu machen, so können Sie als Subjekt Ihr Leben gestalten.

Die vierte Dimension der Anlage, Ihr eigenes Humankapital (neben Aktien, Renten und Immobilien) sollte besonders hohe Erträge abwerfen. Wenn im Alter das Humankapital typischerweise an Bedeutung verliert, müssen die übrigen Anlagen ausreichen, um den Rückgang zu kompensieren. Wer daran nicht denkt, spekuliert auf den ausgleichenden Sozialstaat! Diese Kalkulation könnte angesichts immer knapperer Sozialkassen nicht aufgehen.

Fazit

Investieren Sie in sich selbst! Sie sind selbst der Gestalter Ihres Erfolgs. Voraussetzung für die Erträge aus der Investition in Bildung sind faire Rahmenbedingungen für den Aufstieg. Niedrige Steuern auf Arbeitnehmereinkünfte, auch im Verhältnis zu Kapitaleinkünften, und weniger Regulierungen sind der Schlüssel zum Erfolg für mehr wirtschaftliche Autonomie der Bürger und weniger Sozialstaatsaktivität. Familien, die über Generationen von der Stütze leben, sind kein Ergebnis sozialer Politik, sondern ein Warnsignal. Die Empfänger staatlicher Leistungen werden so zwar ruhiggestellt, die Chance auf ein würdiges Leben mit Stolz auf eigene Erfolge wird dem Einzelnen aber genommen.

4.5 Selber Nachdenken und eine faire Beratung ermöglichen

Der Haken an der Sache ist der Anleger. Der eine Investor meint, diese Strategie mithilfe eigener Anlagen besser umsetzen zu können, der zweite Investor wird das Geld einem Verwalter überlassen, der dem Anleger vorgaukelt, die Märkt schlagen zu können, und der dritte Investor wird sich von Renditen und Steuervorteilen blenden lassen, die blanke Utopie sind.

Volker Looman[118]

Als besser informierter Anleger werden Sie nicht auf die alarmistischen Sirenenklänge des geschäftstüchtigen Anlagenverkäufers oder Vermögensverwalters hören. Aber natürlich gibt es genug schlecht bis gar nicht informierte Anleger oder sogar welche, die ihrem »Finanzexperten« gleich einen Freibrief gegeben haben, dass er mit ihrem Vermögen tun oder lassen kann, wie er es will. Und dafür entlohnen sie ihn auch noch üppig. Ähnlich profitieren auch die Regierungen, wenn man nicht genau hinschaut.

So helfen die Politiker beim Vertrieb durch das vermeintliche Gütesiegel »Steuerfreiheit«. Das führt dann fast regelmäßig zu Verlusten und dient der Konjunkturförderung oder Strukturpolitik, die letztlich Sie als Anleger finanzieren. Dabei gehört der Hochsteuerstaat Deutschland, auch historisch betrachtet, zu den besonders effizienten Eintreibern von Steuern.[119] Wer sich nicht gegen die alarmistischen Sirenenklänge immunisiert hat und noch dazu renditegierig und finanziell unwissend ist, wird weiter gelegentlich »über den Tisch gezogen« oder sogar systematisch abgezockt (bei einem Freibrief zur Vermögensverwaltung oder wenn man sich auf Steuerversprechen des Staates verlässt).

Aus der Finanzkrise nichts gelernt? Weiterhin und vielleicht noch lauter als vor deren Ausbruch und der New-Economy-Pleite Anfang 2000 muten Börseninformationen inzwischen wie Sportnachrichten an. Pausenlos werden neue Kursrekorde gemeldet, aber die Hintergründe dafür bleiben unbeleuchtet. Wenn diese fragwürdige Informationspolitik nicht reformiert wird, kann nur der eigene Sachverstand dieser Desinformation Grenzen setzen. So wäre es meines Erachtens zielführend,

- wirtschaftlichen Sachverstand schon an den Schulen zu prägen und
- allgemein den Zusammenhang zwischen eigenem Sparen und richtiger Anlage für das Alter möglichst frühzeitig zu vermitteln.

Die jetzigen Kursanstiege an den Börsen werden positiv fehlinterpretiert; auf die tiefer liegenden Probleme wird nicht ausreichend hingewiesen. Folgen Anleger dem inszenierten Optimismus und kaufen diese durch die Flucht aus Staatsanleihen in Sachwerte überbewerteten Papiere zur Unzeit, d. h. bei Höchstkursen, werden sie erneut enttäuscht. Der wirtschaftliche Schaden könnte dann größer sein als bei der Zeichnung der dritten Tranche neuer Telekom-Aktien (Ausgabepreis: 66,50 Euro, aktueller Kurs Anfang Juni 2014: gut 12 Euro!). Noch heute halten viele Anleger verzweifelt Telekom-Aktien und warten auf bessere Zeiten. Abzocke und Desinformation im Verbund mit dem Staat (durch den manipulierenden Hinweis auf Steuerbefreiung oder die vorgegaukelte Sicherheit von Staatsanleihen, die auf Banken und Versicherer abgeladen werden) scheinen die Finanzbranche hierzulande stärker als anderswo zu prägen. In vielen Ländern wird der provisionsorientierte Vertrieb geächtet, häufig ist auch ein Verbot ausgesprochen worden. Zum Beispiel in Großbritannien: Dort trat Ende 2012 unter dem Oberbegriff »Retail Distribution Review« (RDR) eine neue Regulierung in Kraft. Sie verbietet Provisionsberatung zugunsten der Honorarberatung.[120] Zu einem Verbot des provisionsorientierten Vertriebs konnte man sich in Deutschland bislang noch nicht durchringen. Die neue EU-Finanzmarktrichtlinie Mifid II, die ab 2017 zur Anwendung kommen soll, bringt auch hier keine klaren Verbesserungen. Es kommt letztlich nur zu Regulierungen, die die Bürokratie anheizen und die Verkäufer der Produkte rechtlich schützen. Bei der persönlichen Beratung in der Bankfiliale muss künftig europaweit mit einem schriftlichen Protokoll und bei der Telefonberatung durch Aufzeichnung dokumentiert werden, warum ein bestimmtes Finanzprodukt empfohlen wurde und wie risikobereit der jeweilige Kunde ist. Eine solche Verrechtlichung ist nichts anderes als Ausdruck von Misstrauen, das aber so nicht überwunden wird. Der provisionsorientierte Vertrieb sollte daher untersagt und im Gegenzug eine echte unabhängige Beratung ermöglicht werden. Erst wenn das fehllenkende Verhalten durch ein Verbot gestoppt und nach und nach Gras über den finanziellen Turbokapitalismus zulasten der Investoren gewachsen ist, ist Platz für etwas Neues: Zurück zu einem selbstverständlichen unabhängigen Geldanlageverhalten der Bürger ohne Manipulation durch Finanzinstitutionen und den Staat!

Dann kann eine neue Anlagekultur entstehen, die wieder generationenübergreifend ausgerichtet ist. Genau wie der Staat durch seine Altersvorsorge die Familien korrumpiert hat (die dadurch weniger oder gar nicht mehr in ihren eigenen Nachwuchs investieren), hat er auch anlagepolitisch Verwerfungen erzeugt, und zwar durch die kapitalvernichtenden Riester- und Rürup-Renten, die nur den Anlage- und Versicherungsvertrieblern hohe Profite bescherten. Der Finanzexperte und *FAZ*-Kolumnist Volker Looman macht indes wenig Hoffnung auf eine allgemeine positive Veränderung des kundenunfreundlichen Zustands:[121]

»Die neutrale Vermögensverwaltung ist nur auf Honorarbasis und bei vollständiger Herausgabe aller Provisionen möglich. Solange aber keine Bereitschaft vorhanden ist, die Leistungen direkt zu entlohnen, wird der Traum von der neutralen und unabhängigen Verwaltung nie in Erfüllung gehen.«

Der Kleinanleger gehört nun einmal nicht zu einer besonders geschützten Spezies, sondern ist im Gegenteil Ziel der Provisions- und Umverteilungsmaschinerie. Da das Ganze viel mit Massensychologie[122] zu tun hat, sollten Sie sich unabhängig beraten lassen. Die unberechtigte grundsätzliche Angst vor einer Anlage in Aktien, die vielfach geschürt wird, um Sie besser über den Tisch ziehen zu können, sollten Sie abbauen und selektiv investieren. Bei den ausgewählten guten Unternehmen muss dann nur noch der Kurs unter dem sorgfältig ermittelten fairen Wert liegen (qualitativ gute Unternehmen finden sich bereits in meinem Buch *Die Währungsreform kommt!*, S. 232).

Fazit

Bevor sie wichtige finanzielle Entscheidungen treffen, prüfen Sie am besten noch einmal genau, ob Ihr persönlicher Nutzen ausreichend groß ist. Richtlinie: Trifft das vermeintlich Versprochene auch dann zu, wenn sich – durchaus realistisch – andere Szenarien ergeben, als Ihnen vorgerechnet wurden? Lesen Sie das Kleingedruckte! Wenn Sie dann allerdings feststellen, dass – durchaus realistisch – die andere Seite, nämlich der Verkäufer, der potenzielle Gewinner ist und nicht Sie, Finger weg!

4.6 Vorschlag einer Anlageaufteilung bei schleichender Enteignung

Die Haltung, heute zu leben und sich über die Altersversorgung keinen Kopf zu machen, ist verständlich. Es ist nur dumm, dass man mit 40 und 50 die Zeit nicht zurückdrehen kann. Daher ist es vielleicht gar nicht »uncool«, vom ersten Einkommen doch 10 bis 15% auf die Seite zu legen. Es kann

Wunder wirken, denn Wohlstand im Alter besteht, um es noch einmal in aller Deutlichkeit zu sagen, aus Konsumverzicht und der schlichten Erkenntnis, dass es bei der Geldanlage zunächst auf das Kapital, dann auf das Risiko und schließlich auf den Zinssatz ankommt. Natürlich kann der Spieß auch umgedreht werden, doch wer nicht auf die Seite legt, kann rechnen, solange er will. Das Ergebnis wird immer eine Null sein.

Volker Looman[123]

Die Emanzipation gegenüber provisionsgierigen Bankverkäufern ist nur der erste Schritt. Der zweite Schritt ist das eigenständige Nachdenken über die optimale Aufteilung der Geldanlagen. Im Folgenden werden Aktien, Anleihen, Immobilien und Edelmetalle hinsichtlich ihrer Anlageneignung analysiert:

Aktien

Verfügen Unternehmen über ausreichend stabile Eintrittsbarrieren gegenüber Dritten, sind sie grundsätzlich als Daueranlage geeignet. Wenn sie so nicht dem allzu scharfen Wind des Wettbewerbs ausgesetzt sind, können sie ohne größere Schwankungen ordentliche Gewinne erwirtschaften. Mit einem derartig soliden Geschäftsmodell sind stabile Dividendenzahlungen möglich. Für die Aktionäre ist die Ausschüttung damit relativ sicher planbar. In der Breite sind zwar noch vielfach gut nachvollziehbare Preise anzutreffen und derzeit (Juni 2014) ist bei einem KGV von rund 14 für den DAX insgesamt noch keine Überbewertung, auch im historischen Vergleich, feststellbar. Sie zeichnet sich aber zunehmend ab. Trotz der schwächeren Unternehmenszahlen scheint die Flucht in Sachwerte zuzunehmen. Getragen werden die hohen Kurse bis auf weiteres zudem durch die ungehemmte Niedrigzinspolitik der Notenbanken. Ein entsprechender Wertverfall bei steigenden Zinsen ist einzukalkulieren.

Bei Aktien zeigte sich eine gute Performance vor Währungsreformen. Da es sich um Sachwerte mit Inflationsschutz handelt, wird die Kursperformance in Zeiten sinkenden Vertrauens in den Staat und seine Leistungsversprechen angeheizt. Neben der Sachwertsicherung ist ein weiterer Vorteil von Aktien die Möglichkeit des flexiblen Ein- und Ausstiegs. Für den normalen Anleger stehen die Dauerrendite (laufende Erträge in Form von Dividenden) und Vermögenssicherung im Mittelpunkt. Erforderlich wäre hierzulande eine aktionärsfreundliche inländische Regulierung (Förderung des Aktiensparens bei Kleinanlegern, um Erhards Volksaktienidee wiederzubeleben). Das Auswahlkriterium für Aktien ist eine Sicherung des Geschäftsmodells der Unternehmen durch die bereits erwähnten Eintrittsbarrieren. Größenvorteile, rechtliche Absicherungen oder die Kundenbindung schaffen beispielsweise einen wirksamen Schutz vor zu großem Wettbewerb. Weitere im Vorfeld zu stellende Fragen lauten, ob es solide Haupt-/Ankeraktionäre gibt, die für ein solides Management sorgen, oder ob die Zahlen der letzten Jahre für eine hohe operative Stabilität sprechen. Der aktuelle Kurs sollte mit einem ausreichend hohen Abschlag (Sicherheitspuffer) unter dem sorgfältig berechneten Wert liegen. Zusätzlich kann eine Marktanalyse mit der Verfolgung der Kaufmotive erfolgen. Handelt es sich um Dauerbeteiligungen, Kursspekulationen oder Vermögenssicherungsmaßnahmen? Dies sagt viel aus über die Gesamtmarktsolidität. Derzeit geht der Fokus zunehmend in Richtung Vermögenssicherung. Auch bei Aktien ist – wenn auch fundamental weniger gerechtfertigt als bei den überbewerteten Staatsanleihen – mit Preiseinbrüchen bei wieder anziehenden Zinsen zu rechnen.

Anleihen

Bei Staatsanleihen dominiert eine von Regierungsvertretern behauptete (aber historisch immer wieder widerlegte) Sicherheit, die auch regulatorisch festgeschrieben ist. Dies ist eine unsinnige Annahme, vor allem vor dem Hintergrund so vieler Währungsreformen in der Vergangenheit. Dennoch besteht nach wie vor keine Notwendigkeit, aus Risikogründen Eigenkapital in den Bilanzen der Finanzinstitute im Gegensatz zu anderen Anlageformen zu hinterlegen. Auch stehen internationale Schlüsselstaaten, die für das Funktionieren des derzeitig fehlgelenkten Finanzkapitalismus wichtig sind, anscheinend unter Systemschutz. So werden Ankerstaaten wie die USA und Deutschland durch extrem günstige Urteile der großen drei Ratingagenturen gestützt, wodurch die signifikanten Überbewertungen von Staatsanleihen (in Ergänzung mit der fragwürdigen Regulierung, dass Staaten als sicher eingestuft werden und daher bilanziell keine Berücksichtigung möglicher Risiken erfolgt) vermutlich noch verstärkt werden. Bei Unternehmensanleihen ist wie bei Aktien auf das Vorhandensein von Eintrittsbarrieren zu achten. Hier hat sich eine weit größere Bewertungsblase als bei den Sachwerten herausgebildet. Qualität (= hohe operative Stabilität und überschaubare Finanzrisiken) und möglichst niedrige Bewertungen sind Trumpf!

Bei Anleihen besteht ein Festzinsanspruch, sie sind formal vorrangig besichert. Wie bereits erwähnt, sollte als Anlagevoraussetzung ein solides Finanzprofil (neben den Eintrittsbarrieren und operativer Stabilität) vorliegen. Staatsanleihen sind grundsätzlich zu meiden, da sie aktuell vielfach massiv überbewertet sind. Außerdem fällt die Realverzinsung mit steigender Inflation. Der Staat als Schuldner profitiert davon. Komplexere Produkte (z. B. Zertifikate) sind ebenfalls in der Regel ungeeignet.

Immobilien

Fundamental besteht zunehmend eine Knappheit an Standorten und ein verstärkt fragwürdiges Verhältnis der nachhaltigen Miete zum Kaufpreis in Ballungsgebieten (Beispiel: KGV von 30 in manchen begehrten Lagen Münchens). Die Gefahrensignale sind nicht mehr zu übersehen. Die Spekulation auf steigende Preise nimmt auch hier im Inland zu. Die steigenden Preise werden oft nur als Anpassung an weit höhere Niveaus in London, Paris oder anderen ausländischen Ballungsgebieten interpretiert. Dass dort eine Immobilienblase vorliegt, wird leicht verdrängt. Die Immobilienpreise in London haben inzwischen wieder das Niveau vor der Finanzkrise 2007 erreicht. Zurück zur neuen normalen Instabilität bei völlig überbewerteten Assetpreisen? Die gute Stimmung und die Preisbeschleunigung werden gerne als Boom hingenommen. Dies wird auch in den Medien oft unreflektiert gefeiert.

Die wirtschaftliche Erholung ist nach über sechs Jahren Finanzkrise in der Realwirtschaft noch nicht angekommen, vor allem nicht bei den Bürgern ohne nennenswertes Kapitalvermögen. Was schert das die Spekulanten, die sich wieder »reich« rechnen? Das Schneeballsystem geht so lange weiter, bis sie einen Dümmeren finden, der auf weitere Steigerungen setzt. In Deutschland kommt vor diesem Hintergrund hinzu, dass hierzulande immer mehr Fluchtgeld aus dem Ausland (zwischen-)geparkt wird. Dies verstärkt die zunehmenden Überbewertungen in Spitzenlagen.

Bei Immobilien ist zwischen eigengenutzten und fremdvermieteten Immobilien abzuwägen. Vermutlich besteht auch künftig ein besserer politischer Schutz für eigengenutzten Wohnraum. Andererseits ist die Standortflexibilität bei fremdvermieteten Objekten größer. Der dauerhafte Anlageertrag und die Vermögenssicherung stehen bei Immobilien im Fokus. Die Eigentumsbildung ist m. E. grundsätzlich positiv zu werten, aber es gilt auch: Immobilien sind gleichzeitig sicher für die Geldverleiher. Denken Sie daran: Die Häuser gehören durch die Kredite zumindest teilweise, oft sogar fast in vollem Umfang den Banken und damit dem Staat – es sei denn, Sie sind schuldenfrei. (Dann ist eine Vermögensabgabe wiederum leicht einzutreiben – Sie sind schließlich noch kreditwürdig!)

Ein weiterer Nachtteil ist, wie der Begriff schon sagt, die Immobilität (auch des Kapitals), außerdem die hohen Verwaltungsaufwendungen. Es besteht die Gefahr von noch größeren Blasenbildungen insbesondere in begehrten Lagen. Zu Risiken kann es kommen bei hohem Fremdfinanzierungsanteil und einer sich entwickelnden Deflation. Die Deutsche Bundesbank warnte bereits vor Überbewertungen in Großstädten von bis zu 20 % Ende 2013[124] und einer weiteren Steigerung auf 25 % im Februar 2014[125].

Bei einer verschärften Krise könnte sich der Nachteil hinsichtlich Immobilienanlagen dahingehend auswirken, dass sie allzu gut dokumentiert sind. Rückschauen auf frühere Währungskrisen zeigen die »Folterinstrumente« zur Entschuldung des Gemeinwesens. So sind beispielsweise Zwangshypotheken im Falle einer Währungsreform zu befürchten. Der Fiskus wird kreativ genug sein, auch andere Vermögensabgaben zu erfinden. Alle diese Maßnahmen laufen auf eine mehr oder minder aggressive Form der Enteignung hinaus.

Edelmetalle

Edelmetalle sind ein Krisenindikator. In trügerischen Phasen der Sicherheit kommt es dabei wieder zu attraktiven Bewertungen. Die zwischenzeitliche Aussicht, dass die US-Geldpolitik lockerer wird, führte im Laufe des Jahres 2013 zu einem massiven Preiseinbruch bei Gold. Doch solange das Problem der viel zu hohen Staatsschulden nicht glaubwürdig gelöst ist, bleiben Edelmetalle ein wichtiger Sicherheitsanker. Nur bei einem (vorerst unrealistischen) Zinsanstieg wäre – dann fundamental begründet – ein Preisverfall zu erwarten.

Edelmetalle haben gegenüber anderen Anlageklassen den Nachteil, dass laufende Erträge fehlen. Bei den Investoren stehen die Sicherheit der Anlage und die (mobile) Verfügbarkeit im Fokus. Jedoch könnte auch eine neue Regulierungsfalle wieder zuschnappen, denn Goldverbote wären aus historischer Sicht nichts Neues. Ein Wertverfall bei steigenden Zinsen und stabileren wirtschaftlichen Verhältnissen ist möglich, wenn auch derzeit äußerst unrealistisch. Im Zweifel wird die Politik des leichten Geldes fortgeführt und ggf. auch überstrapaziert. So war die Finanzkrise ab 2007 auch eine Folge der allzu expansiven Fed-Politik in den Jahren 2002–2004. Ganz andere Erwägungen kommen bei einer Krisenverschärfung ins Spiel: Dann ist die Durchsetzbarkeit eigener Rechte von zunehmender Bedeutung (Herausgabeansprüche des gelagerten Goldes).

Edelmetalle werden von den Anlegern als Stabilitätsanker in Krisenzeiten, als eine Art Versicherung oder Hedge gegen schlechte Nachrichten geschätzt. Ein wesentlicher Vorteil von Edelmetallen liegt darin, dass sie mehr Sicherheit als das nicht realwertgeschützte Papiergeld bieten. Alan Greenspan wies bereits 1966, weit vor seiner Amtszeit als US-Notenbankpräsident, auf diesen Aspekt hin: *»Ohne Goldstandard gibt es keinen Weg, Ersparnisse vor der vermögensreduzierenden Inflation zu schützen. Es gibt keine sichere Wertaufbewahrung.«* [126]

Notenbanken sehen den klassischen Wertspeicher Gold als Konkurrenz. Sollte die Akzeptanz des Goldes oder anderer Edelmetalle in der Bevölkerung weiter zunehmen, ist die Steuerung des Papiergeldes mangels Vertrauen immer schwieriger. Erst wird die Grundlage des Vertrauens zerstört, dann auch die Geschäftsgrundlage des so konzipierten Geldes. Wenn es von der Bevölkerung nicht mehr akzeptiert wird, mutiert Papiergeld zu einem »Papiertiger«. Ein schwieriges Szenario für die Notenbanker dieser Welt, die mit dem Umherwerfen von immer mehr Geld mit immer mehr Nullen genau diese Vertrauensdestabilisierung selbst verstärkt haben. Irgendwann laufen die Stimuli ins Nichts und die Bevölkerung setzt vermehrt auf krisenbewährte Edelmetalle.

Die weitere Preisentwicklung ist abhängig von der Notenbankpolitik. Bei einer Straffung ist mit einem Preiseinbruch zu rechnen. Die Fed-Ankündigung, dies zu tun, reichte aus, um den Preis nach unten zu drücken. Die jüngste Leitzinssenkung der EZB spricht weiter für Edelmetallinvestments.

Die Geldpolitik in Europa wird angesichts der Schulden der Banken und Staaten voraussichtlich eher noch lockerer. Vor diesem Hintergrund sind Neuengagements in Gold sinnvoll, da die grundlegenden Probleme der Verschuldung der öffentlichen Haushalte bis auf weiteres ungelöst bleiben. Edelmetallpreise profitieren von der Unsicherheit, die durch die Papiergeldentwertung verstärkt wird. Wer nicht direkt in Gold investieren möchte, hat dazu Alternativen, z. B. Käufe der Industriemetalle Silber, Platin oder Palladium sowie spekulativ von Minenaktien. Der Goldpreis liegt derzeit unter den Produktionskosten, was diese Papiere interessant macht.

Bislang hält sich die Angstspekulation/Vermögenssicherungspanik noch in Grenzen. Nur bei extrem negativen Nachrichten würde sie zunehmen, da es zu Gewöhnungseffekten kommt. Irgendwann ist der Punkt erreicht, ab dem schlechte Nachrichten zunehmend verdrängt werden. Die Medien, so scheint es, helfen im vorauseilenden Gehorsam und filtern positiver klingende Meldungen heraus oder präsentieren ablenkende Themen. Eine freundliche Berichterstattung hilft, kann aber als verzweifelte Schönwetter-Manipulation und Desinformation empfunden werden. Wenn immer wieder von einem Boom bei fehlendem Wirtschaftswachstum gesprochen wird, ist das extrem beschönigend. Wenn immer wieder von Rekordsteuern gesprochen wird, ist dies insofern irreführend, als es kein Zeichen des Wohlbefindens – uns geht es gut – ist, sondern eines größeren steuerlichen Abschöpfens. So werden die finanziellen Spielräume der Bürger immer enger durch die sogenannte kalte Progression (Einkommensteuertarife werden nicht mehr an die Preissteigerung angepasst). In der Breite führt dies zu stagnierenden oder ggf. sogar zu fallenden Nettolöhnen.

Die Meinungssteuerung durch Propagandanachrichten irritiert. Erst wenn der »Reality Schock«, auch vor dem Hintergrund der schönfärberischen Nachrichten, für die Bevölkerung bzw. die Anleger zu groß wird, ist mit einer Angstspekulation/Vermögenssicherungspanik zu rechnen. Kurz zusammengefasst hier noch einmal die Motive für den Erwerb von Assets und bestehende Risiken nach Vermögensklassen:

Vermögensklassen/ Anlageformen	Kauf-/Verkaufsmotive vor dem derzeitigen Anlageumfeld	Grundsätzliche Anlageaspekte
Aktien	Kapitalflucht	Ertrags- und Vermögenssicherheit
Anleihen	Attraktiv nur aufgrund der Vertriebsunterstützung durch das regulatorische Umfeld. Kapitalabzugsgefahr, da nur formaler Schutz; Assetqualität?	Ertrags- und Vermögenssicherheit nur in stabilen Phasen (derzeit nicht bzw. nur in ausgewählt stabilen Staaten)
Immobilien	Kapitalflucht	Ertrags- und Vermögenssicherheit, Verfügbarkeit selbst genutzter Immobilien
Edelmetalle	Kapitalflucht	Sicherheit und (mobile) Verfügbarkeit

Kauf-/Verkaufsmotive und grundsätzliche Anlageaspekte nach Vermögensklassen

Folgende Trends bestimmen bis auf weiteres das Anlegerverhalten:

1. Anlagenotstand (Sparer verlieren Geld)
2. Steigende Rentenlücke – ungeeignete Vorsorgeformen (Riester- und Rürup-Renten)
3. Flucht in Sachwerte mit Vermögenspreisinflation (Blasen)
4. USA/EU: Hedonistische Inflationsberechnungen; Vermögenspreisblasen sind so nicht im vollen Ausmaß erkennbar

Die Anlagealternativen unterscheiden sich inzwischen deutlich hinsichtlich ihrer Attraktivität:

- Aktien: KGV steigt, oft noch akzeptable Renditen
- Anleihen: sehr hohe KGVs, extrem niedrige Renditen
- Immobilien: teilweise hohe KGVs, niedrige Renditen
- Edelmetalle: keine Erträge (aber Realwertschutz)

Bei Auslandsinvestments sind Wechselkursrisiken zu beachten. Das Rückkaufrisiko entfällt im Falle einer Auswanderung oder einer dauerhaften Fokussierung des Anlagespektrums auf eine Auslandswährung. Der US-Dollar ist seit der Auflösung der Goldbindung seit Anfang der 1970er-Jahre eine unsichere Währung. Mit den gebrochenen Versprechen,

1. dass die Politik der vereinten europäischen Zentralbanken der der Deutschen Bundesbank entspricht und damit
2. der Euro genauso stabil sei wie die D-Mark,

gehört auch der Euro zu den unsicheren Währungen. Die Deutsche Bundesbank hat kaum Stimmengewicht, aber ein deutliches Kapitalgewicht, wodurch Umverteilungseffekte zugunsten der südeuropäischen Staaten ermöglicht werden. Durch deren Dominanz im ESZB hat sich heute die inländische Wirtschaft einem südeuropäischen Zinsdiktat zu beugen. Die letzten Zinssenkungen durch die EZB zeigten dies erneut.

Früher wurde von den südeuropäischen Staaten die Hegemonie durch die Deutsche Bundesbank beklagt. Bloß handelte es sich damals um die Orientierung an einer stabilitäts- und geldwertorientierten Politik, während heute – wie bei der Fed – die Rettung des Finanzsystems, die Stabilisierung der Märkte und der Wirtschaft im Blickpunkt stehen. Von einer ausschließlichen Orientierung an der Geldwertstabilität ist kaum mehr die Rede. Die inländische Wirtschaft wird den Schaden durch die sogenannte Weichwährung billigend in Kauf nehmen. Im langen Trend wird sie durch die Destabilisierung auch zu den Verlierern gehören, vor allem dann, wenn ihre Finanzierungsvorteile zudem noch EU-weit vergemeinschaftet werden.

Zu bedenken ist auch, dass die Notenbanken nationale Interessen vertreten, insbesondere die amerikanische mit ihrem Wachstums- und Exportfokus. Gleichzeitig hat die US-Geldpolitik Auswirkungen auf die Wirtschaft weltweit. Das Wachstum in den Schwellenländern kann sinken, wenn der Staatsanleihenkauf durch die Notenbanken nicht anhält. Die aufstrebenden Staaten sind wesentliche Gläubiger, nicht zuletzt China. Damit ist die amerikanische Geldpolitik verzahnt mit der weltweiten Ökonomie ebenso wie mit der Geopolitik. Das Erpressungspotenzial ist immens. Mit den globalen Auswirkungen führt die Politik des leichten Dollar zu Verwerfungen, die die Assetqualität der Währungsreserven betreffen. Die Exportüberschüsse von Schwellenändern oder auch der Bundesrepublik könnten ohne finanzielles Entgelt bleiben. Der Gegenwert besteht zwar nominal, aber die Einlösung der Forderungen hängt an der Bonität von finanziell schwer angeschlagenen Partnern, ob es sich um die USA handelt oder im Falle Deutschlands auch um Südeuropa.

Derzeit ist das inländische Anlagevermögen allzu immobilienlastig, während Aktien stark unterrepräsentiert sind. Die Deutschen setzen auf ein eigenes Haus oder eine eigene Wohnung. Gleichzeitig wohnen im Vergleich zu anderen Staaten hierzulande relativ mehr Bürger in Mietwohnungen. Im

Vergleich zu anderen Eurozonenstaaten schneiden die Bundesbürger nach einer EZB-Studie eher schlecht ab.[127] Aufgrund der vielfachen Resignation bei den Inlandsbürgern nach der New-Economy-Krise und dem Kurseinbruch der Telekom-Aktie blieben sie der Börse fern. Oft hatten sie noch Depotverluste zu verschmerzen, gleichzeitig führte diese Einstellung bislang häufig zu einem Verschlafen des Aktienaufschwungs. Aus einer Unterbewertung treten wir derzeit in eine Phase der Normalbewertung ein, ganz nach Michail Gorbatschows legendärem Satz »*Wer zu spät kommt, den bestraft das Leben*«.[128] So besteht die Gefahr, dass die inländischen Anleger zu spät bei Aktien einsteigen. Gold gilt weiter zu Recht als Depotversicherung bei einer Krisenverschärfung.

Die folgenden Empfehlungen für einen Anlagenmix fußen auf der Annahme einer anhaltenden Finanzrepression in den entwickelten Staaten und einer Dauer-Staatsschuldenkrise in der EU:

Aktien	35–40 %
Renten (nur Unternehmensanleihen höchster Bonität, Staatsanleihen meiden!)	5–15 %
Immobilien	35–40 %
Edelmetalle (Gold, Silber u. a.)	5–25 %

Empfohlene Anlagenaufteilung

Die Gewichtung des Anlagenmixes ergibt sich aus folgenden Gründen:

1. Diversifikation (grundsätzliches Argument, nicht alles auf eine Karte zu setzen, es sei denn, man ist aus guten Gründen absolut sicher)
2. Sachanlagen (Aktien und Immobilien) und Edelmetalle bevorzugen: 85–95 %. Inländische Bürger verlassen sich zu sehr auf die staatliche Absicherung und halten zu schlecht verzinsliche Sparbriefe oder Rentenpapiere.
3. Finanzielle Repression
4. Deflationsgefahr nicht vernachlässigen (Überschuldung vermeiden)
5. Langfriststrategie beachten! (Starke Hände gewinnen an den Märkten gegenüber den gezwungenermaßen kurzfristig agierenden schwachen Händen.)

Es gibt keine goldene Regel für Investoren, zumal der Dauerkrisenmodus (spätestens seit 2007) in den etablierten Staaten ohne Vorbild ist, dennoch ein paar Tipps:

1. Flucht in Sachwerte (mit zunehmender Instabilität im Inland Investition in politisch/ökonomisch stabileren Ländern)
2. Liquiditätssicherung mit stabilen Parallelwährungen
3. Horten von Edelmetall (sicherer Zugriff!)
4. Unter dem Aspekt »Sicherheit« sind Edelmetalle Trumpf, bei einem Fokus auf Erträge (nachhaltige Ertragskraft mit Dauerrenditen) sind Aktien und Immobilien besser geeignet.
5. Weitere persönliche Vorsorgemaßnahmen bei verschärfter Destabilisierung (z. B. verstärkte Investitionen in Bildung und ggf. Auswanderung, Rückzug ins Private, zunehmende Nutzung von Parallelwährungen)

Fazit

Die größte Blase hat sich durch die Geldflutung bei den Staatsanleihen herausgebildet. Daher ist bei einem sinnvollen Krisen-Anlagenmix auf diese Anlageform weitestgehend zu verzichten. Sachanlagen stehen im Fokus, vor allem Dinge, die der Staat seinen Bürgern auch in Extremsituationen lässt wie die eigene Wohnung/das eigene Haus. Mobile Sachwerte haben den Vorteil der räumlichen Flexibilität. Ebenfalls ist Humankapital zu berücksichtigen. Mit solchen Assets lässt sich auch anderswo eine Zukunft aufbauen. So sind das Wissen an sich, aber auch Aktien, Edelmetalle oder Diamanten etc. räumlich gut transferierbar. Wer auf Sicherheit setzt, sollte daran denken, dass eine gute Bildung schützt und wahres Geld nur Gold (oder Silber) ist.

4.7 Exkurs: Wohlstand nur noch für wenige: Das Wegbrechen der sozialen Mitte

Die Lust am Geldverdienen ist für die wirtschaftliche Entwicklung der Welt ebenso notwendig wie die Lust am Beischlaf für die Volksvermehrung.

Eugen Schmalenbach[129]

Nicht die Lust am Geldverdienen wird hier kritisiert. Im Gegenteil. Sie ist ein Leistungsansporn. Der Bankier Hermann Josef Abs (1901–1994) sah die Gewinnerzielung nicht als Selbstzweck des Wirtschaftens: »*Gewinn ist notwendig wie die Luft zum Atmen, aber es wäre schlimm, wenn wir nur wirtschaften würden, um Gewinn zu machen, wie es schlimm wäre, wenn wir nur leben würden, um zu atmen.*«[130]

Die Bindung der Gewinnerzielung an Werte ist essenziell. Bestimmte ethische Grenzen sind zu beachten, damit es nicht zu einer Entfesselung der Wirtschaft kommt, die sich zu einem Kampf aller gegen alle entwickeln kann. Die ordnungspolitischen Vorstellungen einer Sozialen Marktwirtschaft scheinen in Vergessenheit geraten zu sein; sie sollten wieder stärker ins Bewusstsein gerückt werden. Eine Gegenüberstellung »Soziale Marktwirtschaft versus heutiger Kapitalismus« verdeutlicht die entscheidenden Veränderungen. Der derzeitige Kapitalismus steht in Gefahr, durch die vermachtete Wirtschaft die demokratische Kontrolle zu verlieren. Gesetzestexte werden von interessierter Seite vorformuliert und durch die immer mehr etablierte Hinterzimmerpolitik fehlt zunehmend die Plattform für eine öffentlichkeitswirksame Kritik durch die Parlamente.

Die öffentliche Wahrnehmung von Politik beschränkt sich weitestgehend auf Talkshows. Die Verteidiger der Sozialen Marktwirtschaft sind dort jedoch kaum zu vernehmen. Hingegen versucht die Linke-Politikerin Sahra Wagenknecht, sich als »Enkelin« Ludwig Erhards zu etablieren.[131] Allein dies zeigt, wie groß das Vakuum inzwischen geworden ist. Die Deutungshoheit über Ludwig Erhard sollte nicht bei denen liegen, die damit Interessenpolitik verbinden. Das gilt sowohl für die vermachtete Wirtschaft als auch für die frühere Klassenkämpferin Wagenknecht, die im Terrain verunsicherter wertkonservativer Wähler fischt. Natürlich, Nachhaltigkeit ist besser als das kurzfristige Profitdenken der angelsächsischen Kapitalismusvariante. Dennoch, es gibt kein Schwarz-Weiß; daher ist die folgende Aufzählung ein erster Versuch, Fehlentwicklungen aufzuzeigen. Überspitzt formuliert änderte sich der Fokus des Wirtschaftens wie folgt:

- Mehr Formalismus statt Kreativität.
- Vorrang für kurzfristige Erfolge statt Nachhaltigkeit mit generationsübergreifendem Denken wie bei Familienunternehmen, ständig revidierte Bilanzierungen nach IFRS statt gemäß dem traditionellen HGB mit klaren konservativen Bewertungsgrundsätzen.
- Rechtsunsicherheit mit kostentreibenden Prozessen.
- Ausbeuterischer Kapitalismus versus eingeübtes Fair Play einer Sozialen Marktwirtschaft mit Handschlag eines ehrbaren Kaufmanns.

Bei der anhaltend hohen Vermögensungleichheit in Deutschland mit einem Gini-Koeffizienten (von dem italienischen Statistiker Corrado Gini entwickelte statistische Maßzahl zur Darstellung von Ungleichverteilungen, wobei der Wert 1 die größte Ungleichverteilung bezeichnet) von 0,78 nimmt Deutschland laut einer DIW-Studie nach wie vor eine unrühmliche Spitzenstellung in der Eurozone ein.[132] Das Durchschnittsvermögen liegt bei 83.000 Euro (2012). Es sind dabei u. a. folgende Sondereffekte zu beachten:

Immobilien machen den größten Teil des Vermögens aus. Hier besteht ein soziales Differenzierungs- und ein sogenanntes Klumpenproblem. Zwar verfügen nur 38 % der erwachsenen Bevölkerung über eine selbst genutzte Immobilie. Wenn das der Fall ist, beträgt der Wert im Schnitt 141.000 Euro. Hier besteht ein Klumpenproblem, insbesondere bei den seltener verbreiteten (nur 10 % der erwachsenen Bevölkerung) fremdvermieteten Immobilien mit einem Vermögensanteil in Höhe von 156.000 Euro.[133]

Das Vermögen der Arbeitslosen nimmt ab. Dies dürfte eine Langfristfolge der Hartz-IV-Gesetze sein, die eine finanzielle Stütze erst nach Aufbrauchen des eigenen Vermögens (bis zu einem geschützten Schonvermögen) vorsieht. Hier wird die zwischenzeitliche finanzielle Entlastung wieder zu einer Belastung, wenn die überschuldeten Langzeitarbeitslosen älter werden. Im unteren Bereich der Vermögensverteilung ist bereits der Anteil der Personen gestiegen, bei denen die Verbindlichkeiten größer sind als das Bruttovermögen. Derzeit liegt er bereits bei 7 %.[134]

Strittig ist, ob die Ungleichheit in Deutschland so ausgeprägt ist wie in der DIW-Studie beschrieben. Andere Untersuchungen, so des IWF, sehen hier eher die USA und vor allem China mit seinen neuen Milliardären an der Spitze. In einem Land wie Deutschland, das bereits jetzt schon zu den größten Umverteilungssystemen der Welt zählt, bringen weitere Steuern und Sozialleistungen nicht unbedingt weiteres Wachstum, gegebenenfalls sinkt dieses sogar.[135]

Mit weiteren Steuern zulasten der unteren Einkommensempfänger würde die soziale Verelendung weiter zunehmen, die längst die Mitte der Gesellschaft erreicht hat. Doch thematisiert wird die »neue Armut« derzeit kaum. Ins Spiel gebracht wurde der Begriff vor dreißig Jahren von der SPD, als sie noch eine echte Oppositionspartei war, gegen die Politik der CDU unter Helmut Kohl. Auslöser für die Diskussion war eine im Juli 1984 vorgestellte DGB-Studie mit dem Titel »Die neue Armut – Ausgrenzung von Arbeitslosen aus der Arbeitslosenunterstützung«.[136] Damals stand noch die mehr oder minder staatlich alimentierte Arbeitslosigkeit im Fokus, heute eher die Armut trotz Arbeit.

Die neue Armut oder soziale Verelendung, die von den Bürgern vielfach aus Scham verborgen wird, zeigt sich auch daran, dass in Deutschland immer mehr Menschen gezwungen sind, mehrere Tätigkeiten anzunehmen, wie bereits seit vielen Jahren in den USA. Zunehmend reicht das Einkommen aus dem Hauptberuf nicht mehr aus. Der Anteil der Personen mit einem Zweitjob hat sich in den letzten zehn Jahren verdoppelt. Laut der *Saarbrücker Zeitung* gingen im Juni 2013 2,62 Mio. Beschäftigte mit einer sozialversicherungspflichtigen Stelle zusätzlich mindestens einem Minijob nach (jeder 11. Arbeitnehmer in dieser Gruppe). 2003 sei es lediglich jeder 23. Beschäftigte gewesen.[137]

Wenn Sie nicht zu dem kleinen Kreis der Superreichen gehören, die in der Regel von allen Staaten als potenzielle Investoren hofiert werden, und z. B. durch Immobilienbesitz an die Scholle gebunden sind, müssen Sie mit einer

Vermögensabgabe rechnen. Eine sanierende Währungsreform würde Sie umverteilend treffen. Denken Sie daran: Die Häuser gehören (zumindest teilweise) den Banken und damit dem Staat – es sei denn, Sie sind schuldenfrei, aber gerade dann ist eine Vermögensabgabe leicht einzutreiben. Sie sind noch kreditwürdig. Für die breite Masse ehrlicher Sparer und die solide finanzierten Bürger der Mittelschicht, die keine Sachwerte, aber auch keine Schulden haben, könnte die Umverteilung unangenehme Folgen nach sich ziehen. Sie dürften trotz soliden Sparens wirtschaftlich weiter nach unten gedrückt werden. Die Sozialpolitik muss dann die gesellschaftlichen Schäden reparieren, die durch den unkontrollierten Kasinokapitalismus angerichtet wurden. Aber vermutlich reicht das Geld zur Rettung der Bad Banks, die marode Staatsanleihen besitzen, auch dann nicht aus, wenn das ganze Sparvermögen kassiert wird. Es bleibt aber die Hoffnung, dass nach einer sanierenden Währungsreform die Soziale Marktwirtschaft wieder neu entdeckt wird. Vielleicht muss diese Gesellschaft noch einmal das »Tal der Tränen« durchschreiten, bis die Werte einer funktionierenden Demokratie und die ordnungspolitischen Vorstellungen einer Sozialen Marktwirtschaft wieder glaubwürdig hochgehalten werden können.

Fazit

Es ist wie in einem Hamsterrad: Sie bewegen das Rad zwar immer schneller, kommen aber dennoch nicht von der Stelle. Die Arbeit erscheint als notwendige Tugend, aber sie bringt Sie wirtschaftlich nicht weiter. Im Gegenteil. So sehr Sie sich bemühen, können Sie nicht einmal den Status quo aufrechterhalten. Irgendwann merken Sie: Im Wesentlichen arbeite ich für andere, die Kapitaleigner, den Staat. Für Sie bleibt nur das Gefühl, sich redlich bemüht zu haben und doch für eine letztlich unsoziale Umverteilung bereitstehen zu müssen.

5. Reformvorschläge, damit Ihr Wohlstand nicht verspielt wird

5.1 Grundsätzliche Reformen: Ludwig Erhards Europa und Sozialpolitik, Revival des »Aktiensparens«

Wenn diese meine Ansicht nicht den Verdacht aufkommen lassen kann, dass ich das Materielle überbewerte, so glaube ich andererseits, dass vielleicht mit Ausnahme des Genies der Mensch sich seiner Persönlichkeit und Würde erst bewusst werden kann, wenn er nicht von materiellen Sorgen, von den kleinen Nöten des Alltags geplagt ist, d. h. also, wenn das Materielle dank der Möglichkeit einer Befriedigung keine übermächtige Rolle zu spielen braucht.

Ludwig Erhard[138]

Auch das gerade angeführte Zitat zeigt Erhards Position als sozialer Revolutionär. Mit der Überwindung der Armut sollte der Mensch Freiheitsspielräume nutzen können. Erst mit der Überwindung materieller Sorgen ist die Knechtschaft zu beenden, der Mensch kann sich weiterentwickeln. Dem Materiellen oder der Wirtschaft ordnete Erhard nicht alles unter. Im Gegenteil, er sah die Verbesserung der materiellen Basis als Zweck zur Befreiung von Abhängigkeiten, z. B. von kleinlichen Beamten in den Sozialämtern. Den Fürsorge- und Wohlfahrtsstaat, der die Menschen lähmt, lehnte er ab. Statt in sozialistischen Wohnsilos sollte ein Leben in einem Eigenheim möglich sein. »Wohlstand für alle« bedeutete, wenn möglich, auch »Eigenheim für alle«. Der Bürger darf dann stolz sein auf sein selbst erarbeitetes Vermögen. Statt der Verteilungsgerechtigkeit, die Sozialpolitiker verfolgen, stand die Selbstständigkeit im Fokus von Erhards Politik.

Erhard tolerierte steuerliche Progression, aber das jetzige Ausmaß wäre ihm wohl unerträglich gewesen. Vor allem die breite Masse der Einkommensbezieher wird durch die »kalte Progression« zu stark und zunehmend belastet. Erhard setzte mehr auf indirekte Steuern. Die Mehrwertsteuer wurde aber erst Ende der 1960er-Jahre, also nach seiner Amtszeit, eingeführt. Der Regelsatz – anfangs 10 % – hat sich inzwischen fast verdoppelt. In dieser Höhe belastet sie den Konsumenten mit geringem Einkommen übermäßig. Auch diese soziale Schieflage hätte Erhard sicherlich beanstandet und auf einer Absenkung bestanden, wie gewiss Steuervereinfachung heute eine seiner Hauptforderungen gewesen wäre.

Wirtschaftliche und politische Macht, die sich gegen die Bürger wendete, waren Erhard zuwider. Daher intervenierte er, wenn er seine Idealvorstellungen – freie Märkte für selbstbestimmte Bürger – verletzt sah, aber Erhard führte aus Sicht seiner Kritiker nicht. Seine Methode der Nichteinmischung stieß auf Unverständnis.[139] Erhard wollte wirtschaftliche Macht vermeiden und das Sozialniveau nicht ungerecht umverteilen. Sollte ein hohes soziales Niveau eines Landes auf ganz Europa übertragen werden, sah er Probleme (die jetzt mit der De-facto-Transferunion eingetreten sind).:[140]

»Es wäre von Schaden, wenn wir etwa den Versuch unternehmen wollten, auf dem Gebiet der Sozialpolitik die Maximalleistungen, die jeweils von einem Lande auf diesem oder anderem Gebiet getätigt werden, aneinanderzufügen, sozusagen zu addieren. Wir kämen in diesem Fall zweifellos zu einer Kostenbelastung, die unsere Wettbewerbsfähigkeit wesentlich schmälern müsste. Auch in dieser Beziehung wäre ich wieder besorgt, dass man aus solcher Zwangslage dann noch einmal zu Abschirmungen gegenüber Dritten schreiten müsste, um eben dieses so gewählte System aufrechterhalten zu können.« Hektische Interventionen und Protektionismus lehnte Erhard ab, und die Landwirtschaft wollte er international liberalisieren.[141] Die europäische Agrarpolitik, die sich gegenüber Drittstaaten wettbewerbsverzerrend auswirkt, kritisierte er. (Heute steht Europa vor Problemen im Zusammenhang mit der Zuwanderung aus ehemaligen europäischen Kolonien in Afrika, denen Marktchancen nach wie vor durch Protektionismus verwehrt werden.) Entschieden und klar forderte Erhard 1962 in einer Rede vor dem Europäischen Parlament in Straßburg: *»Wir brauchen kein Planungsprogramm, wir brauchen ein Ordnungsprogramm für Europa.«*[142] Er befürchtete, dass die Behördenapparatur die Dinge an sich zieht. Den liberalen politischen und wirtschaftlichen Positionen Großbritanniens und der

USA stand er näher, die damals noch nicht von starken Playern (international agierenden Fonds, Investmentbanken, Ratingagenturen u. a.) auf den Finanzmärkten bestimmt wurden. Sorgen bereiteten ihm der Zentralismus und planwirtschaftliche Forderungen, die besonders in Frankreich (»planification«) erhoben wurden:[143]

> *»Sie finden mich zu allem bereit, was auf freiheitlichem Wege möglich ist und angewandt werden soll, um das Ziel (die europäische Integration und die Verschmelzung der Volkswirtschaften, Anm. des Verf.) so schnell wie möglich zu erreichen; das über die wirtschaftliche Gestaltung auch dem Ziel einer politischen föderativen Gestaltung Europas näherzukommen. Es ist zwangsläufig, dass, wenn man sich auf die Ebene der Planifizierung oder Programmierung begibt und sich in solche rechenhaften Vorstellungen verstrickt, die materiellen Fakten und Elemente immer stärker in den Vordergrund rücken. Damit wächst die Gefahr, dass der ›Mensch‹ zu kurz kommt, denn ihn können sie nicht rechenhaft erfassen.«*

Erhard setzte auf eine »offene Gemeinschaft« und war föderal ausgerichtet. Den gemeinsamen Markt betrachtete er als eine Gefahr und trat für eine Freihandelszone ein, um eine interventionistische Bürokratie und eine Infizierung der Sozialen Marktwirtschaft in der Bundesrepublik durch zentralplanerische Konzepte aus Frankreich zu vermeiden.[144] Eine neue zentralistische Großmacht Europa mit einer »Kontrastideologie« gegenüber den außerhalb Stehenden wollte er vermeiden. Bis heute wird die Vergemeinschaftung auf europäischer Ebene mit dem Ziel einer engen politischen Union mit dem Zwang zur Größe begründet, um gegen die USA und China bestehen zu können, wozu die bisherigen Nationalstaaten nicht mehr in der Lage seien. Aus Erhards Sicht ist dies der falsche Weg, wie er in seiner Stockholmer Rede am 23. März 1963 ausführte:[145]

> *»Es wäre aus meiner Sicht wenig glücklich, wenn wir die Welt wieder in sog. ›Großräume‹ aufspalten wollten, die in sich selbst Genüge zu finden versuchten. Das würde die Spannungen selbst innerhalb der freien Welt noch verstärken. Eine Vielzahl von Nationalstaaten mag im Widerstreit der Interessen zu Reibungen, zu Spannungen und, wie wir erfahren haben, selbst zu kriegerischen Verwicklungen führen. Aber je mehr größere wirtschaftliche und politische Räume mit Machtanspruch auftreten, umso gefährlicher werden zwangsläufig die Gegensätze, wenn auch nicht von Anfang an der*

Wille zur Verständigung, zur Versöhnung und zur Zusammenarbeit lebendig ist. …

Wehe dem, der glaubte, man könnte Europa etwa zentralstaatlich zusammenfassen, oder man könnte es unter eine mehr oder minder ausgeprägte zentrale Gewalt stellen. Nein – dieses Europa hat seinen Wert auch für die übrige Welt gerade in seiner Buntheit, in der Mannigfaltigkeit und Differenziertheit des Lebens.

Wehe, wenn wir in Europa noch einmal falsche Kategorien (Größe eines Landes, Stärke oder Macht statt ein Europa der »Freien« und der »Gleichen«, Anm. des Verf.) setzen würden und wenn wir Europa nicht neben allen wirtschaftlichen Bindungen und politischen Verpflichtungen, auch aus unserer Geschichte heraus in die Zukunft projiziert, als eine aus Kultur und Geist geprägte Gemeinschaft auffassen wollten.«

Eine einzige Wirtschafts- oder Finanzpolitik für den gesamten Kontinent wäre nach Erhard aufgrund der Unterschiede in den europäischen Völkern und ihren Ländern zum Scheitern verurteilt.[146] Den europäischen »Mythos« kritisierte er deutlich:

»Es ist in Europa eine Art Mystizismus aufgekommen! Man tut so, als ob die geschaffenen Institutionen unantastbar oder überhaupt gegen jede Kritik gefeit sein müssten. Können wir wirklich annehmen, dass diese Verträge göttlicher Weisheit entsprechen?«[147]

Im Fokus stand für ihn dagegen Freihandel zwischen souveränen Staaten und die Dezentralisation der Macht statt des in Deutschland traditionell geltenden Primats der Außenpolitik (wie bei Friedrich dem Großen und Bismarck; bei Kohl und Merkel lebte diese Tradition wieder auf). Ein Umverteilungseuropa wäre ganz sicher nicht sein Leitbild nicht gewesen.

Was ist heute vor dem Hintergrund der Überzeugungen Erhards konkret zu tun?

Vorrangig ist die Rückkehr zum Recht, um die Glaubwürdigkeit der Politik in der EU wiederherzustellen. Der Maastricht-Vertrag, eine Art Grundgesetz für das Funktionieren der Währungsunion, sollte tatsächlich beachtet werden.

Hier ist der Gradmesser, ob das Recht zum Unterdrücker- bzw. Herrschaftsrecht mutiert. Wenn Vertreter des vermachteten Kapitals, die über beste Anwälte verfügen, und Politiker kollektiv Schutzgesetze schleifen, müssen letztlich die medial manipulierten Bürger die Zeche für dieses ordnungspolitische Versagen zahlen.

Dieses Vorgehen kratzt an den Grundfesten unserer Werteordnung. So ist die EU-Politikmisere verbunden mit der Vermachtung des Kapitals, die nach dem angelsächsischem Vorbild auch die Regulierung der Finanzarchitektur verändert hat durch die Integration von Ratingagenturen und die Überbetonung der Funktionsfähigkeit der Kapitalmärkte. Dieser alles dominierende Aspekt begründet einen ständigen, fast tagespolitischen Aktionismus, während die Ordnungspolitik immer mehr zu kurz kommt.

Die neue Knechtschaft durch manipulierte Finanzmärkte mit administrierten Niedrigzinsen könnte länger anhalten als vielfach jetzt angenommen. Die Finanzinstitute haben sich an die »kostenlose Kreditversicherung«[148] offensichtlich bereits gewöhnt, auch in Europa. In Japan und den USA hat diese Dauer-Nullzinspolitik bereits früher als in der EU begonnen. Hier stand bis zur Einführung des Euro die ordnungspolitische Verankerung der Deutschen Bundesbank gegen eine einseitige Instrumentalisierung durch die Finanzwelt. Mit dem Wandel zum System der Europäischen Zentralbanken wurde die geldwertstabilisierende Politik der Deutschen Bundesbank in eine Minderheitsposition abgedrängt. Die südeuropäischen Staaten und ihre Notenbanken sehen die Stabilitätsregeln nicht so eng, auch sie stehen unter dem Druck ihrer finanziell angeschlagenen Banken. Die Nullzinspolitik wird daher auch in der EU anhalten.

Bislang deuten die Erklärungen der US-Fed keinen Kurswechsel an. Die »Tapering«-Debatte um eine leichte Drosselung der Staatsanleihenkäufe verstellt den Blick auf die mögliche Frage, ob es sich überhaupt um eine Lockerung handelt. Die Formulierung verbaler Leitlinien (»forward guidance«) durch die Geldpolitiker schränkt den Aktionsspielraum von Zentralbankern für entschlossene schnelle Straffungen ein. Wenn die Kapitalmärkte schon bei kleinsten Reduzierungen des Umfangs von Staatsanleihen Anzeichen von Panik zeigen und die Reaktion der verantwortlichen Geldpolitiker darauf ohne Mumm und Entschlossenheit ausfällt, regieren in Wahrheit die Kapitalmärkte und nicht die Politiker. Die müssten, und das erklärt ihr Handeln, ohne die Niedrigzinsen nämlich den Staatsbankrott erklären.[149] Eine autonome und unabhängige Geldpolitik ist unter solchen Voraussetzungen nicht möglich. Die lockere Geldpolitik wird unter der neuen US-Notenbankpräsidentin Janet Yellen fortgesetzt, vermutlich skrupelloser als bisher. Sie gilt noch mehr als »Taube« als ihr Amtsvorgänger Bernanke, das heißt als eine Befürworterin einer weiteren Lockerung der Geldpolitik zur Ankurbelung der Wirtschaft, gegenüber den »Falken«, die für eine restriktive Geldpoltik zur Vermeidung von Inflation eintreten.

Aus alledem sollte eine Lehre gezogen werden: Der (hochverschuldete) Staat und die Banken dürfen nicht – wie im Falle der Fed – mit am Tisch sitzen und keinen bestimmenden Einfluss auf die Zentralbanken ausüben. Das manipulierte Spielkasino muss dringend reformiert werden. Erstens muss wieder »Fair Play« gelten und zweitens sollte die Geldpolitik wieder nach dem Vorbild der früheren Bundesbank gestaltet werden. Durch ihre Unabhängigkeit war sie eine »Wächterin« des Systems im Verbund mit der Kartellüberwachung von Kartellen. Um das unfaire manipulierte Treiben der Finanzinstitutionen zu beenden, muss die Monopolkontrolle wieder greifen und die Absprachen zulasten Dritter des Finanzkartells unterbunden werden.

Realistischerweise sollte bei der derzeitigen Interessenlage nicht mit schnellen Reformen gerechnet werden. Vor dem Hintergrund der aktuellen Politik ist vor dem Kauf von Staatsanleihen zu warnen. Sachwerte sind, wie bereits an anderer Stelle erwähnt, besser. Diese sichere Altersvorsorge sollte nicht durch Regulierungen erschwert werden. Gleichzeitig ist dringend der Umbau der Sozialversicherungen im Sinne Erhards anzustreben. Von Dr. Luise Gräfin Schlippenbach, einer frühen Mitarbeiterin Erhards, erhielt ich wesentliche Sozialreformüberlegungen, die ich im Folgenden vorstelle:

So führt ein vom Staat garantierter uneingeschränkter Wettbewerb die Mehrheit der Bürger zu einem Wohlstandsniveau, das ein Leben in Eigenverantwortung, Freiheit und Würde ermöglicht. Damit ist auch die eigene Vorsorge für diese Mehrheit kein Problem.

Nur dann, wenn dies nicht möglich ist, hat die Allgemeinheit bzw. der Staat einzuspringen. Diese Unterstützung darf aber niemals zu einer kollektiven Bürgerversorgung ausarten. So waren auch die Sozialgesetze von 1957 bei ihrer Einführung gedacht und durch die Begrenzungen bei der Bemessungsgrundlage tragbar. Das Umlageverfahren, der Generationenvertrag entstand mit Hinblick auf die pure Not der Kriegsgeschädigten und deren Kinder und war nicht auf Dauer angelegt, weil er als viel zu anfällig galt. Die Begrenzung alles Sozialen sollte auf die Abdeckung der Bedürftigkeit im Einklang mit der christlichen Soziallehre (Subsidiaritätsprinzip nach Oswald von Nell-Breuning), auch über die Renten hinaus, beschränkt bleiben.

Ab der zweiten Hälfte der 1960er-Jahre wurde diese Vorstellung Erhard'scher Prägung nach und nach ins Gegenteil verkehrt und »links« interpretiert. Freie Marktwirtschaft und Demokratie waren aus Erhards Sicht untrennbar verbunden: *»Demokratie und freie Wirtschaft gehören logisch ebenso zusammen wie Diktatur und Staatswirtschaft«.*[150] Diese freie Marktwirtschaft, die durch Sicherung des Wettbewerbs und Beschränkung der Hilfen auf den eng gezogenen Kreis Bedürftiger sozial konstruiert war, wurde nun gleichgesetzt mit den sozialistischen Vorstellungen und Inhalten der Regierung unter Willy Brandt ab 1969.

Dieser neue Fürsorge- oder Wohlfahrtsstaat wurde als »Soziale Marktwirtschaft« in der Tradition Erhards präsentiert und in der Folgezeit nicht mehr die private Vorsorge, sondern das »Kollektiv« betont, und das bis heute. Diese Desinformation ließ die ursprünglichen Vorstellungen Erhards völlig in Vergessenheit geraten. Das »Kollektiv«, ab Mitte der 1960er- und in den 1970er-Jahren neu entdeckt, gehört nicht zum Narrativ Erhard'scher Sozialpolitik und war für ihn Bestandteil von Staatswirtschaft und Diktatur. »Versorgung für alle« war das logische Gegenmotiv zu »Wohlstand für alle«. Das Versicherungsprinzip wurde unter der Amtszeit Willy Brandts weiter ausgehebelt. Spätere Reformen brachten keine neue Richtungsentscheidung, das soziale Netz wurde immer dichter geknüpft und auf immer mehr, auch vermeintlich Bedürftige, ausgedehnt. Als Wählerklientel wurden demografiebedingt ältere Bürger immer wichtiger. Ihre Interessen fanden zunehmend Widerhall, auch in der aktuellen Großen Koalition.

Vor diesem Hintergrund ist ein enormer Reformstau entstanden. Derzeit bieten sich gute Chancen, da die jüngere Generation – nachvollziehbarerweise – eine Systemänderung will. Die alten Verträge des »sozialen Kollektivs« müssen auslaufen und finanziert werden, im Übergang sicher auch mit Steuermitteln. Wenn das Steuergeld schon für fragwürdig umverteilende, vermeintliche Euro-Rettungsmaßnahmen vergeudet wird, wäre dies als Zwischenfinanzierung hinnehmbar, da es der Zukunftssicherung unserer jüngeren Generation auf fester ordnungspolitischer Grundlage dient. Mit dem Kapitaldeckungsverfahren löst man sich von der umverteilenden staatlichen Vorsorgepolitik, die zusehends unfinanzierbar wird. Gleichzeitig wird eine internationale Harmonisierung der Altersvorsorge ermöglicht, die mit dem alten System nicht möglich ist. Die Mobilität jüngerer Arbeitskräfte wird so erleichtert. Mit dem Umbau werden wieder sinkende Beiträge möglich. So wird der Staat finanziell weniger belastet, wenn der staatliche Hilfen erhaltende Personenkreis begrenzt werden kann.

Das unethische »Umlageverfahren«, das in Wohlstandszeiten keinerlei Berechtigung hat, also der »Generationen-Vertrag«, sollte daher möglichst frühzeitig von einem »Kapitaldeckungsverfahren« abgelöst werden und für junge Berufseinsteiger gelten. Dies sollte mit einer privaten Zuzahlungsmöglichkeit in beliebiger Höhe verbunden werden, sodass sich der Ruhestandseintritt persönlich steuern ließe. Eine flexiblere Rentenpolitik mit Wahlfreiheiten entspricht vermutlich viel mehr den Wünschen, insbesondere der jüngeren Generation, als die von oben verordneten starren Kollektivsysteme. Die Beitragsbemessungsgrenze müsste wieder herabgesetzt und dem Versicherungsprinzip folgen. Wenn die Beiträge bis zur Beitragsbemessungsgrenze für eine würdige Altersrente nicht reichen, sollten steuerliche Zuschüsse gewährt werden dürfen (dies aber nicht für alle, die über die Beitragsbemessungsgrundlage hinaus verdienen; das sollte auch für alle weiteren sozialen Wohltaten als Prinzip gelten). Mit alledem hätten wir uns Erhard schon wieder etwas angenähert. Dieses reformierte Altersvorsorgesystem wäre nicht nur generationengerechter angesichts des demografischen Wandels, sondern auch flexibler, gerechter und bezahlbarer für die Allgemeinheit bzw. den Staat. Ohne derartige Reformen wird die Resignation bei jüngeren Menschen zunehmen. Das Murren wird sonst lauter werden und neben dem Protest auch die – nicht wünschenswerte – Auswanderung als Alternative an Bedeutung gewinnen.

Nicht nur die Altersvorsorge Erhard'scher Prägung, auch das Erhard'sche Aktiensparen sollte revitalisiert werden. Referenz hierfür könnte die weitgehende Privatisierung des früher staatlichen Unternehmens VW sein. Das Volkswagenwerk sollte über das Mittel der Volksaktie in den Besitz weitester Volkskreise überführt werden. Dazu Erhard:[151]

> *»Es werden und sollen vor allem die kleineren und mittleren Sparer sein, die hinsichtlich der Möglichkeiten und der Bedingungen des Aktienerwerbs*

Vorrang und sogar eine gewisse materielle Begünstigung genießen werden. In dem besagten Gesetz wird weiter sichergestellt, dass sich nicht über die Ausübung des Stimmrechts Machtkonzentrationen irgendwelcher Art bilden können.

... dass der Sinn und Wert des angeblich zu schützenden Volkvermögens einen sehr viel besseren und sozialeren Ausdruck findet, wenn das Volk selbst und unmittelbar in Gestalt privater Besitztitel Eigentümer dieses Vermögens ist.«

Die Erhard'sche Politik, aus Kleinsparern Aktionäre zu machen, ist zwischenzeitlich in Vergessenheit geraten. Aktuell könnte ein Vorstoß eines führenden deutschen Managers wieder mehr Breitenwirkung entfalten. So wirbt der Vorstandsvorsitzende der Siemens AG, Joe Kaeser, mit guten Argumenten für Belegschaftsaktien:[152] Mit eigenen Aktien handeln die Mitarbeiter eher so, als wäre es ihre eigene Firma. Sie treten dann gegenüber den Kunden mit Selbstbewusstsein und Stolz auf. Mitarbeiteraktien sind zudem ein wichtiger Bestandteil der Altersvorsorge. Die derzeitige staatliche Regulierung verhindert aber regelrecht eine mögliche Verbreitung dieser nicht neuen Idee. Für vergünstigte Mitarbeiteraktien besteht ein kaum nennenswert niedriger Freibetrag von 360 Euro. Andere Staaten sind hier pragmatischer und vor allem mitarbeiterfreundlicher. Eigentlich sollte der Staat an soliden, langfristig orientierten Ankeraktionären Interesse haben. Aber anscheinend ist in der Politik das Interesse für diese sinnvolle Anlage nur schwach ausgeprägt. Hier besteht dringend Reformbedarf!

Die Banken haben nicht nur im Zuge der diversen Finanzskandale an Reputation verloren, sie wirken auch bezüglich des Aktiensparens als wenig glaubwürdig. Einen nennenswerten Beitrag zur Förderung der Aktienkultur haben sie nicht geleistet. Der langfristig und konservativ anlegende Kunde war und ist nicht lukrativ für sie. Besser für die Finanzinstitute sind schnell drehende Produkte, um eifrig Provisionen kassieren zu können. Selbst die üblicherweise vorsichtig formulierende *FAZ* beurteilt die Fähigkeit der Finanzinstitute, zukunftsweisende Reformen durchzuführen, skeptisch: *»Es hat wenig Sinn, auf Selbstreinigungskräfte in den Banken zu vertrauen, die Vertreter der alten Ordnung könnten das Gewerbe in eine neue Blüte führen.«*[153]

Bis heute hat etwa die Telekom-Privatisierung zu überhöhten Preisen einen üblen Nachgeschmack. Das Vertrauen in den Staat und seine Integrität wurden untergraben. Die Staatseinnahmen wurden maximiert, allerdings auf dem Rücken der Zeichner kleiner Aktienpakete. Dieser Vertrauensschaden wirkt bis heute nach. Doch trotz solcher Tiefschläge durch einnahmenmaximierende Finanzminister (zulasten der Anleger) sollte die grundsätzlich richtige Politik des Aktiensparens weiterhin bzw. erneut verfolgt werden. Die Gier zu Zeiten der New Economy, die auch staatliche Stellen erfasste (man denke nur an die Versteigerung der Mobilfunklizenzen) sollte als geschichtliche Fehlentwicklung betrachtet werden, aus der man hoffentlich etwas gelernt hat.

Fazit

Statt das Steuergeld für eine mystifizierte europäische Schicksalsgemeinschaft einzusetzen – und zu verlieren –, sollten die inländischen Sozialsysteme fair und generationengerecht umgestaltet werden. Solange die Besteuerung von Kapital niedriger als die von Arbeit ausfällt, sollte die Kapitalvermögensbildung bei Kleinsparern im Fokus stehen. Sie sollten verstärkt Aktienbesitzer werden. Der Erwerb von Aktien des Unternehmens, in dem man selbst tätig ist, sollte begünstigt werden. Das wäre ein wesentlicher Beitrag zum Abbau der Ungleichheit der Einkommens- und Vermögensverhältnisse.

5.2 Steuerreform: Anpassung der Lohnsteuer an die niedrigere Kapitalbesteuerung

Der historische Gedanke des biblischen Zehnten wird den hohen Erwartungen an den modernen Staat kaum noch gerecht. Doch wenn sich die Regel in das allgemeine Bewusstsein einprägt, dass jeder Einkommensbezieher nach einem Freibetrag von 10.000 Euro ein Viertel seines Einkommens dem Staat schuldet, entwickelt sich ein verallgemeinerungsfähiger Rechtsmaßstab, der bald zum Gemeingut des Wirtschaftslebens und des Anstandsgefühls wird.

Paul Kirchhof[54]

In Deutschland ist der Steuerspartrieb äußerst verbreitet. Grundsätzlich ist dies nachvollziehbar, zumal die privat verantworteten Spielräume viel zu gering sind. An fast jeder wirtschaftlichen Aktivität ist der Staat direkt oder indirekt beteiligt. Dennoch ist der Glaube noch immer weit verbreitet, dass der Staat regelmäßig im Sinne seiner Bürger agiert (obwohl so viele Beispiele dagegensprechen). Tatsächlich kaufen Regierungen mit Steuererleichterungen oft Wählerstimmen, z. B. durch konjunkturfördernde oder strukturpolitische Maßnahmen. Für die Steuerzahler rechnen sich diese Programme weniger. Das vermeintlich staatliche Gütesiegel – die Förderung – erweist sich am Ende oft als Kapitalvernichtung.

Zu diskutieren wäre hier allenfalls die Förderung von Familien mit Kindern. Aber ist es im Sinne von Erhard, wenn der Staat Reichen, also Nichtbedürftigen, Kindergeld auszahlt? Ein klares Nein ist die Antwort. Qualifizierter Nachwuchs wird zu einem Engpass werden, das ist angesichts der demografischen Entwicklung schon jetzt überdeutlich. Als Alternativlösung steht das Kopieren des französischen Systems, das insbesondere die Geburt des dritten Kindes fördert, zur Diskussion. Einwanderung kann die tickende Zeitbombe allenfalls entschärfen.

Kinderbekommen ist Privatsache. Zu berücksichtigen ist, dass der Staat durch sein vermeintlich funktionierendes Sozial- und Altersvorsorgesystem seinen Bürgern das Gefühl gegeben hat, sie bräuchten keine Familien mit Kindern mehr. Die Rente sichert der Staat auch so. Welch ein Trugschluss, wie sich jetzt zunehmend zeigt.

Die Solidargemeinschaft funktioniert nicht mehr automatisch, wenn es hart auf hart kommt. Im Gegenteil. Aus einer vermeintlich sicher strukturierten Ordnung kann der Übergang zum Chaos dann fließend sein, je nach Begleitumständen auch sehr schnell kommen. Es gilt daher, die Risikopuffer zu stärken. Die Selbstheilungskräfte einer Gesellschaft sollten auch unter extremen Stressbedingungen ausreichend groß sein. Dazu sind mehr Selbstverantwortung und eine faire Status-quo-Analyse erforderlich. Angesichts von Über- bzw. Fehlregulierungen (im Finanzbereich), einer zu hohen Besteuerung und einer vermeintlich ohnehin sicheren Altersvorsorge kann in deutschen Normalhaushalten einerseits nicht mehr ausreichend gespart werden. Andererseits fühlt sich der Bürger im Fürsorgestaat weniger verantwortlich und lebt zu sorglos über seine Verhältnisse, statt notwendige Rücklagen zu bilden. Das staatliche Rentenversprechen (früherer Slogan: »Denn eins ist sicher: Die Rente«) ist viel zu häufig noch im Denken verankert.

Das Rentengeld ist aber zumindest zum Teil längst verspielt. Die falschen Sirenenklänge staatlicher Versprechungen haben schon frühere Generationen ins wirtschaftliche Unglück gestürzt, wie die ungewöhnlich häufigen Währungsreformen im letzten Jahrhundert zeigten. Ob es sich um Kriegsanleihen (während des Ersten Weltkriegs), Sparen für den KdF-Wagen (im »Dritten Reich«), Bauherrenmodelle, besonders hohe Abschreibungen für Immobilien, Schiffe, Filme, geförderte Altersvorsorgeprodukte (Riester-/Rürup-Renten) oder sonst was handelt. In der Regel ist der Grundsatz richtig: Finger weg! Steuersparmodelle oder andere Fördermaßnahmen nutzen üblicherweise dem Staat und nicht Ihnen. Als geprellter Bürger haben Sie die fast sicher eintretenden Sunk Costs zu tragen.

Die inländische Lohn- und Einkommenssteuer sollte entsprechend dem Kirchhof-Vorschlag auf 25% zurückgeführt werden, um gerade den schlechter verdienenden Bürgern finanziell wieder mehr Spielräume einzuräumen. Das ist für viele Bürger der Mittelschicht ein großer »Schluck aus der Pulle«, der den finanziellen Abstieg nach unten verhindert. Bei einem »Weiter so!« mit Hochbesteuerung, steigenden EEG-Umlagen, ungeeigneten Finanzprodukten und einer Altersversorgung, die den Banken und dem Staat, aber nicht Ihnen nützt, ist der Weg des langsamen finanziellen Abstiegs vorgezeichnet. Dann wird auch in der Breite, wie jetzt schon in Städten wie Berlin oder Duisburg, das Leben mittels Stütze (Hartz IV) normal. Der Leistungsethos und das Gefühl, für das eigene Leben verantwortlich zu sein, kann dann über Generationen verloren gehen. Daher ist es besser, schnell mit einer Steuersenkung von Arbeitnehmereinkommen auf 25% die Lebensperspektiven zu verbessern. Für die Entwicklung des Humankapitals sind letztlich auch staatlich angemessene Rahmenbedingungen zu schaffen.

Wenn ausgerechnet die staatliche Gemeinschaft die falschen Werte vermittelt – der Hartz-IV-Empfänger dürfte, so erschreckend dies ist, teilweise schon zu einem Leitbild geworden sein –, wird ein Umbau schwierig. Nicht nur die Arbeitnehmer müssen entlastet werden, auch das soziale Klima ist zu verändern. Nur bei klaren Steuerregeln wird sich die Bereitschaft zum Zahlen von Steuern wieder verbessern. Es könnte sogar damit geworben werden: »Ich habe soundso viel Euro für das Funktionieren der Gemeinschaft beigetragen.« Auch Unternehmen könnten wieder – wie in früheren Jahren durchaus üblich – auf ihre Rolle als große Steuerzahler in bestimmten Regionen hinweisen. Aber die zahlen womöglich derzeit gar nicht mehr so viel.

Angesichts der ungleichen Besteuerung von Kapital und Arbeit und den größeren Gestaltungsspielräumen von Unternehmen und Freiberuflern gegenüber den Angestellten ist eine Steuervereinfachung dringend notwendig. Auch hier ist das 25%-Steuerkonzept von Prof. Kirchhof goldrichtig. Tragisch für die Weiterentwicklung der inländischen Steuerpolitik war, dass sich Kirchhof bei der Bundestagswahl 2005 vom damaligen Kanzler Gerhard Schröder als »der Professor aus Heidelberg« beschimpfen lassen musste, was gravierende Folgen hatte. Kirchhof warf daraufhin der SPD vor, einen unfairen Wahlkampf geführt zu haben: »Nicht mein Steuermodell war die Ursache für das schlechte Ergebnis der Union, sondern die Fehlinformationen, die darüber in die Welt gesetzt wurden.«[155] Populistisch formulierte Vorurteile gegen Akademiker und die Interessen derer, die ihre Pfründen sichern wollen, vermischten sich bei der sachlich unfairen Kritik.

Eine höhere Besteuerung alten Kapitals, das z. B. in Immobilien gebunden ist, durch etwa eine Vermögenssteuer zur Finanzierung der Lasten aus der Finanzkrise, ist abwegig. Argumentiert wird mit einer niedrigen Besteuerung des neuen, investiven Kapitals. Die Abgrenzung ist jedoch schwierig. Außerdem ändert dies nichts an der problematischen Tatsache, dass die Unternehmen zu wenig Steuern zahlen. Auch die Kapitaleigner werden relativ begünstigt. Das einfache Kirchhof'sche Steuerreformmodell sollte umgesetzt werden, um mehr Gerechtigkeit und mehr Leistungsanreize für potenzielle gesellschaftliche Aufsteiger zu schaffen. Sie sollten auch an unternehmerisches Denken herangeführt werden. So gibt es – wie gesagt – nur wenige Aktiensparer in Deutschland, die damit zwangsläufig nur wenige Wählerstimmen repräsentieren. Entsprechend klein ist ihre Lobby, wodurch sich eine nennenswerte Enteignungsfahr ergibt. Vielleicht ist das zu viel Schwarzmalerei, aber das durchaus populäre Strickmuster der Stigmatisierung möglicher Sündenböcke könnte je nach Krisensituation auch auf sie Anwendung finden.

Der bereits zitierte Finanzexperte Volker Looman weist in der FAZ realistischerweise aber auf weitere zu fördernde gesellschaftliche Aspekte hin: »Geldanlagen sind in vielen Haushalten gar kein Thema, weil kaum Überschüsse vorhanden sind. Stattdessen sollten sich mehr Menschen mit den Dingen beschäftigen, auf die es im Leben wirklich ankommt. Die Bürger brauchen Gesundheit. Die Hälfte essen, ein Viertel trinken und ein Mehrfaches bewegen, das bewirkt Wunder. Die Leute brauchen Bildung. Die Hälfte fernsehen, ein Viertel telefonieren und ein Mehrfaches lesen, das macht sich im Kopf bemerkbar. Die Menschen brauchen Liebe, sie gibt dem Leben den größten Halt. Und es sind Arbeit und Geld notwendig, weil alle Almosen jeden Menschen zur Strecke bringen, auch zur Weihnachtszeit.«[156]

Fazit

Kirchhofs einfaches Steuerkonzept verdient eine schnelle Umsetzung. Nur so können Partikularinteressen in die Schranken gewiesen werden. Ein undurchsichtiges Steuerrecht nutzt nur den wenigen, die die Steuerschlupflöcher kennen. Sozial ist eine solche Politik, die dieses System fördert, nicht. Sie ist auch marktwirtschaftlich nicht sinnvoll, zementiert sie doch die Vermachtung.

5.3 Steuerdumping: Die Unternehmen müssen sozialpolitisch wieder mehr Verantwortung übernehmen!

Wir gestalten die Steuersparmodelle so, dass die Finanzbeamten sie kaum durchschauen können. Sie sind uns hoffnungslos unterlegen.

Eine ehemalige Mitarbeiterin einer Wirtschaftsprüfungsgesellschaft[157]

Neben den Investmentbanken und den Ratingagenturen sind auch die führenden Wirtschaftsprüfungsgesellschaften Treiber der Umverteilung. So werden nach einer ARD-Reportage, aus der das oben angeführte Zitat stammt, Konzerne von den vier weltweit größten Wirtschaftsprüfungsgesellschaften beraten. Diese sind darauf spezialisiert, immer neue Steuerschlupflöcher aufzutun. Gerüchteweise wird den Konzernen sogar vorher mitgeteilt, was geprüft wird. Wenig konstruktiv ist es, dass Finanzminister Wolfgang Schäuble, darauf angesprochen, stets darauf hinweist, dass die Steuersysteme Angelegenheiten der Mitgliedstaaten sind und steuerliche Regelungen eine einstimmige Entscheidung benötigen.[158]

Politiker aus allen Parteien – nicht zuletzt prominente Anwälte unter ihnen – sind Teil dieser nie zuvor dagewesenen Riesen-Kanzleien, die ausschließlich Konzerne vertreten mit hohen Streitwerten und damit riesigen Einkommen und Gewinnen. Vielleicht können solche Politiker für ihre Aktivitäten sogar noch einen Aufsichtsratsjob erhaschen oder profitieren auf vergleichbare Weise davon. Der Verdacht drängt sich zumindest auf, denn diese den neuen Kapitalismus mit eingeschränktem Wettbewerb (»Oligarchen-Kapitalismus«) fördernden Politiker haben gewissenlos beim Entstehen immer größerer Konzerne tatkräftig mitgeholfen, egal woher das Geld kam: Kapital aus Arabien, Russland oder sonst woher, Hauptsache, die Mitbestimmung war halbwegs gewährleistet und vor allem die Löhne stiegen regelmäßig; aber im Grunde wollte man über eine vermeintlich überschaubare Wirtschaftskonzentration auf wenige immer absichern, dass man vermeintlich mitsteuern kann, wie es doch der so gut laufende VW-Konzern zu beweisen scheint. Dabei ist ein Politiker noch nie ein guter Unternehmer oder gar Marktwirtschaftler gewesen.

Im Gegenteil scheinen Politiker nicht in der Lage zu sein, die sich verstärkende Umverteilung von unten nach oben zu verhindern. Das Politikversagen ist das Hauptproblem, da die fatale Uneinigkeit europäischer Volksvertreter den Konzernen eine offene Flanke bietet, welche diese systematisch mit Unterstützung ihrer international agierenden Steuerexperten nutzen (während die budgetär und personell überforderten Finanzämter bislang nur national Amtshilfe leisten können). Die Länder in der Eurozone sind uneins, stellen erpresserische Forderungen zum Schutz der Interessen der eigenen Industrie-, Handels- und Landwirtschaftsbetriebe oder Banken. Ein vermeintlich zusammenwachsendes Europa lässt sich durch die international agierende Steuervermeidungsindustrie der multinationalen Konzerne übervorteilen und gefährdet damit das Vertrauen der EU-Bürger. »Das ist zerstörerisch für das Vertrauen in den Staat, wenn man den Staat nicht mehr als gerecht empfindet«, beschreibt Martin Schulz, Präsident des EU-Parlaments, treffend die Folgen des Steuerdumpings und warnt: »Ich würde das Dumping, das die Staaten sich da untereinander leisten, als ruinösen Wettbewerb bezeichnen;

weil an diesem Steuerdumping verdienen am Ende Unternehmen, denen es gut geht, und die Zeche dafür zahlen kleine Leute, denen es dann immer schlechter geht. Das wird Europa auf Dauer zerstören.«[159] Dabei sollte vielleicht nicht unerwähnt bleiben, dass die Weichen dafür maßgeblich während der Kanzlerschaft von Gerhard Schröder, so unter anderem durch das Schröder-Blair-Papier, gestellt wurden. Auch der französische Staatspräsident Hollande hat diesbezüglich keine Änderungen veranlasst, er bastelt weiter an der französischen Variante des Staatskapitalismus – gegebenenfalls flankiert von deutscher Seite mit Rückendeckung von Kanzlerin Merkel.

Vor diesem fragmentierten politischen Hintergrund ist eine Einigung nicht in Sicht. Eine einheitliche europäische Finanzpolitik, die noch vor wenigen Jahren propagiert wurde, ist so völlig unrealistisch. Das ist nicht im Sinne der steueroptimierenden multinationalen Unternehmen. Daher muss der normale Steuerzahler in der Eurozone marode Banken und bankrotte Staaten finanziell unterstützen. Gleichzeitig können multinationale Konzerne und Reiche weiter legal und illegal ihre Milliarden in Europas Steueroasen verstecken.

Auch die Unternehmen sollten wieder einen angemessenen Steuerbeitrag leisten. Im Zuge des internationalen Standortwettbewerbs schnitten sie mit der oft leeren Drohung, Steuerkraft und Arbeitsplätze ins Ausland zu verlagern, immer besser ab. Die Drohkulisse zeigte Wirkung, inzwischen hat sich die »Steuervermeidungsindustrie« fest etabliert. Die Unternehmenssteuern wurden immer weiter gesenkt. Der bereits erwähnte Film »Steuerfrei – Wie Konzerne Europas Kassen plündern« berichtet von über 32 Bio. Dollar auf Schwarzgeldkonten (Studie von Tax Justice Network) und jährlichen Steuerausfällen für die Euro-Zone in Höhe von über einer Billion Euro jährlich (nach Schätzungen der EU-Kommission). Staaten wie die Niederlande, Irland oder Luxemburg gehören gleichzeitig zu den weltweit interessantesten Steueroasen. Auch ein Land wie Deutschland kann hier nicht mehr souverän agieren. Die Steuervermeidung und -verlagerung mithilfe von versierten Beratern gelingt, die Betriebsprüfer in den Finanzämtern sind heillos überfordert und winken weitgehend alles durch. Die Finanzprüfer sind international nicht so vernetzt wie die »Multis« und ihre Berater. Politiker konnten bislang noch keine Gegenmacht zum Steuerdumping schaffen. Irische Unternehmenssteuern beliefen sich auf nur noch 12,5 %, während sie in Deutschland in den 1990er-Jahren noch das Niveau von bis zu 50 % erreichten. Mit SPD-

Finanzminister Hans Eichel wurden die Unternehmenssteuern auf 40 % gesenkt. Sein Amtsnachfolger, Finanzminister Peer Steinbrück, ebenfalls SPD, drückte sie auf unter 30 % (29,8 %).

Diese stets systemwidrig anmutenden Senkungen förderten allein die Strategie des hemmungslosen Konzernkonstituierens und -wachsens auf steuerbegünstigtem Pump. Und zum Schluss folgte mit der durch Kanzler Schröder entfesselten Finanzialisierung auch noch eine Flut von Börsengängen, an denen Bankmanager sehr gut verdienten. Wenn SPD-Politiker zu Genossen der Bosse werden statt Bosse der Genossen[160], ist Vorsicht geboten.

Damit werden Unternehmen von der Gesellschaft subventioniert. International agierende Finanzunternehmen (Hedgefonds) und multinationale Unternehmen sowie Superreiche sind die Gewinner der neuen Arbeitsteilung. Sie sind die wahren neuen *»Imperialisten«* (Marcel Anscombe). Ein Milliardär kann seine Steuerzahlungen »gestalten«. Wenn Länder wie Irland einen Unternehmenssteuersatz von 12,5 % gewähren, gehen die Institutionen der neuen superreichen Eigner dorthin. Der Satz von 12,5 % ist die Benchmark, an der sich multinationale Firmen orientieren. US-Technologiefirmen nutzen schon lange diesen Standortvorteil. Gewinne lassen sich in steuerbegünstigte Regionen verschieben. Mit dem Verkauf digitaler Güter können Firmen wie Apple, Google und Microsoft Gelder leichter als in anderen Branchen steuersparend transferieren.[161] Nach James Stewart, einem Steuerexperten, der am Dubliner Trinity College lehrt, liegt wegen der bestehenden Schlupflöcher die Steuerlast noch deutlich unter dem offiziellen irischen Unternehmenssteuersatz. Stewart hält sogar einen Steuersatz von 7,3 % auf die Unternehmensgewinne für realistisch und manche multinationalen Unternehmen würden gar keine Steuern zahlen.[162] Wird man in Europa nicht fündig, dann wird auch das Geld anderswohin verlagert, etwa ins Steuerparadies Bermuda. Ganz legal.[163]

Angesichts bestehender Alternativen ist Irland nur eines der Steuerparadiese (und dazu noch ein vergleichsweise solides unter vielen), aber eine interessante Kapitaldrehscheibe. Der Steuerexperte Nicholas Shaxson äußerte dazu: *»Die europäischen Steueroasen sind der größte Skandal, der mir je begegnet ist. Länder wie die Niederlande, Irland, Luxemburg beuten die Steuerzahler in Europa und anderswo auf der Welt in übelster Weise aus. Sie sitzen mitten im Herzen der Europäischen Union. Und: sie kommen damit durch. Da muss was passieren und Europa muss sich die Frage gefallen lassen, warum es den Steueroasen das* *durchgehen lässt und dem nicht endlich einen Riegel vorschiebt.«* EU-Parlamentspräsident Martin Schulz beschreibt anschaulich die Gründe und das Versagen der Politik – der nationale Egoismus und die Sicherung der Pfründen der Wirtschaftsunternehmen, die von der bestehenden Regulierung profitieren: »Jeden Tag erleben wir das, wo in den zuständigen Ausschüssen Regierungsvertreter sagen, also, das kriegen wir nicht hin. Meistens mit wohlgesetzten Worten ist die Botschaft aber immer die gleiche. Wir geben keine Kompetenzen ab.«[164] George Soros und ähnlich findige Spekulanten verdienen an dem Regulierungsversagen und damit an der mangelnden Einigkeit auch der Europäer, ihr Unternehmenssteuerrecht zu harmonisieren. Soros selbst bemängelt, dass die Politiker es nicht schafften, die Finanzindustrie zu regulieren. Obwohl Profiteur, gehört er zu den größten Kritiker zügelloser Finanzmärkte und veröffentlichte aus Sorge, dass Europa auseinanderfällt, sein Buch *Wetten auf Europa*.

Markus Mainzer vom Tax Justice Network beschreibt ebenfalls die Profiteure und Verlierer des Politik- und Regulierungsversagens: »Steuervermeidung heißt, wenn's von Konzernen betrieben wird, Umverteilung von unten nach oben, die Profiteure sind die Investoren und sind die Vorstände des Managements eines Konzerns, die Leidtragenden sind in aller Regel KonsumentInnen, SteuerzahlerInnen, BürgerInnen und Arbeitnehmer.«[165]

Nicht nur multinationale Konzerne in den Bereichen Industrie und Handel sowie Internet, auch die Finanzindustrie und dabei Hedgefonds und Schattenbanken nutzen die Offshore-Plätze in der EU mit Niedrigsteuern: Vor allem in Luxemburg, den Niederlanden oder Irland, das besonders attraktive Konditionen bietet. In allen Ländern der EU sollen laut S&P 30 % der Vermögenswerte in der Finanzwirtschaft von Schattenbanken kontrolliert werden. In Irland sollen bereits 70 % des Finanzgeschäfts außerhalb des regulären Bankensektors stattfinden. Über 40 % aller Hedgefonds auf der Welt werden nach Schätzungen in Irland verwaltet. Während die Bankbilanzen im Zuge der Krise generell schrumpfen, verschiebt sich das Bankgeschäft in die unregulierten Bereiche. Die Risiken werden so weiter erhöht; so ist nach Jim Stewart das International Finance Services Centre (IFRS) in Dublin eine Black Box, bei der niemand wisse, ob sie nicht irgendwann in die Luft fliegt.[166]

Gleichzeitig wurden irische Banken von deutschen Steuerzahlern gerettet – wofür sie sich von einigen Bankern auch noch beschimpfen lassen mussten.[167]

Ist das die neue Sozialpolitik in Europa? Große Firmen entfliehen ihrer sozialen Verantwortung. Das gilt auch für ihre superreichen Eigner, die durch Spenden wiederum ihr Renommee sichern können. Durch die Steuervermeidung besteht dafür ausreichend großer finanzieller Spielraum, denn im Gegensatz zum hochbesteuerten kleinen Angestellten können sie über ihr volles Einkommen verfügen.

Diese Superreichen sind bekannt für ihre Wohltätigkeiten, die ihren Namen weit über ihren Tod hinaus einen guten Klang verleihen. Private Equity ist wieder auf dem Vormarsch und die Eigner dieser umstrittenen Gesellschaft, die als »Heuschrecken« gebrandmarkt wurden, möchten ihr Image wieder verbessern. Eine solche Großzügigkeit verdeckt häufig die steuerlich günstige Kapitalverlagerung. Der sozialpolitischen Verantwortung gegenüber Staaten und ihren Gesellschaften können sie entgehen und selbst bestimmen, wer etwas erhält, und dies möglichst publicitywirksam. Mit Spenden lässt sich gut verschleiern, wie das Geld erwirtschaftet wurde, und die öffentliche Meinung im eigenen Sinne beeinflussen. Da sind Bildungsinvestitionen zielführend. Vor allem in den USA treffen wissenschaftliche Netzwerke auf kommerzielle Gönner. Selbst die Elitehochschulen mutierten zu Profitmaschinen. Ein kommerzielles Treiben, das an die Unabhängigkeit von Forschung und Lehre zweifeln lässt, aber wahrscheinlich gilt auch hier: »Pecunia non olet« (Geld stinkt nicht).

Charity ist überall willkommen und erfolgt international inzwischen oftmals über Stiftungen. Allerdings steht nicht immer die Wohltätigkeit im Fokus. Mit der zunehmenden Globalisierung seit dem Zusammenbruch der kommunistischen Regime in Osteuropa kam es auch zu einer Ausweitung der organisierten Kriminalität und damit der illegalen Märkte. Angesichts ihrer gestiegenen Bedeutung nahm die Trennschärfe zur legalen Wirtschaft ab.[168] So boten sich Stiftungen als juristische Personen für die Erzielung bestimmter Sonderzwecke an. Nicht selten ist ihr einziger Zweck die Ermöglichung von Geldwäsche. Sie agieren so weit als möglich anonym und nutzen Steuerschlupflöcher. Illegal erwirtschaftetes Geld trifft auf legal aufgebaute Vermögen. Damit die Herkunft des Geldes nicht mehr nachvollzogen werden kann, durchläuft vom Absender bis zum Empfänger bewusst eine unübersichtliche Vielzahl von Transaktionen. Beliebte Stiftungssitze sind Offshore-Plätze, die auch touristisch reizvoll sind, etwa manche Schweizer Kantone (z. B. Zug), Jersey, die Isle of Man, Liechtenstein, Luxemburg, Malta, Monaco, Dubai, Bahrain, Mauritius, die Niederländischen Antillen, die Cayman Islands, Barbados, Bahama, Singapur, Panama und andere.

Mithilfe von Stiftungen können Superreiche ihre Zuwendungen selbst wie Staaten gestalten und überragen diese oft hinsichtlich ihrer Finanzkraft. Auf dem G20-Treffen in Sydney im Februar 2014 wurden Pläne vorgestellt, um international Steuerschlupflöcher zu schließen.[169] Aber das braucht Zeit und bedarf eines einheitlichen Vorgehens aller Staaten. Sie sind angesichts der Macht der Superreichen und der von ihnen gesteuerten abgabenoptimierten Konzerne zu Papiertigern herabgesunken. Die Gewinner der Finanzialisierung verfügen über Freiräume, die die nicht staatenlos agierenden Bürger nicht haben. So sind die Bürger gleichzeitig die neuen Gefangenen in ihrem Besteuerungsland hinsichtlich ihrer finanziellen Abgabepflichten. Freiheitsräume werden nur noch denen gewährt, die sie durchsetzen können.

Die Umverteilung erfolgt auch über die zwischenzeitlich neu geschaffene Rechtsform Socieatas Europaea/SE. Für Bürger oder Arbeitnehmer schafft sie keinen erkennbaren Nutzen, eher im Gegenteil. Seit Ende 2004 besteht die Rechtsform der SE für Aktiengesellschaften in der EU und wird auch als Europa-AG bezeichnet. Die Unternehmen müssen ihren Sitz in einem EU-oder EWR-Staat haben und können ihn jederzeit in einen anderen Mitgliedstaat der Gemeinschaft verlegen. Für die Unternehmen ergibt sich so mehr Flexibilität, sie können auch angelsächsischen Leitungsstrukturen folgen. So kann die Unternehmensleitung statt durch einen Vorstand, der vom Aufsichtsrat kontrolliert wird, durch ein Board of Directors ausgeübt werden. Das Leitungs- und Kontrollorgan ist damit identisch und entspricht eher den Shareholder-Interessen. Durch die besonders strengen Arbeitnehmerrechte und umfassenden Mitbestimmungsregelungen in Deutschland wird die Europäisierung des Rechts, die gleichzeitig eine Annäherung an US-Usancen darstellt, hierzulande kritisiert. Die unternehmerischen Gestaltungsalternativen könnten verstärkt genutzt werden. Eigentümerfokussierte Aktiengesellschaften würden versuchen, die Mitbestimmung der Arbeitnehmer weiter auszuhebeln. Mithilfe der SE lässt sich laut dem Juristen Stephan Brandes[170], der im Folgenden weitgehend zitiert wird, das Mitbestimmungsstatut dergestalt einfrieren, dass späteres Wachstum nicht mehr zur Intensivierung der Mitbestimmung führt. Bei der SE wird die Mitbestimmung in der Gründungsphase zwischen den Anteilseignern und den Arbeitnehmern ausgehandelt. Falls keine Einigung zustande kommt, greift eine gesetzliche Auffanglösung. Damit wird der bereits bestehende Arbeitnehmeranteil im Aufsichtsrat zementiert. Für die Eigner und die Unternehmensführung ist dann entscheidend, dass dieses System dauerhaft bestehen bleibt. So lässt das Überschreiten von Schwellenwerten die bisherige Mitbestimmungsregelung in der SE unberührt. »Die Auffanglösung ist ausgerichtet auf das Mitbestimmungsniveau, das im Zeitpunkt der Errichtung der SE erreicht war.«[171]

Umverteilung läuft auch über die Währung. So sind inländische exportorientierte Unternehmen bestrebt, auch noch von einem schwachen Euro zu profitieren, der ihnen die Exporte erleichtert. Für die Bürger bedeutet dies eine Entwertung ihrer Währung. Wäre Deutschland eine große Schweiz mit eigener Währung geblieben, würden die Bürger von der höher bewerteten Deutschen Mark profitieren. Langfristig – und das ist kein Trost – wird vermutlich auch die deutsche Wirtschaft nicht profitieren (vor allem vor dem Hintergrund des steigenden Anteils verunsicherter Konsumenten). Sie war nämlich auch exportstark, als es die D-Mark noch gab und sie die Abwertungen der Auslandswährungen als »Exportkeule« verkraften musste. Dies zwang zu mehr Effizienz. Die Inlandskaufkraft war gleichzeitig gesichert, da das Einkommen und das Vermögen vor der Einführung des Euro nicht so gedrückt wurden. Dies war Teil der sogenannten Stakeholder-Philosophie, die vielen, auch den Arbeitnehmern, Anteile am Gewinn sicherte und im Gegensatz stand zur Shareholder-Value-Philosophie, die einseitig auf Kapitalinteressen abstellt. Letztere hat sich weltweit trotz vielfacher Kritik durchgesetzt.

Heute ist die Binnennachfrage in Deutschland zu schwach. Das zu einseitige inländische Geschäftsmodell, auf den Export zu setzen, hat die Ungleichgewichte verstärkt. Bei Beachtung der Spielregeln einer Sozialen Marktwirtschaft mit Aufrechterhaltung einer eigenen Währung wäre das so nicht eingetreten. Stattdessen sind auch inländische Großunternehmen den Maximen des internationalen Finanzkapitalismus gefolgt. Ihre meist ausländischen Eigner wollen schnelle Profite sehen. Auch bei Pharmaunternehmen gilt jetzt beispielsweise, dass der schnelle Return zählt. Dadurch werden langfristige, forschungsintensive Entwicklungen unfinanzierbar. Es fehlen weitsichtige strategische Partner, also etwa eine Hausbank, die die Belange des Kunden kennt. Die schnelllebigen Finanzmärkte heutiger Prägung mit immer kurzfristigeren Trades sind dafür nicht mehr geeignet.

Dem so konzipierten Kapitalismus erscheinen kurzfristige Gewinne lukrativer. Durch das Steuerdumping können sich die Unternehmen ihrer sozialpolitischen Verantwortung entziehen, was den Kapitaleignern dient. Auch die Anleihegläubiger profitieren, da ihre Interessen verstärkt vor denen der betroffenen Gesellschaften rangieren. Eine Blaupause für das neue Europa ist das nicht. Die Harmonisierung des europäischen Finanz- und Steuerrechts, die noch vor wenigen Jahren im Fokus der Politik und der Medien stand, lässt auf sich warten. Dies gilt insbesondere für die Unternehmenssteuern multinationaler Unternehmen.

Hier besteht dringender Handlungsbedarf! Stattdessen wurde in der EU das Subsidiaritätsprinzip inzwischen auf den Kopf gestellt und die Bürokratie dringt in Lebensbereiche ein, die sinnvollerweise nicht zentralistisch gelöst werden sollten. Das Glühlampenverbot ist ein besonders abschreckendes Beispiel. Die Starrheit und das Bedienen kommerzieller Interessen sind zu Merkmalen dieser neuen Autokratie geworden. Von pragmatischer Verbraucherorientierung keine Spur. So werden die Prinzipien von Demokratie und Sozialer Marktwirtschaft ausgehöhlt.

Fazit

Das erfolgreiche Steuerdumping multinationaler Unternehmen ist Ausdruck des vermachteten internationalen Kapitals. Nicht nur die Industrie und dabei insbesondere Technologieunternehmen, die über Patente oder andere Formen intellektuellen Eigentums verfügen, sind längst global aufgestellt und nutzen Schwachstellen staatlicher Regulierungen. Die Regierungen müssen sich hier verständigen, um die soziale Ungleichheit nicht noch mehr zu verstärken.

5.4 Verbesserte Kenntnisse!

Es reicht eben nicht aus, dass Wirtschaft in irgendeiner Form auf den Lehrplänen steht. Wirtschafts- und Finanzwissen muss von dafür ausgebildeten Fachlehrern als ganzheitliches Thema unterrichtet werden.

Michael Kemmer, Hauptgeschäftsführer des Bankenverbandes[172]

Michael Kemmer steht mit der Forderung nach Verbesserung des Wirtschaftswissens schon in der Schule nicht allein. Auch aus Sicht des DAI wäre ein Schulfach Ökonomie das Gebot der Stunde.[173] Dass die Bildung in ökonomischen Fragen massiv verbesserungswürdig ist, wird zwar von Experten bestätigt, geschehen ist aber bisher so gut wie nichts. Die Finanzkrise scheint sogar noch weiter abzuschrecken. Nach einer Studie für das Jahr 2012 des Bundesverbandes deutscher Banken hatte 2009 noch ein Drittel der Befragten jungen Menschen (sehr) starkes Interesse an Wirtschaft, aktuell ist es danach nur noch etwa ein Fünftel.

Das Wirtschafts- und Finanzwissen weist erhebliche Defizite auf: So ist z. B. der Begriff »Rendite« nur drei von zehn Jugendlichen geläufig. Nur ein Drittel der Jugendlichen ist regelmäßig mit eigenen Geldangelegenheiten befasst – Hauptsache, der Geldautomat spuckt Scheine aus – und viele nehmen sich, wenn überhaupt, für eine Finanzplanung nicht die nötige Zeit. Mehr als jeder zweite Jugendliche gibt sogar zu, sich in Geld- und Finanzfragen kaum oder gar nicht auszukennen.[174] Mehr Vermittlung von wirtschaftlichen Inhalten sollte daher nicht nur in den Elternhäusern, sondern auch schon in der Schule erfolgen. Das Wissen um die Chancen eigener Geldanlagen dient einer besseren Einkommenssicherung in der Zukunft und dürfte den Interessen der Bankenvertriebler entgegenstehen. Das Wegbrechen der Mittelschicht wird nämlich durch ungeeignete Anlagen befördert, die eher anderen nutzen: dem Staat und der vermittelnden Bank oder Versicherung.

Bessere Wirtschaftskenntnisse wären auch in der Politik vonnöten. Angesichts der Vielzahl von Bürokraten, die nie in ihrem Leben außerhalb des Partei- bzw. Staatsapparates oder von Gewerkschaften ihr Geld verdienen mussten, wäre es zu begrüßen, wenn mehr erfahrene Mittelständler sich politisch einbringen würden. Ein solcher Mittelständler hat im Idealfall die Prinzipien einer Sozialen Marktwirtschaft verstanden. Er setzt auf eine verstärkte wirtschaftliche Bildung und lässt sich nicht von Klientelinteressen leiten und betont – das scheint selten geworden zu sein – das Gemeinwohl. Er fördert auch das Aktiensparen im Sinne Ludwig Erhards. So könnte mehr wirtschaftlicher Sachverstand die Interessenverklammerung zwischen der Finanzwelt und dem Staat lösen. Das so entstehende Defizit wird bereits seit vielen Jahren auch hierzulande kritisiert, ohne dass sich bisher etwas geändert hat. Statt Ordnungspolitik dominiert ein ständiger Interventionismus, ohne dass dadurch die Probleme gelöst werden würden. Der neue Bankenabwicklungsfonds als Mega-Bad-Bank in der Eurozone macht die Halde der unerledigten Aufgaben nur noch größer.

Mit dem Niedergang des Liberalismus in diesem Land, der nichts mit dem auch in diesem Buch kritisierten Raubbau-Kapitalismus (der auf schnelle Gewinne setzt) zu tun hat, sondern die ordnungspolitischen Vorstellungen einer Sozialen Marktwirtschaft verkörpert, haben Ideologen und Interessenvertreter zu viel Spielräume erhalten. Mehr wirtschaftliche Kompetenz sollte daher in den Länderparlamenten, im Bundestag und in der EU Einzug halten.

Fazit

Selber nachdenken ist der erste Weg zu einer erfolgreichen wirtschaftlichen Entwicklung und sollte das eigene verwertbare Können miteinschließen.

5.5 Sicherung des Wohlstands durch Unabhängigkeit und mehr Transparenz!

Denn die einen sind im Dunkeln
und die andern sind im Licht
und man siehet die im Lichte
die im Dunkeln sieht man nicht.

Bertolt Brecht[175]

Die Nachrichtenagenturen haben sich in den letzten Jahren weiterentwickelt. Längst bieten zum Beispiel Reuters oder Bloomberg umfassende Systeme an, deren Möglichkeiten weit über die Nachrichtenübermittlung, Kursabfragen und -verlaufsdarstellungen hinausgehen. Ähnlich wie bei den inzwischen elektronisch hochgerüsteten Autos wird auch ein breites Spektrum sozialer Informations- und Unterhaltungsplattformen (Social Media) angeboten, einschließlich Mitgliederforen (z. B. Chats) zur Kundenbindung. Sie sind Teil einer schnell wachsenden Social-Media-/Entertainmentindustrie. Aber auch das »normale« Finanzgeschäft mutiert zur Unterhaltung. Das ständige Blinken bei neuen Nachrichten oder E-Mails, vor allem die sich ständig verändernden Kurspfeile in grüner oder roter Farbe heizen Aktivitäten an. Vermeintlich zum eigenen Vorteil. Allein sicher verdient dagegen die Bank bzw. der Informationsanbieter. Der auffällige Aktionismus erinnert an Flipperautomatenspiele – nicht zuletzt auch angesichts der blinkenden Irrlichter der Desinformation, die die Handelsfrequenz steigern. Oft folgen die Marktakteure auch noch den falschen Modellen, die schlimme Nebenwirkungen haben können.[176]

Die nach Medienberichten manipulierten Daten (Libor, Wechselkurse und Edelmetallpreise) führen zur berechtigten Forderung nach mehr Transparenz. Doch statt dass mehr Transparenz geschaffen wird, besteht jetzt eher die Gefahr einer Überregulierung. Dabei sind die Anforderungen für ein ordentliches Unternehmensresearch eigentlich recht bescheiden: sorgfältig recherchierte Daten, die einfach, übersichtlich und transparent aufbereitet werden. Keine versteckte Werbung, die sich als Information präsentiert, keine hektisch aufleuchtenden Schlagzeilen, die nur ablenken oder sogar desinformieren. So ist das fundamentale Aktienresearch als einzige Analyseform mit dem realen ökonomischen Wert von Unternehmen beschäftigt. Bei den Marktführern Bloomberg und Reuters wird dies weniger berücksichtigt und stattdessen auf kurzfristige »Reize« wie blinkende Kurse, bunte Charts und rasch scrollende News gesetzt. Im Grunde haben diese vermeintlichen Branchengurus nur ein Computerbörsenspiel auf dem Level von hyperaktiven Teenagern gebastelt, aber kein seriöses Analysetool. Zudem verbinden diese Systeme nicht einmal Informationen zu einem Gesamtbild, sondern lassen sie einzeln und unverbunden nebeneinanderstehen. Damit sind sie aus meiner Sicht bei der fundamentalen Analyse wenig hilfreich.

Es werden weiterhin Systeme benötigt, die den fundamentalen Analyseprozess unterstützen und es jedem einzelnen Investor erlauben, deutlich mehr Unternehmen und diese wesentlich tiefer als bisher analysieren zu können. Für Analysetools wie z. B. WorldCap besteht m. E. noch ein großer Bedarf, da es dank seiner klaren Struktur mehr Transparenz schafft. Es erlaubt die Analyse von nahezu allen weltweit gehandelten Aktien. Das System berechnet alle im professionellen Umfeld benötigten Kennzahlen pro Unternehmen und Periode vollautomatisch und ermöglicht es, beliebige Unternehmen miteinander zu vergleichen (Peer-Group-Analyse), wobei selbst Kennzahlen aus unterschiedlichen Währungsräumen automatisch umgerechnet werden.

Als erstes System stellt es die gleichen professionellen Daten, die bisher nur für hohe Lizenzgebühren von den Datenanbietern an Banken und institutionelle Investoren vertrieben wurden, auch Privatinvestoren in einer bedienerfreundlichen Oberfläche zur Verfügung. Da WorldCap kein US-Produkt ist, unterliegt es keinen Datenschutzproblemen (Stichwort NSA etc). Etablierte US-Anbieter gerieten hier unter Rechtfertigungsdruck und müssen sich zunehmend die Frage stellen lassen, ob und inwieweit sie etwa mit der NSA kooperieren. Vor dem Hintergrund der NSA-Überwachung, dessen Ausmaß immer noch unklar ist, muss man sich vor einem Ausspionieren fürchten, das angesichts heutiger technischer Möglichkeiten die kühnsten Utopien in den Schatten stellt.

Die massenhafte Weiternutzung elektronischer Medien wird oft von einem Achselzucken begleitet: Ich habe nichts – für die USA Interessantes – zu verbergen. Die Gefahren werden oft verharmlost[177]; wachrütteln sollte der Ende 2013 veröffentlichte und äußerst lesenswerte Aufruf der Schriftsteller Juli Zeh und Ilija Trojanow »Die Demokratie verteidigen im digitalen Zeitalter«.[178] In einem Machtapparat, der zu einem totalen Überwachungsstaat mutieren kann, würde dann zwar gönnerhaft festgestellt »Gegen Sie liegt nichts vor!«, hat man doch das Ziel erreicht: zu demonstrieren, dass man alles über die Überwachten weiß.

Doch die eigene Privatsphäre muss geschützt werden. Selbst Facebook-Gründer Marc Zuckerberg ist nicht bereit, sein Privatleben in einem sozialen Netzwerk öffentlich zu enthüllen.[179] Schützen auch Sie Ihr Privatleben. Von der medialen Form des Exhibitionismus leben nur andere auf Ihre Kosten gut, denn Ihre Daten fließen in die Meinungsforschung. Heute geben die Bürger – im Gegensatz zum Verhalten in einem Regime wie der früheren DDR – Informationen freiwillig und allzu sorgenfrei weiter. Das allzu weitgehende Ausspähen schafft zwar durchaus Transparenz – aber nicht für Sie!

Sowohl in der Politik als auch in der Wirtschaft geht es darum, zwischen verschiedenen Optionen wählen zu können. »Alternativlos« ist aber gerade keine politische Handlungsoption, sondern eine Kapitulation, letztlich ein

Propagandagriff, der mich aber immerhin zum Verfassen von Büchern wie dem vorliegenden bewog, um Alternativen aufzuzeigen. Die Wirtschaftsjournalistin Heike Göbel weist auf das Versagen der Politiker, über Alternativen aufzuklären, hin: »*Stets gibt oder gab es höchst respektable andere Handlungsmöglichkeiten. Was fehlt, ist nicht die Alternative, sondern der Wille, den Schleier zu lüften; klar zu sagen, welche Vor- und Nachteile mit einer Lösung verbunden sind, und so den Bürger ehrlich und geduldig teilhaben zu lassen an der Abwägung der Güter.*«[180]

Dabei ist es hilfreich, die eigenen Wahlmöglichkeiten aufzubereiten. Wenn man sie noch hat. Wer »Alternativlosigkeiten« postuliert, kann letztlich auch Politik so gestalten, dass eine Umkehr und Reformen kaum mehr möglich sind. Erstarrte Systeme scheitern aber letztlich an sich selbst.

Für ökonomische Entscheidungen gilt, zunächst die richtigen, nicht kommerziell verfälschten Informationen einzuholen. Die Banken sind aus der unabhängigen Beratung verdrängt worden. Aber das haben die Branchenvertreter wohl selbst billigend in Kauf genommen. Jedenfalls gab es keinen Sturmlauf gegen die jetzigen Regulierungen, die kundenschädlicher denn je sind. So verdrängt der oft desinformierende Finanz-Beipackzettel die Banken aus der Aktienberatung. Im Zuge der Verpflichtung, im Beratungsgespräch ein Produktinformationsblatt bereitzustellen, hat nach einer Untersuchung des Deutschen Aktieninstituts (DAI) etwa jede zweite Bank oder Sparkasse ihre Aktienberatung deutlich zurückgefahren, fast 15 % der Umfrageteilnehmer haben sie sogar vollständig eingestellt.[181] Die Diskreditierung der Aktienanlage ist eine krasse Fehlentwicklung, mit der die Volksverblödung im Anlagebereich ein neues unrühmliches Niveau erreicht.

Statt inländischer Langfristanleger halten in absehbarer Zeit dann nur noch kurzfristig investierende ausländische Kapitalgesellschaften die Papiere führender deutscher Unternehmen. Die überwiegende Zahl der DAX-Firmen befindet sich bereits jetzt in ausländischem Mehrheitsbesitz. Nicht nur die Manager, auch die Eigner können es sich erlauben, »vaterlandslose Gesellen« zu sein. Sie verdienen immer, und das auch noch zu niedrigen Steuern oder sogar fast ganz steuerfrei, wenn sie Gestaltungsspielräume nutzen können.

Die Verrechtlichung, die den Verkäufern in den Banken nutzt, da nicht mehr so leicht Schadenersatzansprüche geltend gemacht werden können, ist Gift für die Kunden. Sie sollten den Empfehlungen ihrer Bank aus guten Gründen vertrauen können. Das Interesse an einem prosperierenden Eigengeschäft der Banken darf nicht dazu führen, dass die eigenen Kunden übervorteilt werden. Auch nicht durch den irreführenden, wenngleich nicht immer falschen Hinweis auf Steuerersparnismöglichkeit. Irreführend ist diese Information deswegen oft, weil Qualitätsmängel oder Risiken der Anlage so besser verdeckt werden können. Daher sollte jede Anlage sich bereits unabhängig von der steuerlichen Gestaltung betriebswirtschaftlich rechnen, d. h. auch *vor* Steuern bzw. bei Ansatz einer normalen Besteuerung.[182]

Hohe Provisionen für fragwürdige Produkte sind nach wie vor ein wesentlicher Treiber des Privatkundengeschäfts.[183] In einem solchen Umfeld, wie bereits an anderer Stelle beklagt, kommt die Aktienanlage oft gar nicht mehr zum Zuge. Hier sind die Chancen und Risiken offensichtlich, was nach nur kurzer Recherche rasch klar wird. Wenn man sich auf diese transparentere Form der Anlageform einlässt, ist eine hohe Dauerrendite bei einer langfristigen Anlage möglich. Hilfreich ist die Auswahl von Unternehmen mit stabilen Geschäften zum richtigen Zeitpunkt (vgl. die Liste qualitativ guter Unternehmen, die in einer stabilen Branche mit ausreichend großer Eintrittsbarriere tätig sind, in meinem Buch *Die Währungsreform kommt!*, S. 232).

Wertpapieranalysten neigen im Durchschnitt dazu, die Perspektiven zu positiv einzuschätzen. Mit diesem positiven Bias und dem Gleichverhalten der Researcher ist zwar eine Desinformation verbunden, die relativ leicht zu überwinden ist, vor allem wenn man sich dessen bewusst ist. Wenn der Kunde aber nicht weiß, was er kauft, sollte er grundsätzlich die Finger von der Anlage lassen!

Fazit

Transparenz ist Voraussetzung für gute Anlageentscheidungen. Nehmen Sie sich so viel Zeit, wie Sie selbst glauben zu benötigen, um zu einer ausreichend durchdachten Entscheidung zu kommen. Prüfen Sie in aller Ruhe alle Varianten, die sich bieten, und lassen Sie sich nicht von Kundenberatern zu einer Unterschrift drängen, auch nicht mit dem Hinweis auf Steuersparmodelle. Schließlich ist es Ihr Geld!

5.6 Mehr Machtkontrolle durch eine wirksame Kartellüberwachung und mehr Reputationswettbewerb

Ich habe es immer wieder zum Ausdruck gebracht, dass es in meinem Bild der Wirtschaft nur einen Maßstab gibt, und das ist der Verbraucher. Es gibt nur einen Richter über Gut und Böse in der Wirtschaft, über das Nützliche und das Unnütze: den Verbraucher. Denn welchen anderen Zweck sollte eine Wirtschaft haben als den, der Gesamtheit eines Volkes zu immer besseren und freieren Lebensbedingungen zu verhelfen, Sorgen zu überwinden und den Segen der Freiheit – nicht nur der materiellen, sondern auch der geistigen und seelischen Freiheit – allen teilhaftig werden zu lassen? Das Gefühl der Befreiung beruht zu einem guten Teil auf der ökonomischen Grundlage. Wenn viele Menschen in einer Wirtschaft, in einem Staat, von der Sorge gequält sind, was morgen ihr Schicksal sein wird, kann man nicht von Freiheit sprechen. Denn frei, wahrhaft frei als Persönlichkeit und wahrhaft frei gegenüber dem Staat und seinen Einrichtungen ist nur derjenige, der gewiss sein kann, kraft eigener Leistung und eigener Arbeit bestehen zu können, ohne Schutz, aber auch ohne Behinderung durch den Staat.

Ludwig Erhard in einer Rede in Antwerpen 1954[184]

Ludwig Erhard hat in seiner berühmten Antwerpener Rede aus dem Jahr 1954, aus der diese Passage stammt, die Prinzipien seiner Wirtschaftspolitik dargelegt. Seine Gründe zur Begrenzung der Kartellmacht stießen allerdings in Wirtschaftskreisen auf Bedenken. Doch insbesondere der Mittelstand, auf den er ebenfalls in seiner Rede eingeht, hat davon profitiert, dass Kartellen und der Korruption von Staat und Großindustrie Grenzen gesetzt wurden. Konsumentensouveränität, Sozialpflichtigkeit des Eigentums und letztlich die dienende Rolle der Wirtschaft sind Prinzipien, die neu verteidigt werden müssen. Durch Vermachtung und Korruption werden findige Erfinder und Unternehmer ausgebremst. Internationale Kartelle lehnte Erhard genauso ab wie Verträge von Staaten unter Staaten, um Völker aus Armut und Not zu befreien und immer mehr Menschen in einen gehobenen Lebensstandard zu führen, ihnen die Möglichkeit und die Sicherheit zu geben, sich frei zu entfalten und damit unabhängig von den Gewalten des Staates zu werden, aber sich dennoch dessen Ordnung verpflichtet zu fühlen. Die aktuellen Vermachtungstendenzen, z. B. in der Finanzindustrie durch die Globalisierung, sind mit einer Sozialen Marktwirtschaft unvereinbar. Dies gilt auch für die ordnungspolitisch fragwürdigen bilateral zwischen den Staaten ausgehandelten Banken- und Staatsrettungsprogramme in der EU, die zudem gegen das EU-rechtlich verankerte Verbot (»No Bail-out«-Klausel im Maastricht-Vertrag) verstoßen, anderen Staaten finanziell aus der Patsche zu helfen.

Der Kampf gegen wirtschaftliche Übermacht ist nicht neu. Er wurde bisher mit anderen Stilmitteln geführt, als dies zuletzt bei den Aktivisten der Occupy Wall Street-Proteste der Fall war. Diese Graswurzelbewegung prangerte den entfesselten Kapitalismus an. Sie ist bereits politisch erfolgreich und hat den politischen Mainstream erreicht – ein Beispiel für die Reformfähigkeit der US-Politik im Vergleich zur starrköpfig wirkenden Politik hierzulande, die Fehler nicht mehr korrigiert, sondern aussitzt.

So führt »Wohlstand für Wenige« politisch zur Instabilität. Auf Dauer ist ein immer weiteres Auseinanderklaffen von Arm und Reich in einer Gesellschaft gefährlich. Die Etablierung eines Herrschafts- oder Unterdrückungsrechtes, das die Vermachtung des Kapitals stärkt und gleichzeitig mit einer Niedriglohnpolitik und einer vergleichsweise hohen Besteuerung der Arbeitnehmer die Bevölkerungsmehrheit weiter finanziell schwächt, birgt Konflikte in sich.

Neue Gesetze und Regulierungen müssen letztlich von den Betroffenen akzeptiert werden. Überregulierungen können Märkte und damit Chancen verspielen. Manfred Gentz wies zu Recht auf folgende Grenze hin: »*Wenn Sie alles in Gesetzen regeln, haben sie am Ende die Freiheit verspielt.*« Wenn dann auch noch gesetzestreues Verhalten vom Gesetzgeber selbst kritisiert wird, weil es nicht dem Zeitgeist entspricht, werde das »*Prinzip von Rechtssicherheit und Rechtsstreue*«.[185] Der vermeintliche Zeitgeist öffnet so Tür und Tor für neue Beliebigkeiten, die neues Unrecht produzieren und bevormundend planwirtschaftlich wirken. Eine immerwährende Frauenquote für Firmen wäre ein schwerwiegender Eingriff in die wirtschaftliche Gestaltungsfreiheit von Unternehmen. Wenn nicht mehr die beste Qualifikation im Fokus steht, und zwar unabhängig vom Geschlecht, macht sich eine Gesellschaft, die auf Bildung und Rechtskontinuität in wichtigen ordnungspolitischen Fragen setzt, unglaubwürdig. Planwirtschaftlich sozialistische Rezepte sind die falsche Antwort auf die aktuellen Herausforderungen. Wirtschaftliche Macht ist durch eine wirksame, international abgestimmte Anti-Kartellpolitik zu bekämpfen, nicht durch immer stärkere Einschränkungen unternehmerischer Freiheit. Zu viel steht hier auf dem Spiel.

So unterhöhlt wirtschaftliche Vermachtung die Demokratie – wie in den 1920er-Jahren in Deutschland (z. B. IG-Farben). Bestimmte Branchen oder Industrieinteressen sollen geschützt werden. Das ist in jedem Land anders, je nach ihrer relativen Bedeutung. In den USA und Großbritannien spielt der Finanzsektor eine gesellschaftlich tragende Rolle. Hier waren in den letzten Jahren für die Manager durch eine fragwürdige Regulierung zugunsten der Ertragschancen der Finanzindustrie und das Abwälzen der Risiken auf die Steuerzahler hohe Gehälter erzielt worden, die es zu sichern gilt. Die Wahlkampffinanzierung durch die Banken ist dabei ein besonders heikles Thema. So werden die Wahlkämpfe und damit die Politik in den USA durch Investmentbanken finanziert. Auch ihre öffentlichkeitswirksame Unterstützung ist wichtig.[186] In Deutschland sind die Verhältnisse im Industriebereich nicht unbedingt besser. Auch ungeschriebene Gesetze der Sozialen Marktwirtschaft gelten nicht mehr. Auch hierzulande werden die ordnungspolitischen Grundlagen der Wirtschaft ausgehöhlt, sie dienen zunehmend nicht mehr den Interessen der Bürger, sondern den interessengeleiteten »Mindsetters«, die über Kapitalmacht verfügen. Die neuen Strukturen erinnern wieder an den Frühkapitalismus.

> *»Wir sprechen in Deutschland von Sozialer Marktwirtschaft, weil wir es im Gegensatz zum Kapitalismus vergangener Tage und zum Liberalismus früherer Prägung – etwa dem ›Manchester-Liberalismus‹ – nicht mehr zulassen wollen, dass sich innerhalb der Wirtschaft Machtpositionen bilden. Wir lehnen vor allem Kartelle ab. Wir glauben, dass sich künstlich konstruierte Machtpositionen nicht mit der Vorstellung eines freien Wettbewerbs in Einklang bringen lassen.«*[187]

Wenn nach Erhard bestimmte Gruppen der Wirtschaft ohne Leistung – und damit durch einen juristischen Akt in eine Monopol- oder nur in eine Machtstellung gebracht werden, ist der Leidtragende der Verbraucher. Der Bürger zahlt als Verbraucher höhere Preise, als er ohne die bestehende Vermachtungsstruktur müsste. Darüber hinaus sind die Bürger derzeit über mehrere andere Kanäle Opfer finanzieller Umverteilung, die hier nochmals zusammenfassend dargestellt wird:

Finanzielle Umverteilung zulasten der Bürger

- Durch den (international) entfesselten Kapitalismus: Mit dem vermachteten Kapital inkl. Hedgefonds und der eingebundenen Ratingagenturen werden Unternehmensgewinne umverteilt durch schlechtere Arbeitsverträge und eine höhere Gewinnausschüttung.

- Durch steuerliche Ungleichbehandlung von Arbeit und Kapital: Auch in Deutschland ist die soziale Ungleichheit sehr hoch. (Die »kalte Progression« verstärkt die Umverteilung von unten nach oben, die bereits durch die höhere Besteuerung der Arbeits- im Vergleich zu den Kapitaleinkommen besteht. Wenn die Eckwerte für die Höchstbesteuerung seit Jahrzehnten trotz laufend höherer Einkommen nicht angepasst werden, muss man sich über die steuerlichen Einnahmerekorde nicht mehr wundern.)

- Durch Umverteilung über das komplizierte Steuerrecht, das große Gesellschaften mit findigen Beratern nutzt.

- Durch niedrige Unternehmenssteuern und die Nutzung steuerlicher Gestaltungsspielräume durch multinational agierende Gesellschaften: Nutzung von Steueroasen als Unternehmenssitz (z.B. Irland) und Gewinnverlagerungen.

- Durch Shareholder-Value- statt Stakeholder-Value-Ausrichtung: Die Anliegen des vermachteten Kapitals werden auch über die Europa-AG gestärkt, für die Arbeitnehmer könnte dies die Schwächung ihrer Interessen de facto verstärken; sie werden dann Bestandteil des kapitalistischen Spotmarktes mit kurzfristigen Arbeitsverträgen ohne langfristig gesicherte Zukunftsperspektiven. Dies betrifft jüngere Arbeitnehmer zulasten der durch Pfründen geschützten älteren Mehrheitsbevölkerung.

- Durch eine regulatorische und steuerliche Benachteiligung des Aktiensparens

- Durch die Enteignung der Sparer durch die anhaltende Niedrigzinspolitik: Insbesondere vorsichtig agierende Personen, die sich auch in einem veränderten wirtschaftlichen Umfeld nicht verschulden wollen, könnten in besonderem Maße finanziell gerupft werden.

Will man wirklich Chancengerechtigkeit in diesem Land wieder ernst nehmen, muss auch die vermachtete Finanzindustrie umfassend reformiert werden. Mit einer mit ausreichender Sachkompetenz und Durchsetzungsmacht versehenen Kartellbehörde würde es dann darum gehen, wieder viele kleinere und im echten Wettbewerb stehende Finanzinstitute zu schaffen. Vorbild könnte die Verkleinerung der Banken in Deutschland wie nach dem Zweiten Weltkrieg sein, die damals unter dem Diktat der Siegermächte erfolgte. Geschadet hat es der Entwicklung der Realwirtschaft nicht, im Gegenteil. Fraglich ist nur, ob man angesichts der unzureichenden Machtbegrenzung der Finanzinstitute in den großen Referenzstaaten, insbesondere den USA, zu dem Schritt bereit wäre, eine Reformierung in Richtung einer Sozialen Marktwirtschaft, so wie sie ursprünglich vorgesehen war, einzuleiten. Eine reformierte inländische Kartellbehörde darf auch nicht mit dem Hinweis auf Europa zahnlos gehalten werden. Die Machtkontrolle der Banken scheitert auf europäischer Ebene anscheinend und wird noch durch die Umverteilung beschleunigt. So wies der frühere Bundesbanker Franz-Christoph Zeitler auf Bilanztricksereien in Italien und Spanien hin.[188]

Hierdurch ergeben sich Wettbewerbsverzerrungen und so eine weitere Form der Umverteilung von Wohlstand in Europa. Auch die inländischen Banken scheinen inzwischen festzustellen, dass sich die Wettbewerbsnachteile gegenüber südeuropäischen Banken verstärken. Bereits mit der Einführung des Euro kamen auch die südeuropäischen Banken zu günstigeren Konditionen an Geld. Das Band zwischen Banken und Staat ist dort sehr hoch, wie der hohe Anteil von Staatsanleihen in italienischen und spanischen Banken zeigt. Darauf wies auch Jürgen Fitschen hin, der eine angemessene Berücksichtigung der Krisenanfälligkeit von Staatsanleihen bei den Bankenstresstests anmahnte und damit als Bankenpräsident ein Tabu brach.[189] Trotz der zunehmenden Ausfallgefährdung insbesondere südeuropäischer Staatspapiere – Griechenland machte den Anfang – wird weiterhin nicht an der Gesetzeslage gerüttelt, dass Banken für derartige Risiken kein Eigenkapital in ihren Bilanzen vorhalten müssen. Da fühle ich mich wieder an das Motto des Hosenbandordens erinnert: *Honi soit qui mal y pense* (»Ein Schelm, wer Böses dabei denkt«).

Die Finanzministerien, die Notenbanken und die Geschäftsbanken sind in südeuropäischen Staaten wie Italien und Spanien traditionell in einer Weise verwoben, die hierzulande nach den Erfahrungen der 1920er-Jahre (mit Hyperinflation) und der Hitler-Diktatur (mit zurückgestauter Inflation) als unzulässig gilt. Im EZB-System – oder genauer formuliert dem System der europäischen Zentralbanken – scheint diese Kollusion wieder fortzuleben mit einer möglichen Wahrung italienischer und südeuropäischer Bank- und Staatsinteressen durch EZB-Chef Mario Draghi. Ob und inwieweit diese Ansicht abwegig ist, wird die künftige Politik zeigen.

Die allzu einseitige Fokussierung auf die Niedrigzinsen ist m. E. bereits jetzt ein starkes Indiz dafür, dass eine unabhängige Notenbankpolitik nicht mehr verfolgt wird. Jens Weidmann, derzeitiger Bundesbankpräsident (aber »ohne Land und Macht«), warnte vor weiteren Zielen der Geldpolitik neben der Sicherung des Geldwertes.[190] Es ist nicht die Aufgabe der Notenbank, die Funktionsfähigkeit der Finanzmärkte zu garantieren. Es geht allein um die Sicherung des Geldwertes. Die Fed ist kein Vorbild. Durch die mangelhafte Trennung gegenüber den Finanzierungsinteressen des Staates, auch regulatorisch, sind die Anleihenkurse verzerrt. Die Nullzinspolitik setzt die Marktwirtschaft außer Kraft, dieser vermachtete Kapitalismus entspricht nicht den Ordnungsvorstellungen einer Sozialen Marktwirtschaft. Die Sozialbindung des Eigentums findet da seine Grenze, wenn Bürger zur Rettung eines fehlgelenkten Systems schleichend enteignet werden. Es geht um den ordnungspolitischen Rahmen und eine klare Aufgabenzuweisung, wie dies bei der Deutschen Bundesbank der Fall war, als sie noch autonom agieren konnte.

Die Kontrolle des Bankensystems führt zu einer Aufgabenüberfrachtung, die den Interessenkonflikt verstärkt. Wenn ein Bankenabwicklungsfonds im Zuge der Bankenunion als neue große »Bad Bank« geschaffen wird, wären Niedrigzinsen wichtiger denn je zuvor. Der Zusammenbruch und damit einschneidende Reformen können herausgezögert werden. Die politische Moderierung bei Außerkraftsetzen marktlicher Spielregeln (Scheitern und Austritt von Banken) stärkt die vermachtete Finanzindustrie und die korruptionsanfällige Vernetzung zwischen Politik und Großkapital.

Dabei steht das Versagen der Politik im Vordergrund, denn sie ist – zumindest in Deutschland – bislang ordnungspolitischen Regeln verpflichtet. Mit der Unterstützung auch durch die nationalen Regierungen wird in Europa ein Laxheitswettbewerb verstärkt, der südeuropäisch geprägt ist. Für eine schlagkräftige Kartellkontrolle sind die jüngsten Entwicklungen eher entmutigend. Große, international vernetzte Banken können aufatmen und ihre Kasinozockereien ungehindert fortsetzen, wenngleich vermutlich nicht mehr wie in dem Ausmaß mit gezinkten Karten spielend. Aber vielleicht bin ich hier zu optimistisch.

Wirtschaftliche Finanzmacht muss durch eine wirksame Kartellpolitik begrenzt werden. Da die Politik in diesem System »embedded« erscheint, ist es unrealistisch, hier auf schnelle Reformen zu hoffen, zumal die Europäisierung der Problemlösungen mehr Schwierigkeiten als Lösungen bringt.

Neben einer wirksamen Kartellbehörde ist das Steuerrecht zur Machtbegrenzung und zur Durchsetzung von mehr Gerechtigkeit eine wesentliche Reformbaustelle. Die Steuerpolitik müsste strukturell radikal verändert werden mit einer Gleichbesteuerung von Kapital und Arbeit. Auch die steuerliche Entlastung des Finanzkapitals ist Ausdruck einer vermachteten Wirtschafts- und Gesellschaftsstruktur. Hier wäre eine Entlastung für Arbeitnehmereinkommen auf 25% begrüßenswert. Warum setzen sich die Gewerkschaften nicht stärker für das Kirchhof'sche Steuerkonzept ein? Es würde den Angestellten aller Voraussicht nach mehr finanzielle Bewegungsfreiheit verschaffen. Außerdem wäre es ein Weg, dem Aspekt wirtschaftlicher Benachteiligung wirksamer zu begegnen.

Mit einer im Sinne der Konsumenten verfassten Regulierung käme der Reputationswettbewerb zwischen den Banken wieder zum Tragen, auch hinsichtlich ihrer Anlagepolitik, die derzeit von dem Bemühen bestimmt ist, staatliche Stellen nicht zu provozieren. Staatsanleihenanlagen werden schöngeredet und ihre Risiken eher verdeckt. Banken und Versicherer halten viel zu wenig Aktien, da sie im Gegensatz zu Staatsanleihen mit Eigenkapital zu unterlegen und damit teurer sind. Erst mit der Auflösung der wirtschaftlichen Verquickung von Banken und Staat ist mit einer wirklich unabhängigen Expertise zu rechnen.

Die Vermachtung im Finanzsektor, die durch die »Systemrelevanz« der Großen verstärkt wurde, ist durch eine wirksame Kartellüberwachung wieder aufzuheben. Die Provisionsberatung, die nichts anderes ist als Vertrieb, ist zu verbieten. Eine wirklich unabhängige Beratung benötigt keinen langen juristischen Beipackzettel. Die Reputation der Institute würde wieder steigen, sie bräuchten auch keine teuren Kampagnen mehr. Da seit dem Ausbruch der Finanzkrise zwar stärker reguliert wird, aber das grundsätzliche Geschäftsmodell sich nicht geändert hat, wurden die Marketingabteilung bemüht, um das Image durch positive Botschaften aufzubessern: »Wir haben verstanden«, »Wir haben Fehler gemacht«, »Vertrauen ist unser Kapital« sollen Kundennähe suggerieren. Je toxischer die Produkte, desto mehr gehört Klappern zum Handwerk. Nach dem Verbot der Provisionsberatung für Produkte, die die Risken auf die Kunden abladen, sollten sich die Finanzhäuser in vollem Umfang um den langfristig notwendigen Vermögensaufbau ihrer Kunden kümmern, statt weiterhin Werbebroschüren zu verfassen.

Fazit

Wirtschaftliche Finanzmacht muss durch eine wirksame Kartellpolitik begrenzt werden. Da die Politik in diesem System »embedded« erscheint, ist es unrealistisch, auf schnelle Reformen zu hoffen, zumal die Europäisierung der Problemlösungen hier mehr Schwierigkeiten als Lösungen bringt. Dem Reputationswettbewerb muss statt des Kampfes um die bestzahlenden Kunden Geltung verschafft werden, um die Manipulation der Finanzmärkte zu beenden. Das gilt für die Ratingagenturen genauso wie für die professionellen Anlageberater in den Finanzinstituten. Sie sind nicht unabhängig, wenn sie zwar formal auf die Einhaltung der gerade geltenden Compliance-Vorschriften achten, aber de facto den Interessenlagen ihres Arbeitgebers folgen. Internationale Finanzanleger sind nach wie vor in der Lage, als Eigner aktiv Einfluss auszuüben und im Sinne der Ertragssteigerung auch das politische Umfeld mit zu beeinflussen. Mit einer Sozialen Marktwirtschaft nach Ludwig Erhard ist dies nicht vereinbar.

5.7 Exkurs: Ordnungs- versus Gefälligkeitspolitik!

Man kann sagen, dass drei Qualitäten vornehmlich entscheidend sind für den Politiker: Leidenschaft – Verantwortungsgefühl – Augenmaß. ... Und dazu bedarf es – und das ist die entscheidende psychologische Qualität des Politikers – des Augenmaßes, der Fähigkeit, die Realitäten mit innerer Sammlung und Ruhe auf sich wirken zu lassen, also: der Distanz zu den Dingen und Menschen.

Max Weber[191]

Max Weber hat im Jahr 1919 in seiner Münchner Rede die aus seiner Sicht drei wichtigsten Qualitäten eines Politikers angesprochen. Gleichzeitig nannte er auch die größten Politikersünden: die Unsachlichkeit, oft gepaart mit Verantwortungslosigkeit, und die Eitelkeit, möglichst auffällig in den Vordergrund zu rücken. Er warnte auch vor Führern, die ihre Gefolgschaft mit dem Ausbau von Pfründen locken:

> »*Wer die absolute Gerechtigkeit auf Erden mit Gewalt herstellen will, der bedarf dazu der Gefolgschaft: des menschlichen ›Apparates‹. Diesem muss er die nötigen inneren und äußeren Prämien – himmlischen oder irdischen Lohn – in Aussicht stellen, sonst funktioniert er nicht. Also innere: unter der Bedingung des modernen Klassenkampfes, Befriedigung des Hasses und der Rachsucht, vor allem: des Ressentiments und des Bedürfnisses nach pseudoethischer Rechthaberei, also des Verlästerungs- und Verketzerungsbedürfnisses gegen die Gegner. Äußere: Abenteuer, Sieg, Beute, Macht und Pfründen. Von dem Funktionieren dieses seines Apparates ist der Führer in seinem Erfolg völlig abhängig. Daher auch von dessen – nicht: von seinen eigenen – Motiven.*«[192]

Einige Jahrzehnte nach Webers Rede wurde das Angebot, das Ludwig Erhard den Deutschen machte, nämlich aus den negativen Erfahrungen mit autokratischen politischen Führern zu lernen und auf die maximale persönliche Freiheit zu setzen, verworfen. Zunächst noch nicht in Wahlen, denn persönlich erhielt Erhard fast intuitiv Zustimmung vom Volk. Doch die Demontage Ludwig Erhards begann schon in den 1950er-Jahren, also lange vor seinem Sturz im Jahr 1966. Erhards Anti-Kartellpolitik war in der Großindustrie, die ihre Pfründen erneut sichern wollte, umstritten. So konnte das Kartellgesetz erst Anfang 1958 nach langjährigen, zähen Verhandlungen, in Kraft treten und Erhard nur einen Teil seiner ursprünglichen Absichten verwirklichen. Dieser notwendige marktwirtschaftlicher Purismus wurde von Industrievertretern verwässert. So warnte der damalige BDI-Präsident Fritz Berg sogar, dass sich die Industrie an ein Kartellverbot nicht halten würde.[193] Sozialpolitisch umstritten war die umlagenfinanzierte Rente, die 1957 zulasten der erwerbstätigen Bevölkerung durchgesetzt wurde. Erhard trat für Kapitaldeckung statt Umverteilung ein.

Die sozialpolitischen Vorstellungen Erhards wurden allerdings nicht mehr berücksichtigt, es galt: »*Je mehr Wohlstand, desto mehr soziale Sicherheit*«. Die Soziale Marktwirtschaft nach seinen Vorstellungen wurde damit bereits 1957 ausgehebelt und durch den Wohlfahrtsstaat ersetzt. Neue soziale Errungenschaften wurden besitzstandswahrend verteidigt. Erhard setzte dagegen auf die geistige und kreative Weiterentwicklung der Bürger (einschließlich der Möglichkeit, materiellen Werten abzuschwören und sich um Kunst oder Philosophie zu kümmern).[194] Sie sollten die steigenden Freiheitspielräume nutzen und ihre Fähigkeit zu Eigeninitiative und eigener wirtschaftlicher Absicherung verbessern. Diese Möglichkeit wurde ihnen vonseiten überengagierter Sozial- und Machtpolitiker entzogen. Hingegen kritisierte Erhard die *»Entwicklung ..., die soziale Sicherheit in allen Vorstellungsformen mit starkem kollektivistischen Trend immer mehr perfektionieren zu wollen«*.[195]

Das Vordringen des Staates in immer mehr persönliche Lebensbereiche sah er offensichtlich durch deutsche kulturelle Besonderheiten bedingt. Neben der Vereinsmeierei[196] kritisierte er vermeintliche Tugenden, die die Freiheit der Bürger einschränken. Ende Mai 1955 schrieb er an Konrad Adenauer: *»Die Entwicklung zum Versorgungsstaat«* werde *»nicht unwesentlich auch durch den deutschen Hang zu übersteigertem Ordnungsdenken, zum Gesetzesperfektionismus und das darauf beruhende Vordringen des Staates in immer weitere private, kulturell und wirtschaftliche Bereiche gefördert«*.[197]

Der Volkskanzler Erhard hatte erkannt, wo beim Volk der Schuh drückt, und erfuhr trotz seiner Warnungen bei den Wählern begeisterte Zustimmung. Nicht aber in der Nomenklatura der Bundesrepublik. Politiker, Sozialverbände und Großindustrievertreter gaben selber vor, zu wissen, was die vermeintlich Schutzbedürftigen brauchten, und hatten damit eigene Interessen fest im Blick. Genau diese Politik hatte schon Max Weber kritisiert. Persönliches Machtstreben, Eitelkeit, unsachliche und unfaire Kritik, die oft wenig Sachverstand erkennen ließ, trugen zur politischen Demontage Erhards bei. Warnungen seinerseits gab es genug – und sie sind heute aktueller denn je:

> *»Die wachsende Sozialisierung der Einkommensverwendung, die um sich greifende Kollektivierung der Lebensplanung, die weitgehende Entmündigung des Einzelnen und die zunehmende Abhängigkeit vom Kollektiv oder vom Staat – aber damit zwangsläufig auch die Verkümmerung eines freien und funktionsfähigen Kapitalmarktes als einer wesentlichen Voraussetzung für die Expansion der Marktwirtschaft – müssen die Folgen dieses gefährlichen Weges hin zum Versorgungsstaat sein, an dessen Ende der soziale Untertan und die bevormundete Garantierung der materiellen Sicherheit*

durch einen allmächtigen Staat, aber in gleicher Weise auch die Lähmung des wirtschaftlichen Fortschritts in Freiheit stehen wird.«[198]

Der Volkskanzler Erhard setzte dagegen auf Volkskapitalismus und »Eigentum für alle«, ein Slogan des Bundestagswahlkampfes 1957. Das sogenannte »Wirtschaftswunder« begünstigte Unternehmer und Selbstständige. Erhard sorgte sich um die Schieflage bei der Vermögensentwicklung.[199] Der neue Reichtum bei wenigen sollte durch Vermögensbildung bei den vielen finanziell schlechter gestellten Bürgern ausgeglichen werden. Arbeitnehmer mit geringerem Einkommen sollten Vermögen bilden, Kleinaktionäre werden und eigenes Wohneigentum erwerben.

In seiner Rundfunkansprache am 19. Juni 1958 zum zehnten Jahrestag der Währungs- und Wirtschaftsreform umriss Erhard seine bisherige Politik:[200] *»Wenn ich die mir erteilte Vollmacht zurückgebe, will ich glücklich und dankbar sein, wenn es mir vergönnt war, alle Fährnisse überwunden und zu meinem Teil dazu beigetragen zu haben, dass auch unser Volk auf wieder gesunder wirtschaftlicher Grundlage arbeitet, noch einmal ein Stück von jener irdischen Lebensfreude empfinden darf, ohne dass es verkümmern und verderben muss. Und heute bin ich glücklich, dass ich dieser Erwartung Genüge tun und mein Versprechen erfüllen konnte.«* Am Ende seiner Rede rief er dazu auf, das gemeinsam geschaffene Werk, den Segen der Ordnung und der Freiheit, gemeinsam zu verteidigen.

Das Angebot, das Erhard den Deutschen machte, aus der Geschichte zu lernen und auf die maximale persönliche Freiheit zu setzen, besteht weiter. Erhards Wahlerfolge sprechen dafür, dass es dafür ein breites Bedürfnis gab und vermutlich auch heute geben würde. Es wird nur nicht geweckt durch die nachhaltige Manipulation der Meinungsbildung durch Interessenvertreter. Wie sollte vor diesem Hintergrund das Angebot auch angenommen werden können? Aus der Konzeption einer freien Marktwirtschaft mit sozialem Ausgleich wurde inzwischen der betreuende paternalistische Wohlfahrtsstaat.

Die freien Räume wurden von Gefälligkeitspolitikern genutzt, die Interessenverbände mitregieren ließen und so ordnungspolitisch versagten. Bereits unter Kanzler Willy Brandt wurde mit dem Rentenreformgesetz 1972 die Sozialversicherung umgestellt, die bisher nach dem Versicherungsprinzip konstruiert war, d. h., die Leistungen standen in einem bestimmten Verhältnis zu den Beiträgen. Mit der Einführung von Mindestrenten wurde der generelle

Versorgungscharakter in den Vordergrund gerückt.[201] Mit der DDR-Integration wurde ein neuer Erfahrungsschatz einer Rundumbetreuung (»soziale Errungenschaften«) und autokratischer Führung übernommen. Der Wandel von der Bonner zur Berliner Republik ist mit noch weniger Erhard verbunden, wie folgende Übersicht zeigt (die in ähnlicher Form und ausführlicher in meinem Buch *Die Währungsreform kommt!* zu finden ist):

Bereiche	**Bonner Republik (1949–1990)**	**Berliner Republik (1990 bis heute)**
Inneres (Soziales, Verwaltung und Organisation)	Sicherstellung von bürgerlichen Freiheitsrechten und Selbstverantwortung, Laissez-faire- und Subsidiaritätsprinzip, föderale Struktur.	Staatlicher Dirigismus und Interventionismus in der Sozialpolitik, Rücknahme privat verantworteter Spielräume und erneuter Ausbau des Wohlfahrtstaats in der GroKo mit Zunahme sozialer Alimentierung, mehr Zentralismus bei politisierter und teurer Verwaltung.
Wirtschaft und Finanzen	Soziale Marktwirtschaft (Mittelstandsorientierung mit einem funktionierenden, privatwirtschaftlich organisierten Bankensystem, maßvolle Staatsverschuldung, Bundeskartellamt und eine unabhängige Geldpolitik als Systemwächter).	Annäherung an den angelsächsischen Managerkapitalismus (mit größerer Toleranz gegenüber Monopolunternehmen und Kartellbildungen, verstärkte Rückkehr zu staatlichen Lenkungseingriffen nach französischem Vorbild, steigende Staatsverschuldung mit Finanzgarantien für EU-Staaten bzw. oft de facto verstaatlichte Banken, Bankenunion, Europäisierung der Kartell- und Geldpolitik).

Unterschiede zwischen der Bonner und der Berliner Republik

Durch die Übernahme finanzieller Lasten durch Westdeutschland wurden soziale Härten in der bankrotten Ex-DDR weitgehend vermieden Mit dem seit 1991 eingeführten Solidaritätszuschlag zeigt sich die Beharrungskraft fragwürdiger sozialer Besitzstände. Doch auch die Bevölkerung lehnt dies mehrheitlich ab (selbst in den »neuen Bundesländern«). Dreh- und Angelpunkt ist vor diesem Hintergrund die Überwindung einer lähmenden Sozialpolitik, die sich auf Dauer als nicht finanzierbar erweisen wird. Mit neuen Steuereinnahmerekorden wird der ungerecht umverteilende Sozialstaat verstärkt. Die zu weit reichende Gestaltungsmacht muss den Politikern mit demokratischen Mitteln wieder entzogen werden.

Die Große Koalition hat sich vom Konzept einer freien Marktwirtschaft, die zu einem sozialen Ausgleich durch Wettbewerb führt, weit entfernt. Im Wahlkampf 2005 setzte Merkel noch marktwirtschaftliche Akzente, nicht zuletzt mit der Berufung Paul Kirchhofs in ihr Kompetenzteam. Danach jedoch immer weniger. Inzwischen erklärte die Kanzlerin sogar, dass Marktmacht und Wettbewerb in eine Balance gebracht werden müssten, »damit man auch international punkten kann«.[202] Das könnte auch der französische Präsident so gesagt haben. Eine interventionistische Industriepolitik war für Frankreich immer schon kennzeichnend und dieses Wirtschaftsmodell (»Wirtschaftsregierung«) wird jetzt auf die ganze EU übertragen. Eine solche Lenkungswirtschaft ist ein klassisches Gegenstück zur Sozialen Marktwirtschaft und schafft Spielräume für Gefälligkeitspolitik:

Soziale Marktwirtschaft (nach Ludwig Erhard)	**Lenkungswirtschaft (GroKo/EU-Industriepolitik mit Frankreich)**
Selbstbestimmte Demokratie mit verbindlichen Rechtsregeln in einer formierten Gesellschaft, die über alle soziale Gruppen kooperativ soziale Stabilität mit wirtschaftlicher Dynamik verbindet	Untertanenstaat – »uniformierte Gesellschaft sozialistischer Prägung«»Weg in die Knechtschaft« (Hayek), Willkürstaat, pragmatische Rechtsauslegung bis zum vorsätzlichen Rechtsbruch (stabilitätssichernde Regelungen werden ausgehebelt, »No Bail-out«-Klausel im Maastricht-Vertrag, eine Art Grundgesetz für die EU-Politik)
Klarer Trennung von Staatsaufgaben (z. B. Infrastruktur, Verteidigung) und Privatwirtschaft	Schutzzonen für monopolistische Kartelle und private Profiteure (Bsp.: Toll Collect, Tank und Rast)
Unabhängige Geldpolitik (eigenständige Behörde mit strikter Ausrichtung an Preisniveaustabilität)	Geldpolitik nach Haushaltslage (Staatsfinanzierung im Fokus, administrierte Niedrigzinsen, Währungsabwertungen zur Exportstimulierung, Teil einer interventionistischen Wirtschaftspolitik)
Sicherung des Wettbewerbs durch eine unabhängige Kartellbehörde (freies Spiel der Marktkräfte, Preise nehmen eine Lenkungsfunktion ein)	Marktmacht vor Wettbewerb: Förderung von Großunternehmen (European Champions gegen den Rest der Welt), Hand in Hand mit einer EU-weiten Wirtschaftsregierung

Soziale Marktwirtschaft versus Lenkungswirtschaft

Ludwig Erhard setzte der »uniformierten Gesellschaft sozialistischer Prägung oder kollektiven Geistes« die »formierte Gesellschaft« gegenüber.[203] Mit diesem gesellschaftspolitischen Ansatz setzte er statt des Kampfes gesellschaftlicher Gruppen und Klassen auf Kooperation, um wirtschaftliche Dynamik und soziale Stabilität zu sichern. Diese Sozialpartnerschaft bedurfte einer freien Gesellschaft mit Bürgern, die das Gemeinwohlinteresse bei ihren Handlungen beachteten.

Die positive Folge für die Bürger sollte eine stärkere Identifikation mit ihrer Gesellschaft sein. Diese Solidargemeinschaft sollte auf Freiwilligkeit beruhen, zumal Erhard davon ausging, dass ein überregulierender und abschöpfender Staat diesen Gemeinsinn und damit auch die Spendenbereitschaft erschlaffen lässt. Die Ideen der christlichen Soziallehre und die Beachtung des Subsidiaritätsprinzips (Nell-Breuning) flossen in das gesellschaftliche Konzept ein, das weithin nicht verstanden wurde und dem zunehmend klassenkämpferischen Zeitgeist Ende der 1960er-Jahre nicht entsprach und danach in Vergessenheit geriet.

Das gruppenegoistische Verhalten, das sich heute darin zeigt, dass einflussreiche Großunternehmen oder Einzelpersonen ihre Interessen zulasten der Gemeinschaft durchsetzen, steht Erhards Leitbild nach wie vor entgegen. Die Ordnungspolitik konnte sich gegenüber der interventionistischen Gefälligkeitspolitik nicht durchsetzen. Lautstark kamen immer mehr vermeintlich zu kurz gekommene Gruppen zu Wort und wiesen auf Benachteiligungen oder andere Missstände hin, welche die Gesellschaft auszugleichen hätte. Statt auf die Vernunft und den Leistungsgedanken zurückzugreifen, werden heute Quoten gesetzt und damit planwirtschaftliche Zwänge in die Gesellschaft hineingetragen. Die öffentlichkeitswirksame Kommunikation wird durch das Einfordern von »Political Correctness«, die der jeweiligen Ideologie folgt, eingegrenzt. Abweichende Meinungen werden als subversiv eingestuft und die Uniformität des Denkens wird unterstützt. Das führt dazu, dass sich viele Bürger zurückziehen und teilweise auch resignieren; die Wahlbeteiligungen nehmen ab. Diese Alarmzeichen werden jedoch nicht beachtet. Wenn sich CDU/CSU und die SPD in der GroKo einig sind und die Opposition in der Minderheit ist, kann vieles durchgewinkt werden. Auch eine neue interventionistische Industriepolitik nach französischem Vorbild, die das Erfolgsmodell Airbus am liebsten auf alle Branchen übertragen will. Dann würden EU-Champions endlich den USA und China dauerhaft Paroli bieten können. Eine derartige EU-weite Lenkungswirtschaft kann aber nicht im Sinne der Verbraucher sein, vor allem wenn Staaten Strukturen vorgeben, die von Markterfordernissen abweichen. Sicher hätte Erhard auch die Gefälligkeits- und Umverteilungspolitik in der EU kritisiert.

Die beste Sozialpolitik besteht daran, die Ordnungspolitik wieder zu stärken. Eine Annäherung an den angelsächsischen Kapitalismus oder gar den Oligarchenkapitalismus russischer oder chinesischer Prägung kann im Sinne der Bürger kein Ziel deutscher Politik sein. Mit einer Sozialen Marktwirtschaft ist dies unvereinbar. Dies gilt auch für jede Form von Großmachtpolitik mit

EU-Bürokraten, vor der auch Altkanzler Helmut Schmidt im Zusammenhang mit dem Ukraine-Konflikt warnte.[204]

Fazit

Der soziale Revolutionär Erhard musste gegenüber den Gefälligkeitspolitikern bereits in den 1950er-Jahren die Segel streichen. Es siegte das umverteilende Kollektiv und Pfründen wurden und werden verteidigt. Dabei wird auch von unten nach oben umverteilt. Die Freiheitsspielräume des Einzelnen werden immer mehr eingeschränkt. Die Bürger erkennen zumindest diffus, dass etwas schiefläuft. Intuitiv erhielt Erhard begeisterte Zustimmung bei den Wählern, nicht dagegen bei den Interessengruppen. Dank dieser sind die Sirenenklänge unfinanzierbarer sozialer Wohltaten so laut wie noch nie.

6. Wachen Sie endlich auf und gestalten Sie Politik wieder mit!

Diese überkommene Hierarchie war einerseits durch eine dünne Oberschicht, welche sich jeden Konsum leisten konnte, andererseits durch eine quantitativ sehr breite Unterschicht mit unzureichender Kaufkraft gekennzeichnet. Die Neugestaltung der Wirtschaftsordnung musste also die Voraussetzungen dafür schaffen, dass dieser einer fortschrittlichen Entwicklung entgegenstehende Zustand – und damit zugleich auch endlich das Ressentiment zwischen »arm« und »reich« – überwunden werden konnten.

Ludwig Erhard[205]

Es ist unrealistisch, kurzfristig eine politische Richtungsumkehr zu erwarten, die die von Erhard angeprangerte Kluft zwischen »arm« und »reich« wieder entschärft. Die Große Koalition aus CDU/CSU und SPD lässt hierfür keine Signale erkennen. Die im Deutschen Bundestag vertretenen Oppositionsparteien – Bündnis 90/Die Grünen und Die Linke – setzen im Zweifel eher auf Dirigismus und Umverteilung und damit nicht auf eine Sozialpolitik à la Erhard. Die FDP ist als Sachwalter liberaler Ideen derzeit politisch weitgehend bedeutungslos. Was sollte dennoch (trotz der erkennbar mangelnden Bereitschaft dazu) die GroKo tun?

Es müssten für breite Schichten wieder Möglichkeiten geschaffen werden, ihren Wohlstand durch eigenen Arbeitseinsatz zu verbessern. In Zeiten finanzieller Repression, die durch die erneute Leitzinssenkung der EZB Anfang Juni 2014 von 0,25 % auf 0,15 % noch verschärft wird (die EZB legte zudem erstmals einen »Negativzins« in Höhe von 0,1 % auf Einlagen fest; Banken erhalten 400 Mrd. Euro an Langfristkrediten, die sie an Unternehmen weiterreichen sollen), steigender Steuern aufgrund der sogenannten kalten Progression und der grundsätzlich zu hohen Besteuerung von Kapital im Vergleich zu Arbeit sowie gängelnden Vorschriften wird sich der Abstieg der unteren Mittelschicht schwerlich verhindern lassen.

Sozialer Aufstieg ist so kaum möglich. Arbeiter, Angestellte, aber auch Beamte in den unteren Besoldungsgruppen werden es schwer haben, zumindest gesellschaftlich und finanziell nicht weiter abzusteigen. Der Primat der Politik liegt nicht mehr – wie in diesem Buch hinreichend beschrieben – bei der Sicherung der regelgebundenen Ordnungspolitik, sondern in effektiv vermarkteten interventionistischen Eingriffen. Diese helfen den »kleinen Leuten« allerdings nicht aufzusteigen, sondern sind allenfalls Trostpflaster.

Die Welt der politischen Tageskompromisse ist der natürliche Feind der Ordnungspolitik. Kurzfristig sind die Verhandlungspartner zufrieden, die langfristigen Folgen werden im politischen Tagesgeschäft des ständigen Gebens und Nehmens verdrängt. Die ehernen Regeln, die zur Sicherung der Funktionsfähigkeit von Demokratie und Sozialer Marktwirtschaft geschaffen wurden, dürfen nicht aufgrund von kurzfristigen politischen Ränkespielen geopfert werden. Außerhalb der Ordnungspolitik führen in der Regel der Einsatz von Machtmitteln oder Zwang zum Interessenausgleich. Politik jedoch, die sich auf Zwang oder Machtmittel stützt, ist mit einer Ordnungspolitik, wie sie Ludwig Erhard durchsetzte, nicht vereinbar. Nicht nur nebenbei ist anzumerken, dass das revolutionär neue Regelwerk in Deutschland die Folge einer Politik mit katastrophalen Folgen war. Durch eine vermachtete Wirtschaft (IG-Farben und andere monopolnahe Unternehmen und Verbände) in einer nicht gefestigten Demokratie am Ende der Weimarer Republik wurde Klientelinteressen nicht entschlossen entgegengetreten.

Nicht nur die inländische (Un-)Kultur der runden Tische nach der Wiedervereinigung und die Auflösung der Deutschland AG unter Kanzler Schröder, auch Strömungen aus dem Ausland haben ihren Anteil an Fehlentwicklungen. Schließlich hat die angelsächsische Leitkultur die Ordnungspolitik der Sozialen Marktwirtschaft hierzulande zunehmend durch ein komplexes Regelwerk ersetzt. Die Regulierungen sind Ausdruck von Misstrauen, sie strangulieren die Soziale Marktwirtschaft. Durch die Überbürokratisierung (in Medien wird bisweilen von »Monster«-Bürokratien gesprochen) werden die sogenannten Selbstheilungskräfte des Marktes kaum mehr aktiviert; stattdessen gilt: »*Kontrolle ist gut, Vertrauen ist besser!*«[206] Gerade deswegen ist es gut, wenn die Ordnungspolitik wieder Vorrang hat. »*Je weniger wir den ehrbaren Kaufmann haben, desto mehr rückt der Staat nach, desto stärker sind wir umzingelt von Normen.*« So fahren wir vor die Wand.

Durch die »organisierte Unverantwortlichkeit« in der EU, so scheint es, wird die Verantwortung verwischt, Klientelinteressen können zulasten der Bürger leichter bedient werden. So droht der weitere Abstieg der Mittelschicht durch die Umverteilung. Die finanziellen Belastungen für Bürger, die sich tugendhaft knapp über dem Niveau der Stütze (Hartz IV) bewegen, werden so zu groß. Einen Dauersubventionismus für die Finanzindustrie und andere kartellierte wirtschaftliche Interessensgruppen können Sie, wir alle, wirtschaftlich nicht überstehen. In der Wettbewerbspolitik muss die Kartellkontrolle statt einer Akzeptanz von Monopolmacht (die auf unfairen Wirtschaftspraktiken beruht, die einen Schutz vor Wettbewerb schaffen) auch im internationalen Fokus stehen. Eine regelgebundene Ordnungspolitik muss den Sonderinteressen von Interessenverbänden widerstehen können.

Statt dieser Form des Kapitalismus, die durch die Finanzkrise seit 2007 längst hätte reformiert werden müssen, ist die Soziale Marktwirtschaft wieder neu zu entdecken. Statt einer vermachteten Geldpolitik ist ein unabhängiges und ordnungspolitisch diszipliniertes Vorgehen notwendig. Die Deutsche Bundesbank hatte einer Geldpolitik, die nichts anderes als der verlängerte Arm des Finanzministeriums oder von Geschäftsbanken ist, widerstanden. Diese klare Ordnungspolitik gilt es wiederzuentdecken. Die Bundesbank besteht zwar weiter und vertritt nach wie vor klare Grundlinien, kann sie im System der Europäischen Zentralbanken aber nicht mehr geldpolitisch umsetzen. Eine eigenständige Geldpolitik für das Inland – wesentlicher Ausdruck für die Souveränität eines Staates – ist in dem derzeitigen »Währungsregime« nicht mehr möglich (stattdessen wird zugunsten Südeuropas mit den geldpolitischen Maßnahmen der EZB umverteilt).

Die Übernahme angelsächsischer Standards war ein Fehler. Das mangelnde Vertrauen führte zu immer mehr Regulierungen. Überspitzt formuliert änderte sich der Fokus des Wirtschaftens wie folgt:

- Formalismus statt Kreativität

- Kurzfristige Erfolgsorientierung statt Nachhaltigkeit mit generationsübergreifendem Denken wie bei Familienunternehmen, ständig revidierte Bilanzierung nach IFRS statt gemäß dem (traditionellen) HGB mit klaren konservativen Bewertungsgrundsätzen

- Rechtsunsicherheit mit kostentreibenden Prozessen

- »Ausbeuterischer Kapitalismus« versus eingeübtem Fair Play einer Sozialen Marktwirtschaft mit Handschlag eines ehrbaren Kaufmanns

Die neue Machtentfaltung wird zunehmend virtuell gezeigt, sie ist Ausdruck des neuen Kapitalismus, der auch vor rigoroser Wirtschaftsspionage nicht haltmacht. Ethische Maßstäbe sind nur noch Theorie, wenn auch kodifiziert, die ökonomische Realität ist darüber hinweggegangen. So zeigen die Überwachungsaktivitäten der Geheimdienste und nicht zuletzt die Meldungen rund um das Datensammeln der NSA ein Demokratiedefizit. Die wirtschaftliche Verwertung auch persönlichster Daten wird ohne Massenproteste hingenommen,[207] während sich nicht mehr an Staaten und Systeme gebundene Einzelne mit entsprechender Durchsetzungsmacht Nutzungsrechte sichern.[208] Wenngleich es auf politischer Bühne nach wie vor zu waffenstrotzenden Selbstinszenierungen kommt, erfolgt die Machtausübung heute subtiler und unauffälliger. Nach vorne ist man freundlich (Vorderbühne), im Hintergrund wird überwacht (Hinterbühne). Alles wird registriert, aus allem wird wirtschaftlich stillschweigend Vorteil gezogen.

Hier ist ein unsichtbares Compliance-Problem entstanden, Kennzeichen einer weitverbreiteten Doppelmoral in modernen Zivilisationen. Glaubwürdigkeit wird vorgetäuscht, doch hinten herum wird gnadenlos abgezockt. Wirtschaftskriminalität wird durch die technischen Möglichkeiten und abnehmende Skrupel gefördert. Ökonomisch gut verwertbare Nachrichten liefert die Handyüberwachung jedenfalls nicht nur bei Regierungschefs wie Angela Merkel.

Die Doppelmoral zeigt sich auch in der EU-Politik. So wurde die Bankenunion zum Jahresende 2013 als dem »Schutz von Sparern und Steuerzahlern« dienend ebendiesen »verkauft«. Derartige Propagandasprechblasen verharmlosen nicht nur, sie können hinsichtlich ihres Doppelsprech durchaus mit Orwells *1984* mithalten. Statt Mitteilungen im Politbürostil, in denen das genaue Gegenteil von dem behauptet wird, was tatsächlich Sache ist, muss wieder Klarheit und Transparenz, vor allem Fairness gegenüber den Bürgern und Sparern herrschen.

Denn die inländischen Sparer werden sich gewiss nicht »beschützt« fühlen, sondern im Gegenteil über den zusätzlichen »Solidarbeitrag« (noch niedrigere Zinsen und gegebenenfalls steigende Kontogebühren nach dem Zinsentscheid vom 05.06.2014) alles andere als glücklich sein. Erst recht, wenn sie enteignet werden. Diese europäische Zwangsvergemeinschaftung hilft südeuropäischen Banken, die besonders skrupellos ihre Zahlen manipulieren. Wenn dann noch ein »Europäischer Systemrisikorat« geschaffen wird, ist das sozialistische Europa wieder ein Stück näher gerückt.

Statt weitere Schlupflöcher für Umverteilung zu ermöglichen, müsste der Umbau von den Banken selbst ausgehen. Als Bestandteil einer Sozialen Marktwirtschaft, die auch Scheitern zulässt, sollten Banken aus eigener Kraft reformieren und sich nicht mehr auf staatliche Transferhilfen oder günstige Liquiditätsspritzen durch die Notenbanken einstellen, wie zuletzt wieder geschehen. Vielfach besteht Skepsis, ob die bestehende Managergarde für die Reorganisiation angesichts ihrer historischen Verzahnung in der fehlgelenkten Kasinofinanzwelt geeignet ist. Selbst die üblicherweise vorsichtig formulierende *FAZ* resümiert: *»Es hat wenig Sinn, auf Selbstreinigungskräfte in den Banken zu vertrauen, die Vertreter der alten Ordnung könnten das Gewerbe in eine neue Blüte führen.«*[209]

Wie lange lässt sich die Bevölkerung in der Breite die Enteignung noch ohne Massenproteste gefallen? Die Finanzkrise seit 2007 verschärfte die Angst vieler Menschen. Letztlich werden Urängste neu provoziert, wenn die Daseinsvorsorge infrage gestellt ist. Die Dauerkrise führt zu einem Verlust von Lebenszeit und -qualität; häufig ist Resignation die Folge. Die psychischen Kosten der Krise sind immens, werden aber ausgeblendet. Die Ohnmachtsgefühle der Bürger werden weiter verstärkt und das letzte noch vorhandene Vertrauen aufgezehrt. Ein Neustart mit einer sanierenden Währungsreform jetzt wäre besser als das nervenaufreibende Spiel auf Zeit ohne eine wirklich glaubwürdige Perspektive. Denn ohne eine echte Reform wird der negative Multiplikator »Angstsparen« weiterwirken: Investitionen, die nicht auf Vertrauen basieren, liegt allenfalls die Hoffnung zugrunde, weniger zu verlieren als anderswo. Primär in die Zukunft wird so nicht investiert.

Neuer Wohlstand statt schleichender Verarmung wird allerdings möglich sein, wenn man sogar das extrem schwierige Umfeld der finanziellen Repression für sich als Chance ansieht. Manchmal sind Schockerlebnisse notwendig, um falsche Pfade zu verlassen. Herzlose Politiker scheinen immun geworden zu sein für die Leiden der Bevölkerung. Das gilt nicht nur für spanische Politiker, die seit Jahren die hohe Jugendarbeitslosigkeit des Landes in Kauf nehmen, ohne an tief greifende Reformen auch nur zu denken. Das gilt genauso für inländische Politiker, die bei Flutkatastrophen etwa einen enormen Aktionismus entwickeln und dann medien- bzw. wählerwirksam umfassende Hilfen versprechen – gleichzeitig aber die Ordnungspolitik der Sozialen Marktwirtschaft zunehmend schleifen. Und zwar ohne auf nennenswerte Widerstände in der Öffentlichkeit zu stoßen, denn diese nachhaltige Politik ist viel schwerer politisch zu vermitteln und hat keine durchsetzungsstarke Lobby. Weiterhin ausgegrenzte Arbeitslose und »Nichtaufsteiger« aufgrund regulatorischer Sperren (Hochbesteuerung von Arbeit im Vergleich zum Kapital und Überbürokratisierung) wären dankbar, wenn sie stattdessen eine faire Chance bekämen!

Viele versuchen, wenigstens noch das Kapital für sich »arbeiten« zu lassen. Durch die – berechtigten – Sorgen um die politische und wirtschaftliche Stabilität wird die Flucht in Sachwerte (Aktien und Immobilien) anhalten. Gold und Silber bleiben in der Krise wichtige Sicherheitsanker; als Daueranlage für die Altersvorsorge sind sie mangels Erträgen aber nicht geeignet. Lösen Sie sich von den falschen Versprechungen aus der Politik, dass Staatsanleihen sicher sind. Tatsächlich ist hier die »Blase« am größten. Bieten Sie dem Staat ihr Geld nicht mehr zu so günstigen Konditionen an, »Ihr Kredit« ist weit höher! Schichten Sie um in Aktien, denken Sie unternehmerisch! Kaufen Sie dabei Aktien von Unternehmen mit sicheren und bewährten Geschäftsmodellen.

Hier liegt die wahre Aufgabe der Anlageexperten! Kapitalinvestitionen einer sinnvollen Verwendung zuzuführen. Die (wieder) unabhängigen Spezialisten sollten für beste Kapitalverwendung sorgen, die Kapitalmarkteffizienz verbessern. Vor allem sollten sie auch den Reichtum derer mehren, deren autonome finanzielle Spielräume noch zu niedrig sind. Vermögensbildung in Form von Aktien ist gerade für den sogenannten »kleinen Mann« die beste Möglichkeit, vom Wohlstand nicht immer weiter abgekoppelt zu werden. Auf eine Gleichbesteuerung von Kapital und Arbeit, die Chancengerechtigkeit böte, werden wir wohl noch lange warten müssen!

Zu beklagen ist eine ambitionierte Überregulierung, die die Tätigkeit der Anlageexperten erschwert. Zu straffe Regulierungen können Märkte zum Verschwinden bringen. Im Inland ist die Analyse, vor allem ein unabhängig agierendes professionelles Research, zu einer Mangelware geworden. Der Verbraucherschutz fand nur auf der formalen Ebene statt, de facto wurde die notwendige Aufklärung für die Anleger sogar eher blockiert. Die Reformierung dieses falsch verstandenen Anlegerschutzes ist notwendiger denn je. Zum Ende des Buches möchte ich noch einmal eindringlich auf die Gefahren hinweisen, die mit der Aufgabe des politischen Ziels, »Wohlstand für alle« im Sinne Ludwig Erhards zu schaffen, verbunden sind. Das zunehmende Wegbrechen der unteren Mittelschicht ist bei einer anhaltenden Umverteilung zu befürchten. Die Arbeitsverträge werden für Berufseinsteiger unattraktiver. Mit der Orientierung an internationale Gepflogenheiten werden auch soziale Mindeststandards nicht mehr eingehalten. Befristete Arbeitsverträge – spätestens angesichts der Mindestlohnmanifestierung, ansonsten auch mediale Spekulation – werden zunehmend zur Regel. Menschen werden Teil des Spotmarktes und können ihre Lohnentwicklung nicht mehr planen – mit entsprechenden Folgen für die Familienbildung und die Demografie. Die Enteignung der Sparer (Zinsen unter der Inflationsrate) wird durch die erneute Zinssenkung der EZB beschleunigt und damit die unsoziale Umverteilung noch verstärkt.

Angesichts dieser sozialen Negativentwicklungen ist die Gefahr, dass zunehmend Rechtspopulisten von der Misere profitieren, nicht von der Hand zu weisen. Daher ist das aktuelle Politikversagen so gefährlich. Ludwig Erhard warnte bereit in den 60er-Jahren vor einem neuen Rechtsradikalismus und einer großen Koalition, die sich mit Problemen nicht mehr ernsthaft und kritisch auseinandersetzt. Mit der GroKo (scherzhaft auch für »Große Kosten«) droht eine weitere Einschränkung demokratischer Mitsprache durch Hinterzimmerpolitik und das Fehlen einer schlagkräftigen Opposition. Mit der Geburt einer neuen »Außerparlamentarischen Opposition« als Plattform zusehends aufgebrachter, nicht mehr alles sang- und klanglos hinnehmender Bürger muss vor diesem Hintergrund gerechnet werden. Sie kann durchaus eine ähnliche Breitenwirkung wie die APO der 1960er-Jahre erreichen. Unsere GroKo-Politiker haben es in der Hand, ob sie die Demokratie zu einem

Schönwetterritual verkommen lassen. Berechtigte Sorgen der Bürger werden verhöhnt, sie müssen sich stattdessen als Angst- oder Wutbürger beschimpfen lassen. So etikettierte sogar EZB-Chef Mario Draghi die in Deutschland verbreiteten Sorgen vor einem Währungsverfall als »perverse Angst«.[210] Offensichtliche Probleme, wie die mögliche Finanzierung der Billionen-Euro-Last maroder Bankenteile in der EU (Bad Banks, die im Bankenabwicklungsfonds geparkt werden), werden einfach heruntergespielt. Die Tonlage in Europa hat sich ohnehin verschärft und neue nationale Mauern in den Köpfen geschaffen. Aus Sicht des Bundesverfassungsgerichts gibt es gewichtige Gründe für die Annahme, dass das EZB-Staatsanleihenankaufprogramm gegen das Verbot monetärer Haushaltsfinanzierung verstößt. Aus Zuständigkeitsgründen legte das Bundesverfassungsgericht dem Europäischen Gerichtshof (EuGH) in Luxemburg dies zur Prüfung vor. Angeblich brach in Paris daraufhin Jubel aus. Anscheinend verlassen sich französische Eliten darauf, dass der EuGH politikfreundlich urteilt.[211] Ähnlich fasste Gideon Rachman die Reaktion der Märkte zusammen: »Deutschland hat kapituliert und der Euro ist gerettet« und wies zu Recht darauf hin, dass das proeuropäische Gefühl zur Schaffung vereinigter Staaten Europas durch die Krise untergraben wurde.[212]

Weiterhin könnte die EZB notfalls Staatsanleihen ohne ausreichende Rechtssicherheit kaufen, um Finanzinstitute und südeuropäische Staaten zu stützen. Da das BVerfG keinen Antrag auf ein beschleunigtes Verfahren stellte, wird das Verfahren statt vier bis sechs Monate voraussichtlich – nach einem bisherigen Erfahrungswert – etwa 16 Monate in Anspruch nehmen. Bis zum Sommer 2015 kann noch viel passieren, was dann rechtlich zwar als falsch gewertet, aber schwerlich im Nachhinein zu reparieren sein wird. Der faktische wirtschaftliche Schaden ist eingetreten, der Vertrauensschaden bei den Bürgern sowieso:

So wurde das Recht bereits anderswo (Maastricht-Vertrag) gebrochen, auch mit Billigung früherer deutscher Regierungen. Wesentliche Wohlstands-Sicherungssysteme wurden bereits ausgehebelt. Vor allem die Unabhängigkeit der Notenbank ist mit der Auflösung der Handlungskompetenz der Bundesbank passé. Die ungerechte, sachlich nicht gebotene und rechtlich nicht gedeckte Umverteilung wird zu Recht als unfair empfunden.

Während große multinationale Konzerne, die bislang unter Ertragsgesichtspunkten bestens positioniert waren, in der Lage wären, mehr zu zahlen, verweigern sie sich bei Rettungsmaßnahmen, die auf Steuerzahler abgewälzt werden. Durch geschicktes Jonglieren mit Beratern zahlen sie dort ihre Unternehmenssteuern, wo der Steuersatz besonders niedrig ist – wenn überhaupt. So entziehen sie sich ihren gesellschaftspolitischen Verpflichtungen, während sie aus Imagegründen umso großzügiger Veranstaltungen sponsern, Sportstadien Namen und Geld geben und in die Medienwelt und das Bildungssystem investieren. Sie haben es in der Hand, selbst über ihre (freiwilligen) Ausgaben zu bestimmen, die dann wieder zu ihrem Nutzen sind. Große »systemrelevante« Finanzinstitute entziehen sich der Verantwortung und können dies auch durchsetzen – zu groß ist die mögliche Systemgefährdung bei ihrem Konkurs. Sie lassen sich sogar auch noch von Staaten und den Steuerzahlern retten.

Doch Unternehmen, insbesondere Banken, die am Markt versagen, aber zum Erhalt von staatlichen Leistungen Bilanzen aufpumpen, um möglichst systemrelevant zu sein, verdienen es nicht, von der Allgemeinheit bzw. dem Staat gestützt zu werden. Die Regulierungen müssen so umgebaut werden, dass Finanzinstitute wieder selbst haften und nicht mit dem Staatsapparat durch die regulatorische Bevorzugung der Staatsanleihen (systemrelevant) verbunden sind.

Bereits jetzt liegt zu viel Ihres Geldes für die vermeintliche Rettung des Euro parat. Aber wissen Sie denn, wofür wirklich Ihr Geld abgerufen wird? Womöglich wird es eingesetzt zur Sicherung von Bankinteressen und für den Machterhalt von Politikern, die versagt haben. Die regulierungsbedingte finanzielle Instabilität wird auch auf solche staatlichen Systeme übertragen, die noch solide funktionieren. Dadurch werden auch sie destabilisiert. Erst nach einem Zusammenbrechen des Kartenhauses ist mit den Reformen zu rechnen, die schon längst hätten erfolgen müssen.

Die aktuelle relative Stabilität im Frühjahr 2014 ist trügerisch, auch hierzulande. Die kleine, als unabhängig geltende Ratingagentur Egan-Jones stufte Deutschland bereits im Juni 2012 (!) von AA– auf A+ minus herab: Durch die Schuldenkrise Griechenlands müsse Deutschland »massive« weitere uneinbringliche Forderungen verkraften.[213]

Die Ausfälle durch den fehlgelenkten Kasinokapitalismus lassen sich längst nicht mehr von den Bürgern abtragen. Korruption, nicht zuletzt in Südeuropa, wird belohnt, Fleiß und Anstand hingegen bestraft. Demokratische Entscheidungsprozesse und Soziale Marktwirtschaft wurden schon länger ausgehebelt. Nicht zuletzt durch vermeintlich alternativlose Rettungsmaßnahmen, die m. E. das Recht beugten. Flankiert von einer Nullzinspolitik, die das Preissystem durcheinanderbringt und zum unsoliden Schuldenmachen einlädt. Die Regierungen machten es vor: Ohne Not begab man sich auf die vermeintlich »alternativlose« Schlitterfahrt zur Rettung immer größerer Banken und maroder Staaten, die nicht wirklich reformieren wollen (warum auch, nicht nur formal sind sie weiter autonom). Die aktuelle Politik ist nicht alternativlos, es gibt andere, aussichtsreichere Möglichkeiten der Zukunftsgestaltung. Eine Gesellschaft, deren Kreativität in Wissenschaft und Technik essenziell für ihren Wohlstand ist, darf nicht in neue sklerotisch-inflexible Verkrustungserscheinungen und Denkblockaden zurückfallen. Solche Fehlentwicklungen wurden traditionell mit totalitären Systemen wie den Ostblockstaaten in Verbindung gebracht. Die laufende Veränderungsbereitschaft – bei einer funktionierenden Demokratie mit der Einhaltung rechtsstaatlicher und ordnungspolitischer Grundsätze – bleibt zur Erhaltung der Zukunftsfähigkeit wichtig.

Wachen Sie endlich auf und gestalten Sie Politik wieder mit!

Eine Rückkehr zur Sozialen Marktwirtschaft im Sinne Ludwig Erhards ist möglich und geboten. Unser staatliches System driftet immer mehr ab durch das Schließen von vermeintlich immer neuen »Gerechtigkeitslücken«. Dabei öffnet sie der intervenierende Sozialstaat selbst erst. Politiker machen sich so kurzfristig wählerwirksam beliebt und untergraben die Zukunftschancen. Leistung lohnt nicht, wenn der Trittbrettfahrer besser abschneidet als der Fleißige – doch diese Binsenweisheit ist den Verfechtern eines »alternativlosen« Betreuungsstaates unbekannt oder wird von ihnen ignoriert. *»So wenig Staat wie möglich, nur so viel sozialer Schutz wie nötig«*, diese Devise Ludwig Erhards[214] sollte wieder gelten, die als »Freie Marktwirtschaft« konzipiert war: ein dritter Weg zwischen Manchester-Liberalismus und sozialistischer Planwirtschaft. Sozial war diese Marktwirtschaft durch echten Wettbewerb, der auch Kleinexistenzen eine Chance ließ. Christliche Subsidiarität, die Würde des Einzelnen, sich im Wirtschaftsleben zu behaupten, sind weitere Aspekte, die dazugehören. Es sollten Chancen eingeräumt werden, statt die größer werdende Not zu verteilen und Arbeitswillige durch eine breite, nicht finanzierbare Sozialpolitik in das Korsett nicht gewünschter Untätigkeit zu pressen. Auch für

Einwanderer werden so falsche Anreize gesetzt, denn Leistungswillige sollten integriert statt ausgegrenzt werden, während innovative Leistungsträger mit Ideen auswandern. Für sie steht keine Finanzierung mehr bereit und Länder wie die USA etwa bieten dann bessere Perspektiven.

Die Überwindung einer falschen Sozialpolitik ist der Dreh- und Angelpunkt für eine Verbesserung der Verhältnisse auch zugunsten der jüngeren Generation, die dank der zunehmenden Überalterung der Wähler unterrepräsentiert ist. Diese demografische Entwicklung ist bis auf weiteres unumkehrbar. Sie belastet angesichts des vorhandenen umverteilenden Rentensystems von Jung zu Alt ohne Finanzreservenbildung für die jetzt jungen Menschen die in die Arbeitswelt neu Einsteigenden übermäßig. Oft werden sie bereits jetzt mit schlechten Zeitarbeitsverträgen abgespeist.

Zum Schluss soll noch einmal Ludwig Erhard das Wort haben: »*Soziale Sicherheit ist gewiss gut und in hohem Maße wünschenswert, aber soziale Sicherheit muss zuerst aus eigener Kraft, aus eigener Leistung und aus eigenem Streben erwachsen. Soziale Sicherheit ist nicht gleichbedeutend mit Sozialversicherung für alle – nicht mit der Übertragung der individuellen menschlichen Verantwortung auf irgendein Kollektiv. Am Anfang muss die eigene Verantwortung stehen, und erst dort, wo diese nicht ausreicht oder versagen muss, setzt die Verpflichtung des Staates und der Gemeinschaft ein.*«[215]

7. Gottfried Heller: Erhard und die Kritik der aktuelle Politik

Jüngsten Umfragen zufolge haben nur noch weniger als die Hälfte der Bundesbürger eine gute Meinung von der Sozialen Marktwirtschaft. Unsere Gesellschaft wird von vielen als »zu wenig gerecht«, als »nicht mehr sozial« empfunden.

Der Grund für diese Empfindung liegt in der Tatsache, dass in Deutschland die Soziale Marktwirtschaft im Erhard'schen Sinne nicht mehr existiert. Deutschland ist heute ein aus Steuergeldern finanzierter Umverteilungsstaat, vor dem Ludwig Erhard eindringlich in einem Artikel zum Thema Lebensstandard gewarnt hat:

> *»Jeder ist seines Glückes Schmied. Es herrscht die individuelle Freiheit, und dies umso mehr, je weniger sich der Staat anmaßt, den einzelnen Staatsbürger zu gängeln oder sich zu seinem Schutzherrn aufspielen zu wollen. Solche ›Wohltat‹ muss das Volk immer teuer bezahlen, weil kein Staat seinen Bürgern mehr geben kann, als er ihnen vorher abgenommen hat – und das noch abzüglich der Kosten einer zwangsläufig immer mehr zum Selbstzweck ausartenden Sozialbürokratie. Nichts ist darum in der Regel unsozialer als der sogenannte ›Wohlfahrtsstaat‹, der die menschliche Verantwortung erschlaffen und die individuelle Leistung absinken lässt.«*

Die »Wohltaten« und ein riesiger Verteilungsapparat kosten die deutschen Bürger heute eine staatliche Abgabenquote von knapp 50 Prozent. Das heißt, dass wir im Schnitt fast die Hälfte des Jahres für den Staat arbeiten. Zu Erhards Zeiten war die Steuer- und Sozialabgabequote nur etwa halb so hoch und er befand, dass diese »hohe Quote« unbedingt gesenkt werden müsse!

Das Gegenteil ist eingetroffen: Der Sozialstaat ist im Jahre 2013 deutlich schneller gewachsen als die Wirtschaft. Beinahe 30 Prozent der gesamten deutschen Wirtschaftsleistung wurden für sozialpolitische Zwecke eingesetzt.

Erhard hat sich stets für die persönliche Freiheit und gleichermaßen für eine freiheitliche Sozialpolitik eingesetzt. In seinen Worten:

> *»Die Entwicklung zum Versorgungsstaat ist schon dann eingeleitet, wenn der staatliche Zwang über den Kreis der Schutzbedürftigen hinausgreift und wenn ihm Personen unterworfen werden, denen ein solcher Zwang und die Abhängigkeit vom Staat aufgrund ihrer Stellung im Wirtschafts- und Erwerbsleben wesensfremd ist.«*

Erhards Soziale Marktwirtschaft ist weit mehr als ein Wirtschaftsmodell, es ist ein Gesellschaftsmodell. Es beruht auf der Verbindung des Prinzips der Freiheit auf dem Markt und des Wettbewerbs mit dem des sozialen Ausgleichs. Aufgabe des Staates ist es demnach, verlässliche Rahmenbedingungen zu schaffen. Die Komponenten der Sozialen Marktwirtschaft sind: freies Unternehmertum, Eigeninitiative, Leistungsbereitschaft, gesunder Wettbewerb und Gewinnsystem. Für Erhard galt diese Marktwirtschaft gleichzeitig als sozial, weil sie die Grundlage für einen breiten Wohlstand schafft und dadurch erst die finanziellen Mittel für die Sozialleistungen erwirtschaftet. In seiner Vorstellung sollte durch eine produktive, erfolgreiche Wirtschaft das Volkseinkommen so vermehrt werden, dass sich daraus die Sozialaufwendungen finanzieren lassen.

In seinen Worten:

> *»Auch muss auf die unlösbare Verbindung zwischen Wirtschafts- und Sozialpolitik aufmerksam gemacht werden. Tatsächlich sind umso weniger sozialpolitische Eingriffe und Hilfsmaßnahmen notwendig, je erfolgreicher die Wirtschaftspolitik gestaltet werden kann.«*

Er warnte zugleich vor einer Ausdehnung der Staatstätigkeit und mahnte, der Staat müsse sich auf seine Kernaufgaben beschränken. Der Fußballsachverständige Ludwig Erhard verglich die Rolle des Staats mit der eines Schiedsrichters, der beim Fußballspiel selbst nicht mitspielt, sondern nur auf die Einhaltung der Regeln achtet und Regelverstöße ahndet.

Die Soziale Marktwirtschaft kann nur funktionieren, wenn Markt und Staat in einem ausgewogenen Verhältnis zueinander stehen. Ist der Anteil des Staates zu groß, lähmt er die Marktkräfte, ist er zu gering, wird der soziale Friede gestört. Gemäß dieser Definition ist die Soziale Marktwirtschaft völlig aus den Fugen geraten:

In Deutschland geraten immer mehr Menschen in die Abhängigkeit vom Staat. Erhards Prophezeiung ist eingetroffen:

> *»Die wachsende Sozialisierung der Einkommensverwendung, ... die weitgehende Entmündigung des Einzelnen und die zunehmende Abhängigkeit vom ... Staat – aber damit zwangsläufig auch die Verkümmerung eines freien und funktionsfähigen Kapitalmarkts als einer wesentlichen Voraussetzung für die Expansion der Marktwirtschaft – müssen die Folgen dieses gefährlichen Weges hin zum Versorgungsstaat sein, an dessen Ende der soziale Untertan und die bevormundete Garantierung der materiellen Sicherheit ... stehen wird.«*

Anstatt Erhards Weg konsequent weiterzugehen und die allgemeinen Rahmenbedingungen so zu gestalten, dass die Marktwirtschaft auch für »Soziales« genug erwirtschaften kann, hat Deutschland den falschen Weg gewählt, an dessen Ende der »soziale Untertan« steht.

Sichtbarster Ausdruck dieser Fehlentwicklung ist die Staatsquote von etwas unter 50 Prozent. Deutschland hat also zur Hälfte Staatswirtschaft – Sozialismus – der immer und überall zur Pleite führt.

Auch in der Altersvorsorge ist Deutschland den falschen Weg gegangen. Erhard wollte aus den Deutschen ein Volk von Teilhabern machen. Weitsichtig hat er bereits 1950, als die deutsche Wirtschaft noch in Trümmern lag, auf die große Bedeutung eines funktionierenden Kapitalmarkts hingewiesen, der

> *»die beste Gewähr für sinnvolle, produktive und volkswirtschaftlich nützliche Investitionen bietet«.*

Auf dem CDU-Parteitag in Hamburg 1957 sagte er:

> *»Die CDU hat sich zum politischen Ziel gesetzt, mit jedem weiteren wirtschaftlichen Fortschritt zu einer immer breiteren Streuung des Eigentums an den Produktionsmitteln zu kommen.«*

Als ersten Schritt kündigte er an,

> *»das Volkswagenwerk über das Mittel der Volksaktie in den Besitz weitester Volkskreise zu überführen«.*

Drei große Unternehmen brachte er ab 1959 an die Börse: Preussag (heute TUI), VW und Veba (heute E.ON). Nach der erfolgreichen Platzierung von Preussag sagte er,

> *»dass ein neues gesellschaftspolitisches Leitbild erkennbar wird, ... wenn auch die Lohn- und Gehaltsempfänger und der kleine Sparer immer besser zu erkennen vermögen, dass ihr Schicksal, ihre soziale Sicherheit und die Zukunft ihrer Kinder von der Erhaltung unserer Produktiv- und Leistungskraft abhängen.«*

Was ist daraus geworden? Nichts. Ganze sieben Prozent ihres Vermögens haben deutsche Sparer in Aktien investiert. Etwa zwei Drittel des Kapitals des deutschen Börsenindex DAX liegen in den Händen des Auslands. Unter den Industrieländern hat Deutschland die mit Abstand schlechteste Vermögensstruktur, weil die Deutschen – außer in Immobilien – fast ausschließlich in Geldwerten investiert sind, die heute fast zinslos sind.

Die Altersvorsorge der Deutschen hängt zu etwa drei Viertel von der staatlichen Rente ab, die angesichts der demografischen Entwicklung in Zukunft hinten und vorne nicht für den Ruhestand reicht.

Diese wirtschafts- und gesellschaftspolitische Vision ist das, was ich als Erhards »Unvollendete« bezeichne. Seine Vision von einer freiheitlichen Gesellschaft von Teilhabern – »Volksaktionären« –, deren soziale Sicherheit primär aus ihrer eigenen Leistung und ihrer Selbstvorsorge kommt, wurde nicht verwirklicht.

Schlimmer noch: Erhards »Soziale Marktwirtschaft« wurde von Angela Merkel 2005, seit sie Bundeskanzlerin ist, in die unterste Schublade abgelegt.

Vor der Bundestagswahl hatte sie auf dem Leipziger CDU-Parteitag Erhard vehement gehuldigt. Die CDU stürzte bei Umfragewerten von 42 Prozent bei der Bundestagswahl auf 35,2 Prozent ab und entkam nur knapp einer Niederlage. Daraus schloss Angela Merkel, dass die Deutschen mehrheitlich schon so staatshörig seien, dass sie nichts mehr wissen wollten von dem marktwirtschaftlichen Prinzip »so viel Freiheit wie möglich, so viel Staat wie nötig«, sondern dass sie, umgekehrt, »so viel Staat wie möglich, so viel Freiheit wie nötig« wollten. Darauf riss sie das Ruder um 180 Grad herum und seitdem praktiziert sie eine dem deutschen Wahlvolk gefällige Politik. Viele nennen dies auch »Opportunismus pur«.

Hätte sich Ludwig Erhard im Juni 1948 bei der Währungsreform auch so kleinmütig und opportunistisch verhalten, hätte es wohl seine so überaus erfolgreiche Soziale Marktwirtschaft nicht gegeben. Denn nach dem Willen der alliierten Besatzungsmächte sollte nur die D-Mark eingeführt werden, marktwirtschaftliche Elemente mit freier Preisbildung jedoch erst später.

Doch Erhard hob eigenmächtig gleichzeitig die Bewirtschaftungs- und Preiskontrollen auf. Darauf wurde er zum Militärgouverneur, General Lucius Clay, zitiert, der ihm erklärte, er habe kein Recht gehabt, die Preiskontrollen auszusetzen. Worauf Erhard antwortete, er habe sie nicht ausgesetzt, sondern abgeschafft. Sein mutiger Alleingang in die Marktwirtschaft setzte eine wirtschaftliche Dynamik in Gang. Das Wirtschaftswunder begann.

Noch vor 2005, auf dem berühmten Parteitag der CDU in Leipzig 2003, predigte die Oppositionspolitikerin Merkel eine »neue Soziale Marktwirtschaft«, in der Leistung sich mehr lohnen müsse und man mehr Eigenverantwortung brauche. Die Bundeskanzlerin von heute dagegen baut den Sozialstaat aus, führt Betreuungsgeld, Mütterrente und Mindestlohn ein und macht mit der Rente mit 63 die von ihrem Vorgänger mühsam erkämpfte Rente mit 67 teilweise rückgängig. Gerhard Schröder hat damals sein Amt aufs Spiel gesetzt und es verloren. Das wird Angela Merkel nicht passieren. Einen opportunistischen, richtungslosen Regierungsstil, wie Merkel ihn betreibt, verhöhnte der französische Staatsmann und zeitweilige Außenminister Charles Maurice de Talleyrand mit den Worten: »Da vorne läuft mein Volk. Ich muss ihm hinterher – ich bin sein Führer.«

Merkel wartet ab bis zuletzt, und wenn sie sieht, wohin der Hase läuft, sei es in Berlin oder Brüssel, greift sie mäßigend ein. Eine »Wirtschaftspolitik in betrunkenem Zustand« hat das *Die Zeit* mal genannt. Auf diese Weise macht sie in der jeweiligen Situation nicht viel falsch, im Gegenteil, sie bucht einen Erfolg des Augenblicks und erntet den Beifall des Volks.

Die Deutschen suchen Sicherheit. Die glauben sie bei Angela Merkel zu finden. Man nennt sie ja die »Mutti«, bei der man sich geborgen fühlen kann, denn sie wird es schon »richten«. Es ist uns doch ganz gut gegangen in den letzten Jahren. Das mag stimmen, aber ob das auch in Zukunft so sein wird, ist mehr als fraglich.

Die Bundestagswahl in September 2013 hat ein Ergebnis gebracht, das für die Zukunft nichts Gutes verheißt. Merkel hat zwar mit 41 Prozent der Stimmen einen großen Sieg errungen. Aber nicht nur ist ihr mit dem Ausscheiden der FDP ein marktwirtschaftliches Korrektiv abhandengekommen, sondern auch der Wirtschaftsflügel der Union ist geschrumpft. Die Erben Ludwig Erhards sind verschwunden. Das politische Spektrum hat sich dramatisch nach links verschoben, rechts von der Mitte herrscht Leere. Die Kanzlerin regiert in einer großen Koalition, bestehend aus Union und Sozis, mit einer Mehrheit von 80 Prozent. Dass dies der GAU – der politisch größte anzunehmende Unfall – ist, erhellt sich aus den scharfsinnigen Worten des Nobelpreisträgers Professor Friedrich von Hayek:

> *»Es waren immer die Konservativen, die dem Sozialismus Zugeständnisse gemacht haben und ihm zuvorkamen. Als Befürworter des ‚Weges der Mitte', ohne eigenes Ziel, waren die Konservativen von dem Glauben geleitet, dass die Wahrheit zwischen den Extremen liegen muss – mit dem Ergebnis, dass sie ihre Position verschoben, so oft sich an einem der Flügel eine extreme Bewegung zeigte.«*

Aus dieser Tatsache erklärt sich das heutige politische Handeln von Kanzlerin Merkel. Sie regiert weit links aber aus der sozialdemokratisierten Mitte! Nur so lässt sich erklären, dass die Große Koalition, ohne ökonomische Vernunft, Teile der hart erkämpften Agenda 2010 zurückgenommen und milliardenschwere, kostenträchtige Sozialausgaben mit Langzeitwirkung beschlossen hat.

Als Sozialministerin Andrea Nahles in einem Interview in der *Frankfurter Allgemeinen Sonntagszeitung* vom 13.04.2014 gefragt wurde, ob angesichts der wirtschaftsschädlichen Sozialgeschenke der Großen Koalition das Sprichwort zutreffe: »Wenn es dem Esel zu gut geht, geht er aufs Eis«, antwortete sie unverfroren:

> *»Ach was. Wir stärken den Wohlstand in diesem Land und wollen, dass alle von der guten Lage profitieren! Damit schlagen wir ein weiteres Kapitel der Sozialen Marktwirtschaft in Deutschland auf.«*

Dass sich heute alle politischen Lager, angefangen von der »Sozi« Andrea Nahles über den Grünen Tarek Al-Wazir bis zur Linkssozialistin Sahra Wagenknecht, auf Ludwig Erhards Soziale Marktwirtschaft berufen, spottet jeder Beschreibung und grenzt an Volksverdummung. Und auch die Union sollte aufhören, sich auf Erhard als Kronzeugen zu berufen. Sie hat sein Vermächtnis mit Füßen getreten.

Wie wird es vor allem in der Wirtschaft weitergehen?

Sie wird wohl dank einer sich belebenden Weltkonjunktur noch einige Jahre auf einer Woge des Erfolgs schwimmen. Dadurch werden die schädlichen Wirkungen der Beschlüsse der Regierung Merkel kurzfristig kaschiert.

Doch auch in der Politik gilt, wie in der Wirtschaft bis hinunter zum Einzelunternehmen und sogar im Fußball, das Gesetz von der »Regression zur Mitte«, der Rückkehr zum Mittelmaß.

Die heutige gute deutsche Konjunktur ist der mutigen Agenda 2010 von Kanzler Gerhard Schröder zu verdanken, die Deutschland über das Mittelmaß in Europa und der Welt hinaushob. Doch es ist zu befürchten, dass wir bereits den Zenit überschritten haben und uns in Richtung der Mitte – nach unten – bewegen.

Wie würde Ludwig Erhard heute in einer globalisierten Welt und einem durch den Euro zerstrittenen, paralysierten Europa handeln?

Fest steht, dass es unter ihm den Euro nicht gegeben hätte, zumindest nicht in der Zusammensetzung der Mitglieder, nicht in seiner Konstruktion und schon gar nicht in der Art und Weise, wie er von oben herab den Menschen aufgedrückt wurde. Das lässt sich aus folgenden Worten Erhards schließen:

> *»Europäische Integration ohne entsprechenden Widerhall in der Öffentlichkeit verwirklichen zu wollen ist ein Unding.«*

Das hat Erhard schon 1956 an Adenauer geschrieben.

Er hätte auch die Euro-Retterei zur Abwendung von Staatspleiten nicht mitgemacht.

Der Euro ist wie eine Zwangsjacke, in die alle, ob dick oder dünn, groß oder klein, hineingeschlüpft sind. Den einen, wie den Deutschen, ist sie zu weit, den anderen, wie den Südländern und Franzosen, ist sie zu eng. Sie schnürt ihnen die Luft ab. Er hätte daher auch einen Austritt aus dem Euro von vornherein zugelassen und eingeplant.

Und er hätte bei der Einführung einer Gemeinschaftswährung den Marktkräften den Vorzug gegeben und nicht der Politik – unter Missachtung der schädlichen Folgen, wie sie nun eingetreten sind.

Er hätte die unterschiedlichen Mentalitäten in Europa berücksichtigt und sich nicht der trügerischen, romantischen Hoffnung hingegeben, dass sich die Staaten irgendwie zusammenraufen würden.

Die EU ist das großartigste Friedenswerk, das es je gegeben hat. Gäbe es sie nicht, müsste man sie erfinden. Sie hat zu Recht 2013 den Friedensnobelpreis erhalten. Der Euro dagegen ist ein Sprengsatz, der die EU auseinandertreibt und Hass und Zwietracht schürt.

So, wie es heute ist, werden wir von einer Krise in die andere taumeln. Europa ist in Gefahr, zu einer Armutszone zu werden, weil es mit seinen aufgeblähten Sozialsystemen im globalen Wettbewerb nicht mithalten kann.

In der EU leben 500 Millionen Menschen. Das sind 7 Prozent der Weltbevölkerung. Aber etwa 50 Prozent aller Sozialleistungen in der Welt entfallen auf Europa. Deutschland steht hier an vorderster Stelle.

Doch es scheint in der Natur der Deutschen zu liegen, dass sie erst mit dem Rücken zur Wand zur Vernunft kommen und radikale Kurskorrekturen vornehmen. In den Worten von Ludwig Erhard:

> *»Das war schon immer die geschichtliche Tragik der Deutschen, dass sie ihre höchsten Tugenden in der Not entfalteten, sich aber Stunden des Glücks nicht gewachsen zeigten.«*

Zumindest für die Zukunft können wir guter Hoffnung sein, wenn wir unsere höchsten Tugenden wieder entfalten müssen. Vielleicht werden wir uns dann auf Erhards großartiges Gesellschaftsmodell, die Soziale Marktwirtschaft, zurückbesinnen.

Gottfried Heller
Im August 2014

Über den Autor

Ulrich Horstmann studierte zunächst Betriebswirtschaftslehre in Bochum, danach in Trier mit finanzwirtschaftlichem Schwerpunkt und schloss an der Wirtschaftsuniversität Wien mit Promotion zum Dr. rer. soc. oec. ab. Seit 1989 ist Ulrich Horstmann in mehreren Finanzinstituten im Research tätig. Er blickt damit auf eine über 20-jährige Erfahrung in den Bereichen Volkswirtschaft und Unternehmensanalyse innerhalb von Banken zurück. Darüber hinaus arbeitete er in diesem Themenfeld eng mit den Medien zusammen. Im FinanzBuch Verlag sind bisher von ihm erschienen:

- Die Währungsreform kommt
- Womit wir morgen zahlen werden
- Die geheime Macht der Ratingagenturen
- Alles, was Sie über *Das Kapital im 21. Jahrhundert* von Thomas Piketty wissen müssen

Ausgewählte Literatur und Quellenangaben

Admati, Anat/Hellwig, Martin: Des Bankers neue Kleider: Was bei Banken wirklich schiefläuft und was sich ändern muss, München 2013.

Akerlof, George A./Romer, Paul M.: Looting: The Economic Underworld of Bankrupty for Profit, Berkeley 1994.

Alich, H./Benders, R./Köhler, P./Rezmer, A./Schnell, C./Wiebe, F.: Die Letzten ihrer Art. In Deutschland leisten sich zunehmend weniger Banken noch Analysten, in HB vom 07.06.2013.

Amann, Susanne: »Gier ohne Grenzen«, in: *Spiegel online* vom 17.08.2007.

Apostolisches Schreiben EVANGELII GAUDIUM des Heiligen Vaters Papst Franziskus an die Bischöfe, an die Priester und Diakone, an die Personen geweihten Lebens und an die christgläubigen Laien über die Verkündigung des Evangeliums in der Welt von heute (Verlautbarungen des Apostolischen Stuhls Nr. 194), Bonn, 24.11.2013 (Libreria Editrice Vaticana, hrsg. vom Sekretariat der Deutschen Bischofskonferenz).

Bödecker, Ehrhardt: Preußen und die Marktwirtschaft, 3. Aufl., München 2010.

Böhm, Franz: Entmachtung durch Wettbewerb, Berlin 2007.

Buchmüller, Patrick: Basel II: Hinwendung zur prinzipienorientierten Bankenaufsicht, Baden-Baden 2008.

Büschgen, Hans E.: Aktienanalyse und Aktienbewertung nach der Ertragskraft, Wiesbaden, 1962.

Buffett, Mary/Clark, David: Das Tao des Warren Buffett, Kulmbach 2008.

Busse von Colbe, Walther/Becker, Winfried/Berndt, Helmut/Geiger, Klaus M./Haase, Heidrun/Schellmoser, Friedrich/Schmitt, Günter/Seeberg, Thomas/Wysocki, Klaus v.: Ergebnis je Aktie nach DVFA/SG, 3. Aufl., Stuttgart 2000.

Caro, Michael K.: Der Volkskanzler Ludwig Erhard, Köln 1965.

Chandler, Alfred Dupont: Henry Varnum Poor, Business Editor, Analyst, and Reformer, USA 1981, Reprint der Ausgabe von 1956.

Claussen, Carsten P.: Rating und Finanzanalyse, in: Rau, Fritz H./Merk, Peter (Hrsg.): Kapitalmarkt in Theorie und Praxis, Festschrift zum 50-jährigen Jubiläum der DVFA, Frankfurt am Main, 2010, S. 365–372.

Cole, Benjamin Mark: Die Rattenfänger der Wall Street – Wie Analysten die Börsenwelt manipulieren, Frankfurt/M. 2002.

Coval, Joshua D./Jurek, Jakub/Stafford, Erik: The Economics of Structured Finance, Working Paper 09-060 Harvard Business School, 2008.

Engels, Wolfram: Soziale Marktwirtschaft – Verschmähte Zukunft? Streitschrift wider falsche Propheten mit Bart und Computer, Stuttgart 1972.

Erhard, Ludwig: Kriegsfinanzierung und Schuldenkonsolidierung, Denkschrift von 1943/44, Nachdruck, Berlin 1997.

Erhard, Ludwig: Deutschlands Rückkehr zum Weltmarkt, Düsseldorf 1953.

Erhard, Ludwig: Die Prinzipien der deutschen Wirtschaftspolitik, Vortrag in Antwerpen, 31.5.1954.

Erhard, Ludwig: Wohlstand für alle, aktualisierte Neuausgabe, Düsseldorf 1990.

Erhard, Ludwig: Gedanken aus fünf Jahrzehnten, Reden und Schriften, hrsg. v. Karl Hohmann, Düsseldorf u. a. 1988.

Erhard, Ludwig: Deutsche Wirtschaftspolitik – Der Weg der Sozialen Marktwirtschaft, Düsseldorf 1992.

Erhard, Ludwig/Müller-Armack, Alfred: Soziale Marktwirtschaft – Ordnung der Zukunft. Manifest '72, Frankfurt/M. 1972.

Eucken, Walter: Grundlagen der Nationalökonomie, Berlin 1965.

Eucken, Walter: Grundsätze der Wirtschaftspolitik, München 1959.

Eucken, Walter: Ordnungspolitik, Berlin 1999.

Fisher, Irving: The Debt-Deflation Theory of Great Depressions, in: Econometrica, New York, Oct. 1933, S. 337–357.

Flossbach, Bert/Vorndran, Philipp: Die Schuldenlawine – Eine Gefahr für unsere Demokratie, unseren Wohlstand und ihr Vermögen, München 2012.

Everling: Oliver: Rolle und Aufgaben der Finanzratings, in: Achleitner, Ann-Kristin/Everling, Oliver/Niggemann, Karl A. (Hrsg.): Finanzrating: Gestaltungsmöglichkeiten zur Verbesserung der Bonität, 1. Aufl., Wiesbaden 2007, S. 3–14.

Galbraith, John Kenneth: Der große Crash 1929, Frankfurt, 2009.

Galbraith, John Kenneth: Eine kurze Geschichte der Spekulation, Frankfurt, 2010.

Graham, Benjamin/Dodd, David: Security Analysis, New York 1934.

Graham and Dodd's, Graham, Benjamin/Dodd, David mit den Autoren der fünften Auflage: Cottle, Sidney/Murray, Roger F./Block, Frank E. unter Mitarbeit von Leibowitz, Martin L.: Wertpapieranalyse (Security Analysis), 5. Aufl., Darmstadt 1992.

Grundtexte zur Sozialen Marktwirtschaft, Hrsg.: Stützel, Wolfgang/Watrin, Christian/Willgerodt, Hans/Hohmann, Karl, Stuttgart 1981.

Grundtexte zur Sozialen Marktwirtschaft, Band 2, Hrsg.: Hohmann, Karl/Schönwitz, Dietrich/Weber, Hans-Jürgen/Wünsche, Horst Friedrich, Stuttgart 1988.

Grunenberg, Nina: Die Wundertäter: Netzwerke der deutschen Wirtschaft – 1942–1966, München 2006.

Goffman, Erving: Wir alle spielen Theater: Die Selbstdarstellung im Alltag, deutsche Erstausgabe, München 1959.

Greenwald, Bruce/Kahn, Judd: Competition Demystified – A Radically Simplified Approach to Business Strategy, N.Y., USA, 2005

Habermann, Gerd: Die Überwindung des Wohlfahrtsstaates: Ludwig Erhards sozialpolitische Alternative, in: Grundtexte zur Sozialen Marktwirtschaft, Bd. 2: Das soziale in der Sozialen Marktwirtschaft, hrsg. von Hohmann, Karl u.a., Stuttgart 1988.

Hayek, Friedrich August: The Road to Serfdom, Chicago 1944.

Hayek, Friedrich August: Die Verfassung der Freiheit, 3. Aufl., Tübingen 1991.

Hazlitt, Henry: Die 24 wichtigsten Regeln der Wirtschaft, München 2014.

Heller, Gottfried: Die Wohlstandsrevolution, Düsseldorf 1992.

Heller, Gottfried: Erhards »Unvollendete«: Entfesselung der Wirtschaft statt Bündnis für Arbeit, S. 82–96, in: 100 Jahre Ludwig Erhard, Jubiläumsband der Ludwig-Erhard-Stiftung, Düsseldorf 1997.

Heller, Gottfried: Der einfache Weg zum Wohlstand: Mehr verdienen, weniger riskieren und besser schlafen, München 2012.

Hidding, Bruno: Konstruktives Miteinander von Journalisten und Analysten – Anleger und Unternehmen sollten davon profitieren, in: Rau, Fritz H./Merk, Peter (Hrsg.): Kapitalmarkt in Theorie und Praxis, Festschrift zum 50-jährigen Jubiläum der DVFA, Frankfurt am Main, 2010, S. 29–40.

Holtfrerich, Carl-Ludwig: Finanzplatz Frankfurt – Von der mittelalterlichen Messestadt zum europäischen Bankenzentrum, München 1999.

Homm, Florian: Kopf Geld Jagd, München, 2013.

Hotz, Mathias: Information und Desinformation des Kapitalanlegers durch Finanzanalysen, München, 2007.

Hulverscheidt, Claus: Eine Frage der Gerechtigkeit! – Ein Pädoyer für ein faires Steuersystem, München 2013.

James, Harold: Der Rückfall: Die neue Weltwirtschaftskrisen, München 2003 (Piper, Erstfassung: The End of Globalization, Cambridge 2001).

Jenaer Aufruf zur Erneuerung der Sozialen Marktwirtschaft, 20. Juni 2008, abrufbar unter www.60jahresozialemarktwirtschaft.de.

Jespersen, Jesper/Madsen, Mogens Ove (Hrsg.): Keynes's General Theory for Today: Contemporary Perspectives, Cheltenham/UK, 2012.

Kennedy, Paul: Aufstieg und Fall der großen Mächte: Ökonomischer Wandel und militärischer Konflikt von 1500 bis 2000, 5. Aufl., Frankfurt/M., 2005.

Koller, Christine/Siedel, Markus: Geld war gestern – Wie Bitcoin, Regionalgeld, Zeitbanken und Sharing Economy unser Leben verändern werden, München 2014.

Konrad, Paul Markus/Leker, Jens: Regulierung von Ratingagenturen, die DVFA als Plattform und Impulsgeber, in: Rau, Fritz H./Merk, Peter (Hrsg.): Kapitalmarkt in Theorie und Praxis, Festschrift zum 50-jährigen Jubiläum der DVFA, Frankfurt am Main, 2010, S. 365–372.

Konrad, Kai A., Zschäpitz, Holger: Schulden ohne Sühne? Warum der Absturz der Staatsfinanzen uns alle trifft, München, 2010.

Kruk, Max/Potthoff, Erich/Sieben, Günter und unter Mitarbeit von Lutz, Harald: Eugen Schmalenbach: Der Mann – Sein Werk – die Wirkung, hrsg. von Cordes, Walter im Auftrag der Schmalenbach-Stiftung, Stuttgart 1984.

Schneider, Friedrich/Dreer, Elisabeth/Riegler, Wolfgang: Geldwäsche: Formen, Akteure, Größenordnung - und Warum die Politik machtlos ist, Wiesbaden 2006.

Le Bon, Gustave: Psychologie der Massen, Stuttgart 1982.

Leuschel, Roland und Vogt, Claus: Das Greenspan-Dossier. Wie die US-Notenbank das Weltwährungssystem gefährdet Oder: Inflation um jeden Preis, 2. Aufl. 2004.

Lincoln, Bruce: Authority: Construction and Corrosion, Chicago 1994.

Ludwig Erhard, Beiträge zu seiner politischen Biographie, Festschrift zum 75. Geburtstag, hrsg. von Gerhard Schröder, Alfred Müller-Armack, Karl Hohmann, Johannes Gross, Rüdiger Altmann, Frankfurt (Main) 1972.

Lusser, Andreas: Einspruch! – Warum unser Geld Privatsphäre verdient, München 2014.

Maier, Hans: Notwendige Übergriffe. Erfahrungen mit interdisziplinären Studien, Vortrag bei der Verleihung des Karl-Jaspers-Preises in der Alten Aula der Universität Heidelberg am 31.01.2014.

Marx, Karl: Das Kapital, Kritik der politischen Ökonomie, Stuttgart 1957.

Marx, Reinhard, unter Mitarbeit von Küppers, Arnd: Das Kapital, ein Plädoyer für den Menschen, München 2008.

Merz, Friedrich: Nur wer sich ändert, wird bestehen. Vom Ende der Wohlstandsillusion

– Kursbestimmung für unsere Zukunft, 2. Aufl., Freiburg 2006.

Merz, Friedrich: Mehr Kapitalismus wagen. Wege zu einer gerechten Gesellschaft, München 2008.

Mills, Charles Wright: Die amerikanische Elite, Hamburg 1962.

Minsky, Hyman P.: Can »It« Happen Again? Essays on Instability and Finance, New York 1982.

Minsky, Hyman P.: Stabilizing an unstable Economy, Columbus 1986.

Minsky, Hyman P.: John Maynard Keynes, Marburg 2007 (englische Originalausgabe: New York 1975).

Möllers, M. J.: Selbstregulierung der Presse und fehlerhafte Finanzanalysen von Journalisten, in AfP 02 – 2010, S. 107–112.

Müller, Christina: Regulierung von Analysten: Eine rechtsökonomische Betrachtung (Ökonomische Analyse des Rechts), Wiesbaden 2005.

Nell-Breuning, Oswald: Soziallehre der Kirche Erläuterungen der lehramtlichen Dokumente, Wien, 2. erw. Aufl. 1978.

Nicolas, Michel: Die Rolle der Ratingagenturen bei der Strukturierung von Asset-Backed Securities und Collaterised Debt Obligations, Diplomarbeit an der Universität Würzburg vom 14. Januar 2010.

Osang, Rolf: Das sagte der Bundeskanzler, Prof. Ludwig Erhard in Reden und Interviews, München 1966.

Otte, Max: Der Informationscrash. Wie wir systematisch für dumm verkauft werden, Berlin 2009.

Partnoy, Frank: F.I.A.S.C.O: Blut an den weißen Westen der Wall Street Broker, Wien 1998.

Rand, Ayn: Capitalism: The Unknown Ideal, New York, 1986.

Rant, Diogenes: Verzockte Freiheit: Wehrt Euch! Politiker und Finanzeliten setzen unsere Zukunft aufs Spiel, München 2014.

Rau, Fritz H.: Die DVFA seit 50 Jahren – Aufgaben, Entwicklungen, Ausblick, in: Rau, Fritz H./Merk, Peter (Hrsg.): Kapitalmarkt in Theorie und Praxis, Festschrift zum 50-jährigen Jubiläum der DVFA, Frankfurt am Main, 2010, S. 3–28.

Reinhart, Carmen M./Rogoff, Kenneth S.: Dieses Mal ist alles anders – Acht Jahrhunderte Finanzkrisen, München 2010 (Originalausgabe: This Time is different. Eight Centuries of Financial Folly, New Jersey 2009).

Repke, Hagen: Die Rolle von Finanzanalysten in Investmentbanken unter Berücksichtigung von Interessenkonflikten Erörterung der finanztheoretischen, rechtlichen und organisatorischen Rahmenbedingungen in Deutschland vor und nach dem Einbruch der Aktienmärkte im Jahr 2000, Dissertation, Berlin 2007.

Reppegard, Lars: Das Google-Imperium, Hamburg 2008.

Rhodes, David; Stelter, Daniel: Back to Mesopotamia?, BCG, September 2011.

Röhle, Theo: Der Google Komplex, über Macht im Zeitalter des Internets, Bielefeld 2010.

Röpke, Wilhelm: Jenseits von Angebot und Nachfrage, 1958 Nachdruck, Düsseldorf, 2009.

Rothbard, Murray N.: A History of Money and Banking in the United States: The Colonial Era to World War II, Auburn, 2002.

Roubini, Nouriel, Mihm, Stephen: Das Ende der Weltwirtschaft und ihre Zukunft, Frankfurt 2010.

Rüstow, Alexander: Die Religion der Marktwirtschaft, Berlin 2009.

Sachverständigenrat zur Begutachtung der gesamtwirtschaftlichen Entwicklung: Stabile Architektur für Europa – Handlungsbedarf im Inland: Jahresgutachten 2012/13, Wiesbaden, November 2012.

Schelsky, Helmut: Funktionäre – Gefährden sie das Gemeinwohl?, 4. Aufl., Stuttgart 1982.

Schelsky, Helmut: Die Arbeit tun die anderen, Klassenkampf und Priesterherrschaft der

Intellektuellen, Opladen 1975.

Scheuch, Erwin: K./Scheuch, Ute: Cliquen, Klüngel und Karrieren. Über den Verfall der politischen Parteien – eine Studie, Hamburg, April 1993.

Scheuch, Erwin K./Scheuch, Ute: Die Spendenkrise – Parteien außer Kontrolle, Hamburg 2000.

Schickling, Willi: Entscheidung in Frankfurt – Ludwig Erhards Durchbruch zur Freiheit – 30 Jahre Deutsche Mark – 30 Jahre Soziale Marktwirtschaft, Stuttgart 1978.

Helmut Schlembach: Die Bewertung von Aktien, München 1968.

Schmalenbach, Eugen: Grundlagen der Selbstkostenrechnung und Preispolitik, 5. Aufl., Leipzig, 1930.

100 Jahre Ludwig Erhard – Das Buch zur Sozialen Marktwirtschaft, Düsseldorf 1997.

Schlippenbach, Luise Gräfin von: Im Wandel stets dabei, München 2004.

Schmalenbach, Eugen unter Mitwirkung von Bethmann, Rudolf: Finanzierungen, 6. Aufl., Leipzig, 1937.

Schmalenbach, Eugen: Die Werte von Anlagen und Unternehmungen in der Schätzungstechnik, in: Zeitschrift für handelswissenschaftliche Forschung, 12. Jg., 1917/18, S. 1–20.

Schneider, Friedrich/Dreer, Elisabeth/Riegler, Wolfgang: Geldwäsche. Formen, Akteure, Größenordnung – und warum die Politik machtlos ist, Wiesbaden, 2006.

Schweinsberg, Klaus: Sind wir noch zu retten? Warum Staat, Markt und Gesellschaft auf einen Systemkollaps zusteuern, München 2011.

Seppelfricke, Peter: Handbuch Aktien- und Unternehmensbewertung, Bewertungsverfahren, Unternehmensanalyse, Erfolgsprognose, 2. Aufl., Stuttgart 2005.

Simon, Heinrich: Leopold Sonnemann: Seine Jugendgeschichte bis zur Entstehung der Frankfurter Zeitung, Frankfurt 1931.

Sinn, Hans-Werner: Kasino-Kapitalismus: Wie es zur Finanzkrise kam, und was jetzt zu tun ist, 2. Aufl., Berlin 2009.

Sinn, Hans-Werner: Die Target-Falle – Gefahren für unser Geld und unsere Kinder, München 2012.

Sloterdijk, Peter: Die nehmende Hand und die gebende Seite, Berlin 2010.

Soros, George/Schmitz, Gregor Peter: Wetten auf Europa: Warum Deutschland den Euro retten muss, um sich selbst zu retten, München 2014.

Soziale Marktwirtschaft: Die sieben Gebote für Wachstum und Wohlstand, Düsseldorf, 2009.

Stanzel, Matthias: Qualität des Aktienresearchs von Finanzanalysten: Eine theoretische und empirische Untersuchung der Gewinnprognosen und Aktienempfehlungen am deutschen Kapitalmarkt, Gießen, 2007.

Stelter, Daniel: Ending the Era of Ponzi Finance, BCG, January 2013.

Strousberg, Bethel Henry: Dr. Strousberg und sein Wirken von ihm selbst geschildert, Berlin 1876.

Uttich, Simone und Steffen: Es ist nur Geld – 10 Fehler, mit denen sie sicher ihr Vermögen versenken, Frankfurter Allgemeine Buch, Frankfurt, 2009.

Verlag der Frankfurter Zeitung (Hrsg.), Geschichte der Frankfurter Zeitung 1856 bis 1906, Frankfurt/M. 1906.

Weinrich, Günter, Jacobus, Jürgen: Finanzanalyse und Finanzrating, in: Achleitner, Ann-Kristin/Everling, Oliver/Niggemann, Karl A. (Hrsg.): Finanzrating: Gestaltungsmöglichkeiten zur Verbesserung der Bonität, 1. Aufl., Wiesbaden 2007, S. 15–54.

White, Lawrence J.: The Credit Rating Agencies: Understanding Their Central Role in the Subprime Debacle of 2007–2008, New York University, April 8, 2009.

Williams, John Burr: The Theory of Investment Value, 1938.

Willke, Helmut: Stochern im Nebel, in: brandeis 05/2010, S. 104–107.

Wilson, Richard S.: Corporate Senior Securities: Analysis and Evaluation of Bonds, Convertibles and Preferreds, Chicago 1987.

Zeil, Martin: Ist die Marktwirtschaft noch sozial?, in: Ifo Schnelldienst 5 2014, 67. Jg., 10.–11. KW, 13 März 2014, S. 26–34.

Ziesler, Eva: Ratingagenturen – Die Pervertierung einer marktwirtschaftlichen Institution durch den Staat, Vortrag an der Theodor-Heuss-Akademie der Friedrich-Naumann-Stiftung für die Freiheit in Gummersbach am 5.2.2012.

Zinn, Karl Georg: Die legale Kriminalität des Finanzkapitalismus. Betriebsunfälle oder Resultate der inneren Systemlogik? Aachen, 28.06.2009.

Glossar und Abkürzungen

ABCP
Asset-Backed Commercial Paper

ABS
Asset-Backed Securities

Antizyklisches Anlageverhalten
Antizyklisch anlegende Anleger investieren gegen den Markttrend. Sie nutzen Börsenhochs, um Wertpapiere zu verkaufen, und Börsentiefs, um diese zu kaufen.

ASF
American Securitization Forum

Asset Price Bubble
Vermögenspreisblase

BaFin
Bundesanstalt für Finanzdienstleistungsaufsicht

BDI
Bundesverbandes der Deutschen Industrie

Beggar-my-Neighbour-Politik
Strategie, den Nachbarn auszuplündern, z. B. durch hohe Exportüberschüsse, die sich für das Nachbarland nachteilig auswirken.

BCG
The Boston Consulting Group

BGH
Bundesrechnungshof

BIP
Bruttoinlandsprodukt

BIS
Bank for International Settlements

BMF
Bundesministerium der Finanzen

BSP
Bruttosozialprodukt

Buy-Side-Analyst
Buy-Side-Analysten sind damit befasst, Anlageurteile für institutseigene Anleger zu erstellen; sie werden daher der Käuferseite zugeordnet.

BVerfG
Bundesverfassungsgericht

BZ
Börsenzeitung

CAO
Chief Administrative Officer: Leiter Verwaltung

CAPM
Capital Asset Pricing Model

CBO
Collaterized Bond Obligation

CDO
Collaterized Debt Obligations: Finanzinstrumente, die zu der Gruppe der forderungsbesicherten Wertpapiere und strukturierten Kreditprodukte gehören. Sie bestehen aus einem Portfolio aus festverzinslichen Wertpapieren, die in mehrere Tranchen nach ihrer Seniorität in Senior Tranchen, Mezzanine Tranchen und Equity Tranchen unterteilt werden.

CDS
Credit Default Swaps: Kreditderivat, das es erlaubt, Ausfallrisiken von Krediten, Anleihen oder Schuldnernamen zu handeln.

CEBR
Centre for Economics and Business Research

CEO
Chief Executive Officer: Vorstandsvorsitzender/ Vorstandssprecher

CESifo
Center for Economic Studies, ifo Institut für Wirtschaftsforschung e.V.

CESR
Committee of European Securities Regulators: Ausschuss der europäischen Wertpapierregulierungsbehörden

CFA
Chartered Financial Analyst

CFO
Chief Financial Officer: Leiter Finanzen

CHRO
Chief Human Resource Officer: Leiter Personal

CLN
Credit Linked Note

CLO
Collateral Loan Obligation

Club Med-Staaten
Die Mittelmeerstaaten des Euro-Raums: Italien, Spanien, Portugal und Griechenland

CMBS
Commercial Mortgage-Backed Securities

CMO
Chief Marketing Officer: Leiter Vertrieb

Conduit
Finanzierungs-/Refinanzierungsstruktur im Zusammenhang mit Verbriefungs-Transaktionen

Consob
Commissione Nazionale per le Societa et la Borsa: Italienische Börsenaufsichtsbehörde

Consumption on the Job
Verschaffung eines zusätzlichen Verdienstes oder Honorars von Managern einer Unternehmung oder deren Aufsichtspersonen

COO
Chief Operating Officer: Leiter Betriebssteuerung

Covenants
Vertragliche Klauseln oder (Neben-) Abreden

Coverage
Abdeckung von Analysten zu beobachtenden Unternehmen

CP
Commercial Paper

CPDO
Constant proportion debt obligations

CPO
Chief Purchase Officer: Leiter Einkauf

CRD
Capital Requirements Directive

CTO
Chief Technical Officer: Leiter Technik

DAI
Deutsches Aktieninstitut

DAX
Deutscher Aktienindex (mit den 30 größten und umsatzstärksten, an der Frankfurter Börse gelisteten Unternehmen)

DCF
Discounted Cash Flow

Derivate
Derivate sind Finanzinstrumente, deren Preis oder Wert von den Kursen oder Preisen anderer Handelsgüter, Vermögensgegenstände oder von marktbezogenen Referenzgrößen abhängt.

DGB
Deutscher Gewerkschaftsbund

DIW
Deutsches Institut für Wirtschaftsforschung

D&O
Managerversicherung, die Top-Angestellte persönlich vor eventuellen negativen Folgen ihrer Entscheidungen schützen soll. Das Kürzel steht für Directors' and Officers' Liabilitiy Insurance.

Dotcom
Bezieht sich auf die Internet-Domain-Endung ».com« (commercial = geschäftlich).

DVFA
Deutsche Vereinigung für Finanzanalyse und Asset Management

EaS
Euro am Sonntag

EBA
Europäische Bankenaufsichtsbehörde

EBIT
Earnings before interest and taxes, Gewinn vor Zinsen und Steuern

EBITA
Earnings before interest and taxes and amortization, Gewinn vor Zinsen, Steuern und Amortisierungen

EBITDA
Earnings before interests and taxes and depreciation and amortization, Gewinn vor Zinsen, Steuern, Abschreibung und Amortisierungen

ECAF
Eurosystem Credit Assessment Framework

ECAI
External Credit Assessment Institution

ECOFIN
Economic and Financial Affairs Council: Rat für Wirtschaft und Finanzen; ist eine Formation des Rats der Europäischen Union in der Zusammensetzung

der Wirtschafts- und Finanzminister der EU-Mitgliedstaaten.

EEG
Erneuerbare-Energien-Gesetz

EFSF
Europäische Finanzstabilisierungsfazilität

EFSM
Europäischer Finanzstabilisierungsmechanismus

EIOPA
Europäische Aufsichtsbehörde für das Versicherungswesen und die betriebliche Altersversorgung

EK
Eigenkapital

ELA
Emergency Liquidity Assistance: Liquiditätsversorgung im Krisenfall. Die nationalen Zentralbankinterventionen bei Liquiditätsschocks sind in einigen Ländern auch ohne die EZB möglich.

Emittent
Aussteller von Wertpapieren, die erstmals in Umlauf gebracht werden

EP
Europäisches Parlament

ERISA
Employee Retirement Income Security Act

ESFS

Europäisches System für die Finanzaufsicht

ESM
European Stability Mechanism: Europäischer Stabilitätsmechanismus. EU-Rettungsfonds, der ab Mitte 2012 die Stabilität der Eurozone dauerhaft sichern soll.

ESMA
Europäische Wertpapier- und Marktaufsichtsbehörde

ESME
European Securities Markets Expert Group: Expertengruppe Europäische Wertpapiermärkte

ESRB
Europäischer Ausschuss für Systemrisiken

ESZB
Europäisches System der Zentralbanken

ETC
Exchange Traded Commodity

ETF
Exchange Traded Funds

EU
Europäische Union

EuGH
Europäischer Gerichtshof

Eurosystem
Das Eurosystem besteht aus den nationalen Zentralbanken derjenigen Staaten der EU, die den Euro als Zahlungsmittel eingeführt haben.

Eurozone
EU-Staaten mit der Gemeinschaftswährung Euro

EV
Enterprise Value: Unternehmenswert (im Sinne des Shareholder-Value-Konzepts der wesentliche Bewertungsmaßstab)

EVA
Economic Value Added: Ökonomischer Mehrwert

EWG
Europäische Wirtschaftsgemeinschaft

EWI
Europäisches Währungsinstitut

EWR
Europäischer Wirtschaftsraum

EWS
Europäisches Währungssystem

EZB
Europäische Zentralbank

FAS
Frankfurter Allgemeine Sonntagszeitung

FAZ
Frankfurter Allgemeine Zeitung

FDP
Freie Demokratische Partei

FDIC
Federal Deposit Insurance Corporation

Fed
Federal Reserve System: Zentralbanksystem der USA

Finanzialisierung
Ressourcenausbeutung und Umverteilung durch den zunehmenden Einfluss der Finanzmärkte

FINRA
Financial Industry Regulatory Authority: Zentrale Genehmigungsbehörde in den USA für die Beaufsichtigung von Personen, die in der Wertpapierbranche tätig sind

Fitch
Fitch Ratings

FR
Frankfurter Rundschau

Franchise
Hier im Buch verstanden als sichere und nachhaltige Nutzung wirtschaftlicher Vorteile durch Kartelle, Regulierungen oder anderer Eintrittsbarrieren für Dritte. Ein Monopol mit hohen Dauergewinnen bildet den Idealfall einer solchen günstigen Wettbewerbsposition.

FSAP
Financial Services Action Plan

FSB
Financial Stability Board: Finanzstabilitätsrat. Internationale Organisation, die das globale Finanzsystem überwacht und diesbezüglich Empfehlungen ausspricht.

FT
Financial Times

FTD
Financial Times Deutschland

Fundamentalanalyse
Ermittlung des fairen Wertes von Wertpapieren (»innerer Wert«); im Gegensatz zur Chartanalyse werden nicht Börsenkurse, sondern Fundamentaldaten für die Bewertung herangezogen.

Fundamentaldaten
Betriebswirtschaftliche Informationen zur Bewertung des Unternehmens

Geldbasis
u. a. auch Geldmenge M0 benannt: von der Zentralbank in Umlauf gebrachte Geldmenge, die nicht Kassenbestand einer Geschäftsbank ist

GIIPS
Kürzel für Griechenland, Italien, Irland, Portugal und Spanien

Gini-Koeffizient
Statistische Maßzahl für die Darstellung von Ungleichverteilungen. Je höher der Wert, desto ungleicher ist Verteilung der Einkommen der Haushalte.

GRV
Gesetzliche Rentenversicherung

Guidance
Orientierungshilfe durch das Management, z. B. für Analysten

Haircut
Wertabschlag auf Sicherheiten des Kreditnehmers

HB
Handelsblatt

HGB
Handelsgesetzbuch

HRI
Herald Investment Trust

HVB
Hypovereinsbank

IAB
Instituts für Arbeitsmarkt- und Berufsforschung

IAS
International Accounting Standards

IASB
International Accounting Standards Board

IFRS
International Financial Reporting Standards: Sammlung von Rechnungslegungsregeln für Wirtschaftsunternehmen

IMK
Institut für Makroökonomie und Konjunkturforschung (Hans Böckler Stiftung)

Intrinsischer Wert
Innerer Wert, der fundamentale Aspekte berücksichtigt. Dieser unabhängig vom Börsenkurs ermittelte Wert entspricht dem Preis, den gut informierte Geschäftsleute für das Unternehmen bezahlen würden, wenn sie es zu 100 % übernehmen würden. Der innere Wert wird dabei nach Benjamin Graham durch Faktoren wie z. B. das KGV, das KBV, den Verschuldungsgrad, die durchschnittliche Ertragskraft der Vergangenheit oder die Dividendenrendite ermittelt.

IOS
Investors Overseas Services, bedeutender Offshore-Finanzkonzern in den 1960er-Jahren

IOSCO
Internationale Organisation der Wertpapieraufsichtsbehörden

IPO
Initial Public Offering: Börsengang

IRB
Internal Ratings-Based Approach

IRG
International Rating Group

ISDA
International Swaps and Derivative Association

IWF
Internationaler Währungsfonds

KBV
Kurs zu Buchwert je Aktie

KG
Kapitalgeber

KGV
Kurs zu Gewinn je Aktie

KN
Kapitalnehmer

LBO
Leveraged Buy-out: fremdkapitalfinanzierte Übernahme

Lender of last resort
Kreditgeber der letzten Zuflucht

LTCM
Long-Term Capital Management; von John Meriwether 1994 gegründeter Hedgefonds

MAD
Market Abuse Directive

MAS
Master of Advanced Studies

M&A
Mergers & Acquisitions: Fusionen und Übernahmen

Mainstream
»Hauptstrom«: die vorherrschende Meinung, z. B. von Marktbeobachtern

MBS
Mortage-Backed Securities: Wertpapier, das auf Hypothekenkrediten basiert

M3 (Definition der Fed)
Alle Bar-Bestände in Banknoten und Münzen in US-$ sowie die laufenden US-$-Girokontenbestände und alle US-$-Einlagenzertifikate (z. B. US-$-Staatsanleihen) plus sämtliche US-$-Geldmarkt-Kontenbestände unter US-$100.000 plus alle größeren Guthaben über US-$100.000, u. a. die Eurodollar-Reserven, größere übertragbare US-$-Wertpapierbestände und die US-$-Devisenbestände der meisten nicht europäischen Länder. Diese Geldmenge wird grundsätzlich von der Fed berechnet, aber seit 2006 nicht mehr veröffentlicht.

MiFID
Markets in Financial Instruments Directive: Richtlinie über Märkte für Finanzinstrumente

MITI
Ministerium für Internationalen Handel und Industrie, Japan

Momentum
Größe der technischen Analyse. Es gibt Aufschluss über Tempo und Kraft von Kursbewegungen sowie über Trendumkehrungen.

Monetisierung
Ankauf von Staatsschulden auf dem Primärmarkt oder auf dem Sekundärmarkt

Montanunion
Die Montanunion, »Europäische Gemeinschaft für Kohle und Stahl« (EGKS), wurde 1951 gegründet und trat 1952 in Kraft. Gründerstaaten waren Belgien, die Bundesrepublik Deutschland, Frankreich, Italien, Luxemburg und die Niederlande. Mit der Montanunion wurde eine gemeinsame Kontrolle der Montanindustrie der Mitgliedstaaten ohne Zoll verwirklicht.

Moody's
Moody's Investors Service

MVA
Market Value Added: Marktwertsteigerung, Unternehmenswert – (Eigenkapital+ Fremdkapital – kurzfr. Verbindlichkeiten)

NAIC
National Association of Insurance Commissioneers

NASD
National Association of Securities Dealers

Nemax
Die Deutsche Börse führte zunächst den Neuer Markt Index Nemax ein. Am 1. Juli 1999 wurde der Nemax 50 hinzugefügt.

NGO
Non-Governmental Organization

No Bail-out-Klausel
Die »No Bail-out«-Klausel in Art. 125 AEUV stellt sicher, dass ein Euro-Teilnehmerland nicht für Verbindlichkeiten und Schulden anderer Teilnehmerländer haften oder aufkommen muss. Diese Klausel soll gewährleisten, dass für die Rückzahlung öffentlicher Schulden die Staaten selbst verantwortlich bleiben. Die Übertragung von Risikoprämien infolge einer nicht tragbaren Haushaltspolitik einzelner Staaten auf die Partnerländer soll damit vermieden werden. Mit dieser Bestimmung soll auch eine vernünftige Haushaltspolitik auf einzelstaatlicher Ebene gefördert werden.

NOPAT
Net Operating Profit after taxes: Operativer Nettogewinn nach Steuern.

NRhZ
Neue Rheinische Zeitung

NRSRO
Nationally Recognized Statistical Rating Organisations

NSA
National Security Agency: Nationale Sicherheitsbehörde der USA

Number Crunching
Zahlenverarbeitung

NYSE
New York Stock Exchange: New Yorker Börse

NYT
New York Times

NZB
Nationale Zentralbank

NZZ
Neue Zürcher Zeitung

OCC
Office of the Comptroller of the Currency

OPEC
Organization of Petroleum Exporting Countries: Organisation erdölexportierender Länder

Opinion leader
Meinungsführer

Originator
Als Originator wird im Zusammenhang mit einer Verbriefungstransaktion ein Kreditinstitut bezeichnet, das als Initiator die zu verbriefenden Schulden entweder allein oder mithilfe eines Konsortiums durch Kreditausreichung oder durch den Ankauf bestehender Forderungen (Portfolio) begründet und über ein Investmentvehikel (Conduit) am Geldmarkt platziert.

OTC
Over the Counter

OTS
Office of the Thrift Supervision

Pareto-Optimum
Ein Zustand, in dem es nicht möglich ist, eine Eigenschaft zu verbessern, ohne eine andere zugleich verschlechtern zu müssen. Benannt nach Vilfredo Pareto (1848–1923).

PIGS oder PIIGS
Kürzel für Portugal, Italien und/oder Irland, Griechenland, Spanien.

Ponzi
Der Name Charles Ponzi steht in der angelsächsischen Welt für Schneeballsysteme und Pyramidenspiele, den sogenannten »Ponzi-Schemes«.

Ponzi-Finanzierer
Ponzi-Finanzierer können dagegen weder ihre Schulden bedienen noch zurückzahlen, sie sind Bestandteil des Instabilitätsmodells von Hyman Minsky.

Pressure Group
Interessensgruppe

PCAOB
Public Company Accounting Oversight Board

Rating
Erstellen von Bonitätsnoten anhand von Analysen durch Agenturen

RAV
Repackaged Asset Vehicles

RDR
Rating Default Rate

Reflation
Zur Vermeidung einer Deflation betriebene Geld- und Finanzpolitik

REIT
Real Estate Investment Trust: Immobilien-Aktiengesellschaften mit börsennotierten Anteilen

Re-Remic
Resecuritization of existing residential mortgage backed securities

RF
Ratingfaktor

RMBS
Residential Mortgage Backed Securities

ROCE
Return on Capital Employed = Gewinn auf das eingesetzte Kapital

RP Online
Rheinische Post Online

Schattenbank
Kreditinstitut ohne Banklizenz und damit auch ohne Überwachung durch Kontrollorgane

Scuttlebutt
»Gerüchteküche« rund um das Unternehmen, die ein kritischer Analyst durch das Befragen von Kunden oder Zuliefern kennen sollte

SE
Societas Europaea: Rechtsform für Aktiengesellschaften in der EU, auch als Europa-AG bezeichnet

SEC
Securities and Exchange Commission: US-Regulierungsbehörde für Wertpapiergeschäfte

Self-fulfilling prophecy
Selbsterfüllende Prophezeiung: Vorhersage, die sich deshalb erfüllt, weil sich der Vorhersagende, meist unbewusst, so verhält, dass sie sich erfüllen muss.

Sell-Side-Analyst
Die sogenannten Sell-Side-Analysten sind in der Regel für Finanzinstitutionen verkaufsfördernd tätig. Sie erstellen Publikationen für hauseigene oder potenzielle Neukunden.

Shareholder-Value-Konzept
Vorrangige Ausrichtung der Unternehmenspolitik an den Interessen der Eigenkapitalgeber. Eine auf Shareholder Value angelegte Unternehmenspolitik wird versuchen, den Kurswert der Aktien zu erhöhen.

SIFMA
Securities Industry and Financial Markets Association

SIV
Structured Investment Vehicles: Juristisches Konstrukt, um CDOs, CDS aus den Bilanzen auszulagern

SPE
Special Purpose Entities; Einheiten für besonderes Zwecke, auch SPV genannt

SPD
Sozialdemokratische Partei Deutschlands

SPV
Special Purpose Vehicle

SPIFGI
Kürzel für Spanien, Portugal, Italien, Frankreich, Griechenland und Irland

Stakeholder-Konzept
Identifizierung und Berücksichtigung der Interessen der Anspruchsgruppen gegenüber dem Unternehmen durch den Vorstand

SolvV
Solvabilitätsverordnung

SMP
Securities Markets Programme der EZB: Im Rahmen des SMP interveniert die EZB am Sekundärmarkt für Staatsanleihen. Von der EZB werden die Interventionen mit der Notwendigkeit begründet, die Funktionalität des geldpolitischen Transmissionsmechanismus wiederherzustellen und nicht funktionale Marktsegmente zu unterstützen.

SoFFin
Sonderfonds Finanzmarktstabilisierung

Spread
Preisdifferenz vergleichbarer Wirtschaftsgüter, hier bei Staatsanleihenzinsen

S&P
Standard & Poor's

SWP
Stabilitäts- und Wachstumspakt

SZ
Süddeutsche Zeitung

Tapering
Schwächerwerden, Rückführen, Reduzieren. Hier ist bei der Geldpolitik die Rückführung expansiver geldpolitischer Maßnahmen gemeint.

TARGET2-Salden
Sie sind das Ergebnis der grenzüberschreitenden Verteilung von Zentralbankgeld innerhalb der dezentralen Struktur des Eurosystems. Einzelne Zentralbanken, nicht zuletzt die Deutsche Bundesbank, geben den Zentralbanken der GIPS-Länder über die EZB Kredite, um den nachlassenden privaten Kreditfluss auszugleichen (Hans-Werner Sinn: Tickende Zeitbombe, SZ online, 3.4.2011, S. 3).

Trader
Wertpapierhändler, der kurzfristig kauft und verkauft

Trading
Kurzfristiges Kaufen und Verkaufen von Wertpapieren mit dem Ziel, kurzfristige Kursschwankungen auszunutzen

Troika
Finanzexperten der drei beteiligten Organisationen EU-Kommission, EZB und IWF, die gemeinsam die Reformfortschritte in Griechenland beurteilen und überwachen

US/USA
United States (of America)

USD
US-Dollar

Volatilität
Maß für die Schwankung von Finanzmarktparametern wie Aktienkursen und Zinsen

WaS
Welt am Sonntag

WFE
World Federation of Exchanges

WISU
Zeitschrift »das wirtschaftsstudium«

WKM
Wechselkursmechanismus

WpHG
Wertpapierhandelsgesetz

WSJ
Wall Street Journal

WWU
Wirtschafts- und Währungsunion

Nachweise

1 Vgl. dazu Thorsten Schmitz: »Die Abrechnung«, SZ, 6.3.2013, S. 3.

2 Mary Buffett/David Clark: *Das Tao des Warren Buffett*, S. 93.

3 *FAZ*, 14.10.2013, S. 18.

4 Vgl. zum Kampf der Banker gegen höhere Eigenkapitalforderungen Admati/Hellwig: *Des Bankers neue Kleider*, S. 343.

5 zitiert in: C.-L. Holtfrerich: *Finanzplatz Frankfurt*, S. 154.

6 Walter Eucken: *Ordnungspolitik*, S. 13f.

7 Siehe Fritz H. Rau: »Die DVFA ...«, S. 16.

8 Franz Böhm: *Entmachtung durch Wettbewerb*, S. 86.

9 Eucken, *Grundsätze der Wirtschaftspolitik*, München 1959, S. 188f.

10 Ebd., S. 189.

11 Ebd., S. 190.

12 Zitiert aus: »Schützt den Datenkörper!«, faz.net vom 11.02.2014.

13 Vgl. Mathias Döpfner: »Lieber Eric Schmidt«, *FAZ*, 16.04.2014, S. 9.

14 Vgl. Ibrahim Evsan: »12 magische Erfolgskriterien der digitalen Supermächte Google, Apple & Co.«, Nov. 2010, unter www.ibrahimevsan.de.

15 Vgl. Christian Stöcker: »Überwachungsskandal: Wie Microsoft systematisch den Geheimdiensten hilft«, *Spiegel Online*, 12.07.2013.

16 Antje Ravic Strubel, *FAZ*, 10.12.2013, S. 27.

17 Zitiert aus: Sascha Lobo: »Vom Genre der Besserhalbwisserei«, *FAZ*, 1.10.2013, S. 31.

18 *Soziale Marktwirtschaft: Die sieben Gebote für Wachstum und Wohlstand*, S. 27.

19 Erhard: *Wohlstand für alle*, S. 191; Erhard bezog sich damit auf damalige inländische Regelungen, aber seine Worte lassen sich ebenso gut auf die heutigen internationalen Verhältnisse übertragen.

20 Siehe »Die Schlachtrosse des Private Equity treffen sich in Berlin«, *FAZ*, 24.02.2014, S. 21.

21 Siehe: Max Otte: »Was weiß BlackRock, was die Deutschen nicht wissen?«, www.foonds.de, 24.01.2011.

22 Auf die auch Werner Rügemer hinweist: *Ratingagenturen*, S. 61, und die in meinem letzten Buch *Die geheime Macht der Ratingagenturen* auf S. 65 dargestellt ist.

23 Vgl. Rügemer: *Ratingagenturen*, S. 62.

24 z. B. im Economist vom 7.12.2013 (»The monolith and the markets«, S. 24f.) und im *Handelsblatt* vom 11.12.2013 (Frank Wiebe: »Die (un)heimliche Macht«, S. 1).

25 Siehe Frank Wiebe, HB, 11.12.2013, S. 7.

26 Dieter Schnaas: »Lasst ihn in Ruhe!«, *WiWo*, 01.03.2014, S. 25.

27 Zitiert in Florian Homm: *Kopf Geld Jagd*, 2013, S. 121.

28 Erhard: *Wohlstand für alle*, S. 172.

29 Ich verwende auch den Begriff »Finanzialisierung« statt »Geldmanagerkapitalismus«; siehe ausführlich dazu Horstmann: *Die Währungsreform kommt!*, S. 55f.

30 Erhard: *Wohlstand für alle*, S. 9.

31 Christof Leisinger: »Analyst ist nicht gleich Analyst«, faz.net, 08.06.2001.

32 *Evangelii gaudium*, S. 146.

33 Dieter Schnaas: »Lasst ihn in Ruhe!«, *WiWo*, 01.03.2014, S. 25.

34 Siehe handelsblatt.com, 05.06.2014.

35 Siehe Lutz Kinkel, stern.de, 15.05.2011.

36 Vgl. portfolio institutionell newsflash 22.04.2013 in portfolio-institutionell.de und auch Gottfried Heller: *Der einfache Weg zum Wohlstand*, S. 67.

37 »Merkel fordert EU-Wettbewerbsrechtsreform im Telekombereich«, reuters.com, 8.5.2014.

38 Rainer Hank: »Parasiten des Wohlstands«, *FAS*, 06.06.2010.

39 Ebd.

40 Erhard: *Wohlstand für alle*, S. 7.

41 Zur wesentlichen Rolle des damals 26-jährigen US-Leutnants Edward A. Tenenbaum an der Währungsreform siehe: Stefan Merx: »Ein junger US-Leutnant zog die Fäden«, 15.06.2008, welt.de.

42 Angelehnt an Malte Turski: *Der politische Einfluss von Ratingagenturen als Akteure privater Global Governance*, S. 12.

43 Vgl. dazu Daniel Mohr: »Wie Anlegerschutz schadet«, *FAZ*, 31.8.2013, S. 11.

44 »Die Prinzipien der deutschen Wirtschaftspolitik«, Rede in Antwerpen am 31.05.1954.

45 Zitiert aus: Peter Merseburger: »Die Callas der Sozialdemokratie«, zeit online, 31.12.2007, dazu auch: »Die Pferde müssen wieder saufen« in »Der Regenmacher«, *Der Spiegel* 3/1967, S. 23.

46 In Melanie Mühl, die auch Albrecht Müller in »Dann stehe ich schlecht da« zitierte: *FAZ*, 05.12.2013, S. 25.

47 Irving Fisher: »The Debt-Deflation Theory of Great Depressions«, in: Econometrica, N.Y., Oct. 1933, S. 342.

48 »Krise ist noch nicht überstanden«, dpa, faz.net 15.1.2014, *FT*, 16.1.2014, S.1.

49 »Ein Crashkurs für die Euro-Krise«, *FAZ*, 17.01.2014, S. 12.

50 *Stabilizing an unstable Economy*, 1986, S. 320.

51 Am 21.03.1962, siehe http://www.aref.de/kalenderblatt/2002/18_ludwig-erhard.php.

52 Zitiert aus: Jenaer Aufruf zur Erneuerung der Sozialen Marktwirtschaft vom 20. Juni 2008, S. 8f.

53 *FAZ*, 13.1.2014, S. 7.

54 Lt. dem Artikel »Die Not kennt sehr wohl ein Gebot«, *FAZ*, 31.1.2014, S. 4.

55 *Evangelii gaudium*, S. 52.

56 Siehe: »Weichere Schuldenregeln beflügeln Bankaktien«, *FAZ* 14.1.2014, S. 17.

57 Karl Marx: *Das Kapital*, S. 389 f., zitiert aus Harold James: *Der Rückfall*, S. 48.

58 Erhard: *Wohlstand für alle*, S. 374.

59 Zitiert aus: Kurt Simon: »Erhards große Stunden«, zeit.de, 2.12.1966.

60 Vgl. Ludwig Erhard: *Gedanken aus fünf Jahrzehnten*, S. 858–864, hier ist die Rede nur gekürzt wiedergegeben.

61 Erhard: *Wohlstand für alle*, S. 16.

62 Ebd.

63 *Der Spiegel*, 25/1983, S. 76f.

64 Erhard/Müller-Armack: *Soziale Marktwirtschaft - Ordnung der Zukunft*, S. 171.

65 *Der Spiegel* 37/1975, S. 22.

66 In dem schon genannten 1972 veröffentlichten Buch *Soziale Marktwirtschaft - Ordnung der Zukunft*, hrsg. von Ludwig Erhard und A. Müller-Armack, wurde bereits auf die umweltpolitischen Missgriffe im Sozialismus (S. 293, 298) und die Tonnenideologie (S. 301) hingewiesen.

67 Ebd., S. 302.

68 Ebd., S. 147.

69 Ebd., S. 305f.

70 »Energiewende ins Nichts«, handelsblatt.com, 29.03.2011.

71 Stefan Kaiser: »Finanzregulierung: Endspiel um die Bankenmacht«, *Spiegel Online*, 7.5.2013.

72 Zum Berufsbild der Analysten auch B. M. Cole: *Die Rattenfänger der Wall Street*, S. 11 und 84f.

73 Erhard: *Wohlstand für alle*, S. 380f.

74 »USA: Columbia: Kaderschmiede der Wall Street«, 27.10.2004, in bilanz.ch.

75 »ARD-Interview: Snowden wirft der NSA Wirtschaftsspionage vor«, faz.net, 25.01.2014.

76 »Das Herzkammerflimmern der Börse«, *FAZ*, 18.05.2010, S. 29.

77 Vgl.: »Bloomberg versuchte Reuters-Deal zu stoppen«, 14.06.2013, finews.ch.

78 Vgl. Yvonne Hofstetter: »Das systematische Risiko der Dummheit«, *FAZ*, 16.10.2013, S. 25.

79 Vgl. zum Verkauf der Informationsvorsprünge an privilegierte Kunden: Andreas Toller: »Zeitvorsprung für zahlende Börsenhändler«, 14.06.2013, wiwo.de.

80 Diesen Ausdruck wählte Prof. Dr. Werner Plumpe am 25.1.2014 in der Evangelischen Akademie Tutzing in einem thematisch ähnlichen Beitrag.

81 Dazu Cole: *Die Rattenfänger der Wall Street*, S. 143f.

82 Siehe dazu Max Otte in: *Der Informationscrash*, S. 280.

83 Ein Beispiel auch eines konservativen inländischen Unternehmens ist z. B. das BASF-Sparprogramm Step. Zu weiteren drastischeren Beispielen siehe Horstmann: *Die geheime Macht der Ratingagenturen*, S. 146f.

84 http://www.bwinvestment.de/spruch.html.

85 Siehe dazu und zu den Kündigungen Mathias Hotz: *Information und Desinformation des Kapitalanlegers durch Finanzanalysen*, S. 21f.

86 http://www.nur-zitate.com/autor/Alfred_Herrhausen.

87 Die Deutsche Bank erhöhte das Kapital außerdem kräftig; vgl. Gerald Braunberger: »Katar steigt bei der Deutschen Bank ein«, faz.net, 18.05.2014.

88 Vgl. Stefan Kaiser: »Finanzregulierung: Endspiel um die Bankenmacht«, *Spiegel Online*, 7.5.2013.

89 Bloomberg, in: welt.de, 2.3.2013.

90 Vgl.: Sebastian Jost: »Ohrfeige für die Deutsche Bank«, in: *Welt online*, 3.7.2013.

91 Vgl. »Neue Ermittlungen erschüttern die Banken«, *FAZ*, 18.01.2014, S. 21, und Stefan Kaiser: »Skandale und Milliardenverlust: Deutsche-Bank-Chefs spielen auf Zeit«, *Spiegel Online*, 20.01.2014.

92 Auf die Widersprüche wies Dieter Hein in dem *FAZ*-Artikel »Jeder bekommt, was er verdient« (*FAZ*, 29.10.2012, S. 15) hin.

93 Diese Anzahl wurde in dem Beitrag von Dieter Kuckelkorn in der Börsen-Zeitung vom 24.2.2011 genannt, der einen guten Einblick in die Researchaktivitäten des Bankhauses lieferte.

94 Vgl. hierzu im Detail: Dieter Kuckelkorn: »Als global tätiges Institut beschäftigt die Deutsche Bank den Großteil ihrer Analysten im Ausland«, *Börsen-Zeitung*, 24.2.2011.

95 »Über den Parlamentarismus in der Zeit der Weimarer Republik«, zitiert aus: *Die Religion der Marktwirtschaft*, S. 193.

96 Es sei an dieser Stelle an den von Seneca formulierten Grundsatz »*Was das Gesetz nicht verbietet, verbietet der Anstand*« erinnert (»Troades«/»Die Troerinnen«, V. 334).

97 »Einmalige Vermögensabgabe als Instrument zur Lösung nationaler Solvenzkrisen im bestehenden EWU-Rahmen?«, S. 52–54.

98 Nach Stefan Homburg liegen vermutlich entsprechende Pläne bereits in den Schubladen, siehe »Der Euro wird scheitern«, in: tagesspiegel.de vom 23.01.2012.

99 Unheimlich unsortiert, in: www.aphorismen.de.

100 Jeweils entnommen aus: Daniel Schönwitz, Stefan Hajek, Heike Schwerdtfeger und Niklas Hoyer: »Was der neue Anlegerschutz wirklich bringt«, wiwo.de, 20.01.2010.

101 Vgl. Frank Stocker: »Ferngesteuerte Deutschland AG«, *WaS*, 29.09.2013, S. 46.

102 Henkel, BMW, Lufthansa, Continental, Deutsche Telekom, Commerzbank, VW, Fresenius, SAP und BASF, vgl. Übersicht in der *WaS*, 29.09.2013, S. 46.

103 Erhard: *Wohlstand für alle*, S. 246.

104 So erklärte der damalige DGB-Chef Michael Sommer in der *Oldenburger Nordwest-Zeitung* (24.06.2006), dass es in Deutschland Unternehmen gebe, »die sich als vaterlandslose Gesellen herausstellen. … Die Allianz ist hier nur ein trauriges Beispiel« (»Arbeitsplatzabbau: Gewerkschaftsboss beschimpft Allianz-Manager als ›vaterlandslose Gesellen‹«, *Spiegel Online*, 24.06.06).

105 Siehe Philip Plickert, *FAZ* vom 17.10.2013, S. 15.

106 Roland Tichy: »Der billige Erhard«, *WiWo*, 01.03.2014, S. 3.

107 Dieter Schnaas: »Lasst ihn in Ruhe!«, *WiWo*, 01.03.2014, S. 20f.

108 Erhard: *Wohlstand für alle*, S. 9.

109 Dieter Schnaas: »Lasst ihn in Ruhe!«, *WiWo*, 01.03.2014, S. 23.

110 »Fleiß und Sparsamkeit sind auf dem langen Weg zu finanziellem Wohlstand die besten Begleiter«, *FAZ*, 07.04.2001, S. 27.

111 vgl. unter www.zitate.de

112 Zitiert aus und vgl. zur Thematik: Fabrizio Zilibotti: »Wachstumstreiber Humankapital«, 14.02.2014, www.fuw.ch.

113 Erhard/Müller-Armack: *Soziale Marktwirtschaft*, S. 307, 311.

114 Jenaer Aufruf zur Erneuerung der Sozialen Marktwirtschaft, 20. Juni 2008, abrufbar unter www.60jahresozialemarktwirtschaft.de.

115 »Jenaer Aufruf zur Erneuerung der Sozialen Marktwirtschaft« (20. Juni 2008), S. 6f.

116 Vgl. dazu Dieter Schnaas: »Das bedrohte Idyll. Paradies Deutschland. Träumt weiter!«, *WiWo*, 19.04.2014, S. 18f., »Schleichende Auszehrung«, *WiWo*, 19.04.2014, S. 29f.

117 Volker Looman: »Der vollständige Vermögensplan liefert ein lückenloses Bild über die Wirtschaftlichkeit privater Haushalte«, *FAZ*, 10.3.2011, S. 27.

118 »Die Vermögensfrage. Zehn Geldverträge reichen meistens aus«, faz.net, 22.12.2013.

119 Vgl. zur Steuerdebatte Peter Sloterdijks Beitrag »Warum ich doch recht habe«, 8.10.2010 und zur Historie u. a. Götz Aly: *Hitlers Volksstaat.*

120 Vgl. Stewart Cazier, BZ, 15.10.2013, S. 2.

121 Volker Looman: »Die aktive Vermögensverwaltung ist ein teures Vergnügen«, *FAZ*, 7.1.2012, S. 20.

122 Dazu der nach wie vor lesenswerte Klassiker *Psychologie der Massen* von Gustave Le Bon.

123 »Arbeit und Sparsamkeit sind die besten Begleiter auf dem Weg zum finanziellen Wohlstand im Ruhestand«, *FAZ*, 19.05.2013, S. 27.

124 Deutsche Bundesbank, Monatsbericht Oktober 2013, S. 13.

125 Deutsche Bundesbank, Monatsbericht Februar 2014, S. 67.

126 (*»In the absence of the gold standard, there is no way to protect savings from confiscation through inflation. There is no safe store of value«* Aus dem 1966 in »The Objectivist« veröffentlichten Beitrag »Gold and Economic Freedom«, wiederveröffentlicht in Ayn Rands Buch *Capitalism: The Unknown Ideal*, abrufbar unter www.321.gold.com).

127 Siehe dazu: Sebastian Jost: Deutsche belegen beim Vermögen den letzten Platz, welt.de, 09.04.2013.

128 Gorbatschow zum 40. Geburtstag der DDR, faz.net, 06.10.2004.

129 *Grundlagen der Selbstkostenrechnung und Preispolitik*, S. 2, entnommen aus: Kruk/Potthoff/Sieben: *Eugen Schmalenbach*, S. 247.

130 www.zitate.de

131 Simon Book: »Erhards Enkelin?«, HB, 14./15./16.2.2014, S. 52–55.

132 Vgl. Markus M. Grabka, Christian Westermeier: »Anhaltend hohe Vermögensungleichheit in Deutschland«, in: DIW Wochenbericht, Nr. 9.2014, S. 151f.

133 Ebd., S. 158.

134 Vgl. »Acht Fragen an Markus Grabka«, in: DIW Wochenbericht, Nr. 9.2014, S. 165.

135 Vgl. dazu *FAZ*, 28.02.2014, S. 13.

136 Vgl. »Vor 20 Jahren: Die DGB-Studie ›Die neue Armut‹ wird vorgestellt«, WDR-Sendung »Kalkulierte Folge des Sozialabbaus«, http://www1.wdr.de/themen/archiv/stichtag/stichtag416.html, 10.07.2004).

137 Vgl. »Wenn das Geld nicht reicht: Jeder elfte Angestellte hat zwei Jobs, in: wiwo.de, 5.2.2014.

138 Erhard: *Wohlstand für alle*, S. 138.

139 Vgl. dazu A. C. Mierzejewski: *Ludwig Erhard*, S. 280.

140 Erhard: *Gedanken aus fünf Jahrzehnten*, S. 775.

141 Vgl. dazu Mierzejewski: *Ludwig Erhard*, S. 195.

142 »Planification – kein Modell für Europa« am 20.11.1962; *Gedanken aus fünf Jahrzehnten*, S. 770.

143 Erhard: *Gedanken aus fünf Jahrzehnten*, S. 779.

144 Mierzejewski: *Ludwig Erhard*, S. 259.

145 *Gedanken aus fünf Jahrzehnten*, S. 797, S. 804f.

146 Mierzejewski: *Ludwig Erhard*, S. 70f.

147 Ebd., S. 261.

148 Michael Best, Deutsche Bundesbank, Vortrag »Die europäische Staatsschuldenkrise und die Geldwertstabilität«, 17.2.2014 in München.

149 Vgl. auch Patrick Welter: »Bernankes geldpolitischer Voodoo«, *FAZ*, 20.12.2013, S. 11.

150 Erhard: *Wohlstand für alle*, S. 14; lesenswert zur Sozialpolitik Erhards ist vor allem Kapitel XII, »Versorgungsstaat – der moderne Wahn«, S. 245f.

151 *Deutsche Wirtschaftspolitik*, S. 352.

152 Siehe Joe Kaeser: »Eigentum hält gute Mitarbeiter«, in HB, 6./7./8.12.2013, S. 80; Joe Kaeser: »Die Kultur des verpflichtenden Eigentums«, www.diepresse.com, 11.1.2014.

153 Gerald Braunberger: »Völlig von der Rolle«, *FAZ*, 05.12.2013, S. 1.

154 »Ein Viertel für den Staat«, *FAZ*, 10.05.2008, S. 13.

155 »Der Professor aus Heidelberg« zieht sich zurück, 19.05.2005, stern.de.

156 »Zehn Geldverträge reichen meistens aus«, *FAZ*, 21.12.2013, S. 23.

157 Studie zu »Die Story im Ersten: Steuerfrei – Wie Konzerne Europas Kassen plündern«, Petra Nagel; der Film lief am 19.08.2013 in der ARD.

158 Siehe u. a. ebd.

159 »Steuerfrei – Wie Konzerne Europas Kassen plündern«.

160 Vgl. Henning Krumrey: »Genosse der Bosse, nicht Boss der Genossen«, wiwo.de, 08.04.2014.

161 Vgl. Bernd Kling, zdnet.de, 2.10.2013.

162 Vgl. Alexandra Endres: »Irland ist das Steuerparadies der US-Konzerne«, zeit.de, 03.06.2013.

163 »Google verschiebt Milliarden auf die Bermudas«, süddeutsche.de, 11.10.2013.

164 Manuskript zu »Steuerfrei – Wie Konzerne Europas Kassen plündern«, Petra Nagel, S. 4.

165 Ebd., S. 7.

166 Siehe zum Finanzplatz Irland: Marcus Theurer: »Ein schattiges Plätzchen«, *FAZ*, 1.3.2014, S. 19.

167 Vgl. dazu: »Telefonmitschnitt: Wenn irische Banker ›Deutschland über alles‹ singen: Sie beschimpften Kunden als ›Scheißdeutsche‹ und sangen die erste Strophe des Deutschlandliedes. Die nun veröffentlichten Telefonate von Top-Managern der bankrotten Anglo Irish Bank zeugen von der Hybris, die die Bankmanager auch kurz vor dem Untergang ihres Instituts noch verspürten«, spiegel.de, 25.06.2013).

168 Zur organisierten Kriminalität siehe: Friedrich Schneider u. a.: *Geldwäsche*, S. 10, 15 f.

169 Siehe: »Für Steuersünder wird es eng auf dem Globus«, *FAZ*, 24.02.2014, S. 17.

170 Dr. Stephan Brandes: »Europäische Aktiengesellschaft (SE): Neue Gestaltungsmöglichkeiten bei der Mitbestimmung im Aufsichtsrat«, aus: Mandanteninformation Schilling, Zutt & Anschütz, Gesellschaftsrecht, Juni 2009.

171 Ebd.

172 Siehe unter: http://schulbank.bankenverband.de/jugendstudien/index_html und Presse-Info: Bildungsministerin beim Bankenverband – Mehr Ökonomie in die Schulen, Bundesverband deutscher Banken, 10.06.2013.

173 Vgl. Christiane Bortenlänger: »Wider den Paternalismus in der Aktienberatung«, BZ, 31.05.2013, S. 8.

174 Siehe unter: http://schulbank.bankenverband.de/jugendstudien/index_html.

175 Aus der *Dreigroschenoper* (1928).

176 Siehe Nassim Nicholas Taleb: *Der Schwarze Schwan. Die Macht höchst unwahrscheinlicher Ereignisse*, München, 2008, S. 11.

177 Vgl. Lucy Kellaway: »Big Brother can watch me at work any day«, *FT*, 24.01.2014, S. 12.

178 *FAZ*, 10.12.2013, S. 17, und dazu Juli Zeh und Ilija Trojanow im Gespräch »Alles ist gesagt, jetzt müssen wir handeln«, faz.net, 09.12.2013.

179 Vgl. dazu Jörg Rohleder, Andreas Rosenfelder: Interview »Das Private ist überbewertet«, gq-magazin.de.

180 Heike Göbel: »Alternativlos«, Merkels Verdrusswort, faz.net, 18.01.2011.

181 Vgl. dazu die DAI-Pressemitteilung »Finanz-Beipackzettel« verdrängt Banken aus der Aktienberatung«, 06.11.2012.

182 Vgl. Simone und Steffen Uttich: *Es ist nur Geld …*, S. 88f.

183 Vgl. »Die neuen Gesetze des Private Banking«, quirin bank AG, S. 16f.

184 Erhard: »Die Prinzipien der deutschen Wirtschaftspolitik«, Rede in Antwerpen, 31.05.1954.

185 »Kodexkommission setzt auf Dialog«, BZ, 06.02.2014, S. 11.

186 Vgl. dazu BlackRock CEO backs Obama's re-election, Bloomberg, 14.05.2012; Charles Riley:Wall Street ditches Obama, backs Romney, CNNMoney, 29.5.2012; Goldman Turns Tables on Obama Campaign, wsj.com,10.10.2012).

187 Erhard: »Die Prinzipien der deutschen Wirtschaftspolitik«, Rede in Antwerpen am 31.05.1954.

188 »Zeitler kritisiert Bilanztricks«, BZ, 06.12.2013, S. 3.

189 »Niedrigzinsen schwächen Banken, Banken-Präsident warnt vor den Folgen der EZB-Politik«, *FAZ*, 26.11.2013, S. 11.

190 »Gegen ein zweites Ziel der Geldpolitik«, BZ, 28.02.2014, S. 7.

191 Max Weber: Rede in München, 28.01.1919.

192 Ebd.

193 Vgl. Nina Grunenberg: *Die Wundertäter*, S. 162.

194 Vgl. Erhard/Müller-Armack: *Soziale Marktwirtschaft*, S. 172.

195 Erhard: *Deutsche Wirtschaftspolitik*, S. 468.

196 »*Sie* (die Vereinsmeierei der Deutschen, Anm. des Verf.) *hat der Überzeugung Vorschub geleistet, man müsse nur starke und mächtige Organisationen aufbauen, die in der Lage sind, in politisch machtvollen Kundgebungen ihren Willen darzutun, um damit zu erreichen, dass der Staat vor interessengebundenen Forderungen kapituliert. Offensichtlich bemühen sich heute manche der großen Interessengruppen, nach diesem Prinzip zu verfahren. Das Praktizieren dieser Anmaßung muss notwendigerweise den Staat zum Spielball der Interessenten werden lassen. Hand in Hand mit dieser Entwicklung geht eine weitere, die fast als tragisch zu bezeichnen ist: Die Erfahrung, die ich in den langen Jahren, in denen ich die Verantwortung für die Wirtschaftspolitik trage, sammeln konnte, lehrt immer wieder, dass bei diesen kollektiven Willensäußerungen ›Übersetzungsfehler‹ schlimmster Art unterlaufen. Das, was der einzelne Mensch, gleich welchem Stand oder Beruf er angehört, an Willen, Hoffnungen, Sorgen, Sehnsüchten bezeugen möchte, hat kaum noch etwas mit dem zu tun, was die mit seiner Vertretung beauftragten Organisationen letztlich aus ihrem Mandat machen, d. h. was sie als Forderungen vortragen.*« Zitiert nach Rolf Osang: Das sagte der Bundeskanzler, S 93.

197 Die Rufe nach staatlicher Hilfe führte Erhard auch auf Reste nationalsozialistischen Gedankengutes zurück, siehe Alfred C. Mierzejewski: *Ludwig Erhard*, S. 219, hieraus wurde auch das Zitat entnommen.

198 Erhard: *Wohlstand für alle*, S. 252.

199 Vgl. Nina Grunenberg: *Die Wundertäter*, S. 231.

200 Erhard: *Deutsche Wirtschaftspolitik*, S. 389, gesamter Redetext S. 388—391.

201 vgl. Peter Borowsky: »Sozialliberale Koalition und innere Reformen«, 5.4.2002, www.bpb.de.

202 »Merkel fordert EU-Wettbewerbsrechtsreform im Telekombereich«, reuters.com, 8.5.2014.

203 Vgl. Rolf Olsong: *Das sagte der Bundeskanzler*, S. 46.

204 »Das ist Größenwahn, wir haben dort nichts zu suchen«, in spiegel.de, 16.5.2014.

205 Erhard: *Wohlstand für alle*, S. 7.

206 In bewusster Verdrehung des berühmten Lenin-Zitats wies Ann-Kristin Achleitner in einem Handelsblatt-Beitrag auf die Flut von Regulierungen hin, die Ausdruck von Misstrauen sind; vgl. HB, 6./7./8.12.2013, S. 58f.

207 vgl. *FAZ*, 10.12.2013.

208 Siehe dazu Peter Sloterdijk: *Die nehmende Hand*, S. 83–85.

209 Siehe: Gerald Braunberger: »Völlig von der Rolle«, *FAZ*, 05.12.2013, S. 1.

210 welt.de, 29.12.1013.

211 vgl. Markus C. Kerber: »Luxemburg entscheidet nicht in letzter Instanz«, BZ, 13.02.2014, S. 7.

212 Gideon Rachman: »Courts, voters and the threat of another euro crisis«, *FT*, 11.2.2014, S. 9.

213 Reuters, 27.06.2012.

214 Siehe Luise Gräfin Schlippenbach: *Im Wandel stets dabei*, S. 51.

215 Erhard: *Wohlstand für alle*, S. 262.

Stichwortverzeichnis